Albert Classen

Classroom-Management
im inklusiven Klassenzimmer

Verhaltensauffälligkeiten:
✓ vorbeugen und ✓ angemessen reagieren

Verlag an der Ruhr

IMPRESSUM

Titel

Ratgeber Inklusion
Classroom-Management im inklusiven Klassenzimmer
Verhaltensauffälligkeiten: vorbeugen und angemessen reagieren

Autor

Albert Classen

Titelbildmotiv

© contrastwerkstatt – Fotolia.com

Fotos

S. 13: © by-studio, S. 16: © wwwebmeister, S. 20: © Uwe Grötzner, S. 38: © Rebel, S. 40: © Thomas Reimer,
S. 53: © by-studio, S. 54: © Flexmedia, S. 55: © djama, S. 57: © Spectral-Design, S. 69: © L.Klauser,
S. 72: © djama, S. 84: © markus_marb, S. 181: © djama – alle Fotolia.com

Verlag an der Ruhr
Mülheim an der Ruhr
www.verlagruhr.de

Geeignet für die Klassen 5–10

Unser Beitrag zum Umweltschutz:
Wir sind seit 2008 ein ÖKOPROFIT®-Betrieb und setzen uns damit aktiv für den Umweltschutz ein.
Das ÖKOPROFIT®-Projekt unterstützt Betriebe dabei, die Umwelt durch nachhaltiges Wirtschaften zu entlasten.
Unsere Produkte sind grundsätzlich auf chlorfrei gebleichtes und nach Umweltschutzstandards zertifiziertes
Papier gedruckt.

Urheberrechtlicher Hinweis:
Das Werk und seine Teile sind urheberrechtlich geschützt. Jede Verwendung in anderen als den gesetzlich
zugelassenen Fällen bedarf der vorherigen schriftlichen Einwilligung des Verlages.
Bitte beachten Sie die Informationen unter www.schulbuchkopie.de.
Der Verlag untersagt ausdrücklich das Herstellen von digitalen Kopien, das digitale Speichern und Zurver-
fügungstellen dieser Materialien in Netzwerken (das gilt auch für Intranets von Schulen und sonstigen
Bildungseinrichtungen), per E-Mail, Internet oder sonstigen elektronischen Medien. Keine gewerbliche Nutzung.
Zuwiderhandlungen werden zivil- und strafrechtlich verfolgt.

© Verlag an der Ruhr 2013
ISBN 978-3-8346-2326-3

Printed in Germany

5 | Vorwort

1 Grundsätzliches zur inklusiven Erziehung

12 | INKLUSION ALS SYSTEMISCHE NEUORIENTIERUNG
12 | DIE INKLUSIONSLEHRER
19 | DIE INKLUSIONSSCHÜLER
    19 | Die „Regelschüler"
    23 | Die „Förderschüler"
        23 | *Die Schüler mit dem Förderschwerpunkt Lernen*
        25 | *Schüler mit dem Förderschwerpunkt Sprache*
        27 | *Die Schüler mit dem Förderschwerpunkt emotionale und soziale Entwicklung*
        32 | *Einzelfälle*
33 | DIE INKLUSIONSELTERN

2 Schaffung eines inklusionsadäquaten Klassenklimas

38 | SICH SELBST UND ANDERE KENNEN LERNEN
    38 | Die ersten Begegnungen
    42 | Der zweite Schritt: Die richtige Sitzordnung
    48 | Sich selbst kennen und schätzen lernen
    51 | Die Mitschüler genauer kennen lernen
        53 | *Tage des Kennenlernens*
55 | SCHÜLER STARK MACHEN
    55 | Die kleinen Abenteuer
    56 | Das große Abenteuer Unterricht
        57 | *Die Worte der Lehrer*
        60 | *Didaktische und methodische Entscheidungen*
    69 | Der Bereich der unbegrenzten Möglichkeiten: der musische Bereich und Sport
        69 | *Musik*
        71 | *Kunst und Textilgestaltung*
        71 | *Sport*

77 | WEGE ZUM MITEINANDER

    77 | Schaffung eines verbindlichen Regelwerkes

        82 | *Konsequenzen schwerer Regelverstöße*

    84 | Rituale

    85 | Klasseninterne Mediation zur Konfliktlösung

    90 | Der Klassenrat

    93 | Zusammenfassung: Konfliktlösung im Klassenzimmer

    94 | Vertrauen und Kooperation statt Konkurrenz

    98 | Die freiwilligen Helfersysteme

3 Prävention und Minimierung der Unterrichtsstörungen

104 | DER UMGANG MIT SCHWIERIGEN SCHÜLERN

106 | POSITIVE VERSTÄRKUNG DURCH BELOHNUNGSSTRATEGIEN

    106 | Verstärkerpläne

111 | INDIVIDUELLE VERHALTENSVERTRÄGE

113 | KONFLIKTVERMEIDUNG DURCH ANGEMESSENES LEHRERVERHALTEN

    114 | Professionelle Reaktionen auf Unterrichtsstörungen

    117 | Profi in der Eskalation

120 | DER TIMEOUT-PROZESS ALS EIN LÖSUNGSANSATZ

    122 | Ablauf des Programms in der schematischen Darstellung

4 Erweiterung des pädagogischen Handlungsrahmens

128 | ENTWICKLUNG EINER ADÄQUATEN BERATUNGS- UND GESPRÄCHSKULTUR

    128 | Innerhalb des Kollegiums

    131 | In der Schülerberatung

    135 | Die qualifizierte Elternberatung

    139 | Elterntraining als Hilfe zur Selbsthilfe

141 | EIN SCHULINTERNES, KOMMUNALES UND REGIONALES NETZWERK

    141 | Schulinterne Netzwerke

        142 | *Die individuellen Förderpläne*

        146 | *Schulpsychologie und Sozialarbeit*

    147 | Das außerschulische Netzwerk

5 Extremfälle in der inklusiven Erziehung

152 | STRAFFÄLLIGE SCHÜLER

155 | SCHÜLER MIT PSYCHISCHEN ERKRANKUNGEN U.A.

160 | TRAUMATISIERTE SCHÜLER

    160 | Traumata durch Schicksalsschläge

    163 | Verletzungen durch Mobbing

165 | SCHÜLER MIT AUTISMUS

6 Der Paradigmenwechsel von der Schule mit Inklusion zur Inklusionsschule

170 | DIE SCHULE

172 | DIE „NEUEN" LEHRER

173 | DIE ELTERN

174 | DIE SCHÜLER

176 | DAS CLASSROOM-MANAGEMENT

    176 | Die menschlichen Beziehungen

    178 | Die Unterrichtsgestaltung

    179 | Die Rahmenbedingungen

181 | AUSBLICK

183 | Medientipps

VORWORT

LIEBE LESER*,

zum Kauf dieses Buches hat Sie vermutlich eine sehr akute Frage- und Problemstellung bewogen. Der Start in ein inklusives System an der eigenen Schule ist nicht selten mit Ängsten behaftet, und dazu gehört die große Angst davor, das Verhalten in einer Klasse nicht in den Griff zu bekommen, in der Schüler mit allen möglichen Besonderheiten sitzen – so auch mit dem Förderschwerpunkt emotional-soziale Entwicklung. In diesem Buch möchte ich meine Erfahrungen mit Ihnen teilen, Ihnen hilfreiche Strategien an die Hand geben und Ihnen Ihre Unsicherheiten nehmen, damit Sie die vielen positiven Seiten der Inklusion voll ausschöpfen können. Dabei werde ich mich ein wenig an der Geschichte der Hauptschule Lessingschule in Baesweiler entlanghangeln, an der ich Schulleiter war und an der ich gemeinsam mit meinen Mitstreitern das „inklusive Laufen" lernte.

Zum einen, weil so die Hilfestellungen, die Sie erhalten, bewährt und praxiserprobt sind. Und zum anderen, damit Sie sehen, dass aller Anfang schwer sein kann – auch bei uns musste sich vieles finden, bis es dann immer besser funktionierte.

Auch wenn die Hauptschule Lessingschule in Baesweiler als einer der Vorreiter der Inklusion in NRW gelten kann, so war die Umstellung damals nicht ausschließlich auf humanitäre Motivationen zurückzuführen. Diese war zumindest nur einer der Gründe, die uns zu diesem schwerwiegenden Schritt veranlassten.

Der zweite Grund war die Sorge um die weitere Existenz unserer Schule, die schon in den späten Neunzigern unter starkem Schülerschwund litt.

Als dritter entscheidender Grund kam hinzu, dass eine integrative Grundschule am Ort die ersten Integrationsschüler mit dem Förderschwerpunkt Lernen in die Sekundarschule überwies. Die Schulaufsicht sah sich einem erheblichen Druck der Eltern ausgesetzt und überredete uns, der Einrichtung von so genannten Sonderpädagogischen Fördergruppen an unserer Schule zuzustimmen.

Da der zu dieser Zeit gültige Erlass ein breites Handlungsspektrum von der additiven bis zur integrativen Beschulung von Schülern mit sonderpädagogischem Förderbedarf anbot, entschieden wir uns für die weitestgehende Variante, die möglich war.

Die Devise lautete: **„So viel Integration wie möglich, so wenig Segregation wie nötig."**

---

* Aus Gründen der besseren Lesbarkeit haben wir in diesem Buch durchgehend die männliche Form verwendet. Natürlich sind damit auch immer Frauen und Mädchen gemeint, also Lehrerinnen, Schülerinnen etc.

Das Kollegium war der einhelligen Meinung, dass wir durch die Integrationsaufgaben der Vergangenheit auch dieser Aufgabe gewachsen waren. Schließlich hatten wir türkische, marokkanische, bosnische, kroatische und serbische Schüler und eine Vielzahl von Aussiedlerkindern aus der UdSSR und Polen erfolgreich integriert. Außerdem wurden ständig drei bis vier Förderschüler mit dem Förderschwerpunkt emotionale und soziale Entwicklung im Gemeinsamen Unterricht bei uns beschult, da es im Kreis Aachen keine entsprechende Förderschule für die Sekundarstufe I gab.

Wir hielten uns also der neuen Aufgabe für gewachsen – zumal wir auch einen hohen Anteil von nicht diagnostizierten Schülern mit dem Förderschwerpunkt Lernen unter unseren Schülern vermuteten. Das war jedoch ein massiver Irrtum, wie sich später herausstellte. Wir mussten noch einiges lernen.

Ein weiterer Irrtum war die Meinung, dass die Integration nur eine Angelegenheit für eine bestimmte, freiwillig agierende Lehrergruppe sei und es immer integrationsfreie Inseln für die Kollegen geben würde, die die integrative Arbeit mit Förderschülern ablehnten. – Aber dazu später mehr.

Als in diese schon recht heterogene Schülerstruktur die ersten Schüler mit dem Förderschwerpunkt Lernen eingebunden werden sollten, stellten wir fest, dass viele dieser Schüler zwar unauffällig in ihrem Verhalten waren, aber viel stärker als ihre Mitschüler von Störungen beeinträchtigt wurden. Denn ein Faktor ihrer Lernbehinderung ist in der Regel die Beeinträchtigung der Konzentrationsfähigkeit.

Insgesamt hatten wir also mit einer Vielzahl von Unterrichtsstörungen jedweder Ursachen zu kämpfen – Sie wissen es selbst, schon das „normale" Klassenzimmer hat davon genügend zu bieten, und hier warfen sich zahlreiche weitere Fragen auf. Wir wurden hellhörig, als wir auf einer Lehrerfortbildung zum ersten Mal vom **Trainingsraumprogramm** nach Edward E. Ford hörten. Die Kernidee: Wer pädagogische Unterstützung braucht, bekommt diese im Trainingsraum; Klasse und Lehrer sind somit ungestört. Dies schien für uns die Lösung für eine Vielzahl von Verhaltensproblemen zu sein, die in der Entwicklung des integrativen Unterrichts nachhaltig störten.

Und so stiegen wir nach gründlicher Vorbereitung in den Trainingsraumprozess ein. Wir sind auch heute noch überzeugt, dass dieser Prozess ein wesentlicher Baustein für das Gelingen der inklusiven Erziehung von Schülern mit den unterschiedlichsten Voraussetzungen ist. Nach und nach entwickelten wir gemeinsam weitere erfolgreiche Strategien und Module für ein konstruktives und motiviertes Klassenzimmer.

Die Weiterentwicklung von der integrativen Erziehung von Förderschülern zur inklusiven Erziehung sämtlicher Schüler war unter dieser Voraussetzung und angesichts der Tatsache, dass wir gut funktionierende Lehrerteams hatten, fast ein Automatismus.

Allerdings, das muss dazugesagt werden, kam es immer wieder zu Querelen und Reibungen innerhalb des Kollegiums, die angesichts der Unerfahrenheit aller Beteiligten unvermeidbar waren.

Wenn ich im Folgenden das Problem des **Classroom-Managements** behandle, so möchte ich das Thema **systemisch** sehen. Classroom-Management kann kein klasseninterner Lösungsweg für die Probleme der Inklusion sein. Dieser Prozess hört nicht an der Klassentür auf, er erfasst das Gesamtsystem Schule einschließlich aller in dem System lebenden Menschen und aller Lern-, Erziehungs-, Beratungs- und Unterstützungssysteme. Daher werde ich das Classroom-Management als ganzheitlichen Prozess beschreiben, der nur in der Gesamtstruktur des Systems Schule effizient sein kann. Aus diesem Grund weise ich ausdrücklich darauf hin, dass es im inklusiven Klassenzimmer keine Patentrezepte für pädagogische Einzelkämpfer mehr gibt. Nur ein **ganzheitliches Vorgehen auf allen Ebenen** kann zu einem radikalen Paradigmenwechsel führen und die neuen Strukturen implementieren, die in diesem Buch beschrieben sind. Daher ist es sinnvoll, dass das vorliegende Buch als Ganzes gesehen wird und die einzelnen Anregungen als Teile eines **Gesamtkonzeptes** genutzt werden. Nichtsdestotrotz finden Sie im Rahmen dieses Prozesses natürlich auch Strategien für Ihr eigenes Klassenzimmer, die Ihnen persönlich und Ihren Schülern den Alltag erleichtern.

Im **ersten Kapitel** möchte ich zunächst das Bedingungsfeld für die inklusive Erziehung beleuchten und dabei den Blick besonders auf die Menschen in der Inklusion richten.
Im **zweiten Kapitel** werde ich mich im Wesentlichen mit der Entwicklung eines positiven Klassenklimas in der Inklusion beschäftigen. Hier liegt das Hauptaugenmerk auf der Gestaltung von demokratischen Strukturen und der Persönlichkeitsentwicklung der Schüler zu starken Kindern.
Im **dritten Kapitel** werde ich mich mit der besonderen Situation der Schüler mit dem Förderbedarf emotionale und soziale Entwicklung und anderen Schülern beschäftigen, die herausfordernde Verhaltensmuster aufweisen, und Möglichkeiten aufzeigen, entsprechende Unterrichtsstörungen zu vermeiden bzw. zu minimieren.
Im **vierten Kapitel** werden auch die schulischen und außerschulischen Unterstützungsnetzwerke angesprochen werden, die über den Unterricht hinaus zur Gestaltung eines angemessenen Umfeldes der Inklusion erforderlich sind. Denn Sie sind nicht allein – und es ist entscheidend, dies zu erkennen und alle Ressourcen zu nutzen.
Das **fünfte Kapitel** klärt die besondere Situation der Schüler, die in ihrer Entwicklung so stark beeinträchtigt sind, dass ein intensives Unterstützungssystem z.B. durch die Hilfe von Therapeuten und Psychologen notwendig ist.

Im **letzten Kapitel** möchte ich noch einen Ausblick auf die weitere mögliche Entwicklung der Inklusion zur schulischen und sozialen Normalität in unsere Gesellschaft geben.

An einigen Stellen wird auf Vorlagen zum Download verwiesen. Diese finden Sie unter www.verlagruhr.de/62326

Ich wünsche Ihnen viel Erfolg im inklusiven Klassenzimmer, an der inklusiven Schule, in der inklusiven Umgebung – und vielleicht, irgendwann, in der inklusiven Gesellschaft. Das Beschreiten neuer Wege fordert immer ein Umdenken und fordert immer viel Energie und Mut – aber es birgt auch eine große Chance.

Albert Claßen

1 GRUNDSÄTZLICHES ZUR INKLUSIVEN ERZIEHUNG

INKLUSION ALS SYSTEMISCHE NEUORIENTIERUNG

War Inklusion bislang eine pädagogische Ausnahmesituation, so hat sich dies gravierend verändert. Für Grundschulen, Hauptschulen, Sekundarschulen und Gesamtschulen wird die Inklusion von Schülern mit sonderpädagogischem Förderbedarf eine ständige unausweichliche Aufgabenstellung werden. Aber auch Realschulen und Gymnasien werden sich dem nicht widersetzen können. Beispielsweise Schüler mit dem Förderbedarf emotionale und soziale Entwicklung müssen hier eine reelle Chance zur adäquaten Schulbildung bekommen. Denn sie werden zur Zeit häufig unterhalb ihrer intellektuellen Eignung unterrichtet, da die entsprechende sonderpädagogische Unterstützung der Schulen nicht gewährleistet ist. Wir als Hauptschule haben jedes Jahr das Elend der Seiteneinsteiger aus der Realschule oder dem Gymnasium erfahren müssen, deren schulischer Abstieg z.B. wegen AD(H)S nur deshalb nötig war, weil es an diesen Schulen keine sonderpädagogische Fördermöglichkeit gab.

Doch es zeichnen sich jetzt schon Gymnasien und Realschulen ab, die Schüler, die einen hohen IQ gepaart mit Förderbedarf in der emotionalen und sozialen Entwicklung haben, durch die Begleitung von Förderlehrern an ihren Schulen halten wollen.

Alle Schulen der Sekundarstufe I und II werden sich künftig der Aufgabe der Inklusion stellen müssen und dabei eine vollkommene Neuorientierung auf den Sektoren Methodik, Didaktik und Organisation vollziehen. Sicher gibt es bei diesem radikalen Strukturwandel Probleme, Reibungen und auch innerkollegiale Auseinandersetzungen, aber bei einer nachhaltigen Vorbereitung des Kollegiums mit Fortbildungen, Hospitationen, inner- und außerschulischen Stützungssystemen und ganz, ganz viel pädagogischem Engagement und einer großen Portion Teamgeist kann dieser Paradigmenwechsel vollzogen werden. Dabei können die Schulen auch sicher sein, dass am Ende dieser Entwicklung eine Schule entsteht, die mit ihren neuen Strukturen für alle an der Schule lebenden Menschen lebenswerter und liebenswerter als vorher sein kann.

DIE INKLUSIONSLEHRER

Wenn ihr ein Schiff bauen wollt, beginnt nicht damit, Holz zu sammeln, Planken zu schneiden und die Arbeit zu verteilen, sondern träumt aus dem tiefsten Innersten heraus vom weiten, endlosen Meer. — Antoine de Saint-Exupery

GRUNDSÄTZLICHES ZUR
INKLUSIVEN ERZIEHUNG

Selbstverständlich ist für jeden Lehrer, gleich welcher Schulform und welcher Schülerschaft auch immer, diese emotionale Berufseinstellung wünschenswert und sinnvoll. Aber ganz besonders in der Inklusion spielt die **professionelle Emotionalität, die Affinität zum Beruf und zu den Schülern** eine große Rolle. Diese Erkenntnis ist wohl die wichtigste Erfahrung, die ich in den zehn Jahren als Leiter einer zunächst integrativ, aber im Weiteren auch inklusiv arbeitenden Hauptschule machte. Weder die Ausbildung noch zahlreiche Fortbildungen verwandeln einen Regel- oder einen Förderlehrer in einen guten Inklusionslehrer. Ein Inklusionslehrer arbeitet nur dann erfolgreich, wenn seine innere Einstellung zur Inklusion positiv ist. Nur dann ist er in der Lage und bereit, diese berufliche Neuorientierung mit allen Konsequenzen zu vollziehen. Denn wir müssen uns darüber klar sein, dass nach dem Eintritt in die Inklusion jeder Kollege gezwungen ist, sich zu verändern und sich den neuen beruflichen Anforderungen zu stellen. Die neuen Strukturen erfordern eine ganz andere Haltung. Man wird zum **Coach und Berater** wie auch zum **Gestalter von Lernarrangements**. Und die Zeit des pädagogischen Einzelkämpfers hinter verschlossenen Türen ist endgültig vorbei. Nicht nur, dass Kollegium, Fachkonferenz, Jahrgangsteams und Klassen- bzw. Inklusionsteams fester denn je an einem Strang ziehen müssen. Auch die Position im Klassenzimmer ist eine ganz andere.

Es war in der Tat für einige Kollegen zunächst eine erschreckende Vorstellung, nicht mehr allein hinter verschlossenen Türen zu arbeiten, sondern vor den Augen eines anderen Lehrers zu unterrichten, und das auch noch mit offenen Türen. Aber die Inklusion braucht **den vorbehaltlosen Teamer**, der bereit ist, mit anderen Kollegen intensiv und ohne Vorbehalte zusammenzuarbeiten. Hier gelten weder Rangordnungen noch Besoldungsgruppen, hier gilt nur die gemeinsame Arbeit an einem gemeinsam definierten und angestrebten Ziel in einem Verband von gleichberechtigten Kollegen. Wir haben die Beispiele gehabt, bei denen dominante Regelschullehrer ihre Förderschulpartner zu einem Leistungsanspruch gedrängt haben, dem die Schüler mit Förderbedarf nicht gewachsen waren. Aber wir haben auch erlebt, wie ein schwacher Regelschullehrer mit einem dominanten Förderschulpartner in einer kompletten Inklusionsklasse das Niveau viel zu niedrig ansetzte.

Die beiden Beispiele von der Fehlentwicklung durch den einen oder anderen dominanten Lehrertyp in der Klasse deuten einen Teil der Problematik der Teambildung in der Inklusion an. Denn eines ist uns bei unserer Inklusionsarbeit sehr schnell vor Augen geführt worden: Der Erfolg der inklusiven Unterrichtsarbeit ist unabdingbar abhängig vom **Klima in den beteiligten Lehrerteams**. Und wenn es in einem Team keine Harmonie der Ziele und Arbeitsformen, keine didaktische und methodische Übereinstimmung gibt, so kann es nicht erfolgreich arbeiten.

Info

Die Inklusionsteams

Ein paar Worte zur Institution der „Inklusionsteams" an der Lessingschule, da das Konzept in den folgenden Ausführungen immer wieder mal erwähnt wird:
Die Inklusionsteams bestanden bei uns in der Regel aus **mehreren Regelschullehrern** und **einem Förderlehrer**.
Die verfügbaren Stunden des Förderlehrers ergeben sich z.Z. aus der Anzahl der Schüler mit sonderpädagogischem Förderbedarf. Bei fünf Schülern mit sonderpädagogischem Förderbedarf stand in NRW zum entsprechenden Zeitpunkt in der Regel ein Förderlehrer mit halber Stundenzahl für das Inklusionsteam zur Verfügung. (In Hessen lag die Quote etwas höher: Hier bekam die Schule für sieben Schüler mit sonderpädagogischem Förderbedarf eine ganze Förderstelle. Aber aus der Eigenerfahrung, aus Berichten aus anderen Schulen und auch aus Hessen weiß ich, dass die Besetzungsquote durch Förderlehrer nur sehr selten in vollem Umfang erfüllt wird.) Auch wenn die Zuweisung von Förderlehrerstunden derzeit leider noch weit entfernt vom Traum der Doppelbesetzung ist, reichte (und reicht) sie bei gezieltem Einsatz zur nötigen Individualisierung der Unterrichtsanforderungen aus.
Allerdings musste sich jeder Kollege im Inklusionsteam mit einer zeitlichen Mehrbelastung abfinden. Als Belohnung dafür bot die neue Arbeit im Team einen hohen Grad an **Motivation** und auch **Entlastung** im Klassenzimmer an, die die zeitliche Mehrbelastung durch ein deutliches Mehr an Freude an der Arbeit aufwiegen konnte.

Um die Teams möglichst kompakt und effizient zu gestalten, war die Bündelung von Unterrichtsstunden mit Doppelbesetzung in wenigen Händen nötig. Das führte häufig dazu, dass Regelschullehrer auch fachfremd unterrichteten, um den Schülern möglichst viele Stunden mit dem Team anbieten zu können. Das ist natürlich nicht ideal und wird sich hoffentlich in Zukunft nicht mehr als notwendig erweisen.
Der Regelschullehrer mit den meisten inklusiven Unterrichtsstunden übernahm dann die Klassenführung gemeinsam mit dem Förderlehrer aus dem Inklusionsteam.

Folgende Aufgaben wurden z.B. im Team behandelt:
- ⮞ fächerübergreifende Vorhaben/Projekte planen und durchführen
- ⮞ Planungsabsprachen
- ⮞ Austausch von aktuellen Informationen
- ⮞ Erstellung kooperativer Förderpläne, Austausch über Entwicklungsstände und Verhalten der Schüler und ggf. erforderliche Maßnahmen
- ⮞ Beratung und Information der Fachlehrer
- ⮞ Bündelung von Informationen

usw.

Ein wichtiger Faktor im Inklusionsteam einer Klasse ist die **Gleichwertigkeit** aller beteiligten Kollegen. Es gibt keine Unterschiede in der Wertigkeit und Bedeutung für die Inklusion zwischen Fach- und Klassenlehrer oder zwischen Regelschul- oder Sonderschullehrer. Alle Lehrer sind gleichermaßen an der individuellen Entwicklung der einzelnen Schüler beteiligt, ob es sich um Regelschüler oder Schüler mit sonderpädagogischem Förderbdarf handelt. Denn im weiteren Verlauf wird es weder die eine noch die andere Schülergruppe in der Klasse geben, sondern ausschließlich Inklusionsschüler.

Sicher werden die Kollegen in doppelt besetzten Unterrichtsstunden bessere Beobachtungsmöglichkeiten haben als der allein unterrichtende Fachlehrer. Aber das enthebt diesen keineswegs von der Verantwortung für alle Schüler einer Klasse.

Allerdings ist unumgänglich, dass alle Informationen aller Kollegen im Klassenkollektiv ständig ausgetauscht werden.

Linktipp: Mehr zum Thema Teamteaching finden Sie hier:
http://bidok.uibk.ac.at/library/kraemerkilic-teamteaching.html

Eines haben wir in den Anfängen der Inklusion schmerzhaft lernen müssen: In einem inklusiv arbeitenden System gibt es keine Inseln für Inklusionsunwillige oder Inklusionsgegner. Und jeder Kollege, also auch der Fachlehrer, muss die besonderen Eigenarten der einzelnen Schüler einer Klasse kennen.

Um diese These zu untermalen, möchte ich ein Beispiel aus der eigenen Praxis geben: Wenn der Sportlehrer weiß, welche Risikobereitschaft in einem Schüler steckt, der mit der Diagnose ADHS und mit Förderbedarf emotionale und soziale Entwicklung inklusiv beschult wird, kann und muss er dies bei seiner Unterrichtsgestaltung berücksichtigen. Er muss wissen, dass dieser Schüler bereits beim ersten Versuch am Sprungtrampolin unter Umständen unvorbereitet einen Salto versuchen wird, selbst wenn der Lehrer dies ausdrücklich verboten hat. Und er muss deshalb bei diesem Schüler eine bewusste Sicherheitsstellung einnehmen, um bei Gefahr eingreifen zu können. Tut er dies nicht, handelt er zumindest fahrlässig.

Wenn Sie der Inklusion an Ihrer Schule kritisch bis unwillig gegenüberstehen, erkunden Sie die eigene Haltung so genau wie möglich. Woran liegt es wirklich?

- Sind es Ängste und Unsicherheiten?
- Sind es mangelnde Ressourcen, die die Umsetzung erschweren?
- Ist es mangelndes Wissen?
- Haben Sie den Eindruck, dass das Team noch nicht richtig funktioniert?
- Oder ist es vielleicht wirklich der Grundgedanke der inklusiven Schule selbst, der Sie abschreckt?

Scheuen Sie sich nicht, Ihre Ängste und Sorgen, Ihre Wünsche und Vorschläge im Team und im Kollegium vorzutragen und sich **mit Nachdruck** für Verbesserungen einzusetzen. Unter dem Aspekt des weiter unten geforderten ganzheitlichen Ansatzes ist es jedoch durchaus **legitim**, wenn Sie sich nach gründlicher Überprüfung der veränderten beruflichen Aufgabenstellung und Ihrer persönlichen Grenzen ernsthaft mit dem Gedanken einer **beruflichen Umorientierung** befassen.

Das zuvor genannte schlichte Beispiel aus dem Sportunterricht macht deutlich: Bei allem guten Willen, aller Teamfähigkeit und aller pädagogischen Hingabe geht es nicht ohne ausführliche Vorbereitung auf die Aufgabe des Inklusionslehrers, ohne ständige Fortbildung und ohne regelmäßige Supervision. Bei aller notwendigen, von Saint-Exupery heraufbeschworenen Sehnsucht werden wir auf dem schwierigen Gebiet der Inklusion nicht ohne eine **umfangreiche Qualifizierung aller beteiligten Lehrergruppen** auskommen. Nur wenn die Kollegen wirklich ausreichende Kenntnisse über die neuen Schülergruppen, die angemessenen didaktischen und methodischen Strukturen, die Anforderungen der Teamarbeit und die inklusionsadäquaten Zielvorstellungen haben, werden sie nach unvermeidbaren Startschwierigkeiten die erfolgreiche Wandlung zum Inklusionslehrer vollziehen können. Und diese Vorbereitung muss strukturiert und so umfassend wie möglich durchgeführt werden. Aus der eigenen Praxis halte ich folgende Schritte für empfehlenswert:

ZEITPLAN

Im Schuljahr vor dem Start in die Inklusive Erziehung
Mehrtägige Hospitation mit eigener mehrstündiger Unterrichtspraxis in der jeweilig anderen Schulform. Förderlehrer gehen in die Regelschule und Regelschullehrer besuchen die Förderschulen. Hilfreich sind natürlich auch Hospitationen an inklusiven Schulen.

Drei bis vier Monate vor dem Schuljahresende
Gemeinsame Fortbildungen zu inklusionsrelevanten Themen, wie Wochenplan- und Epochalplanarbeit, Gruppenarbeit, Kooperativem Lernen, Stationenlernen, Projekt- und Werkstattunterricht, und anderen handlungsorientierten Lernwegen zur Individualisierung in einer ein- bis zweitägigen Maßnahme in einer schulfernen Einrichtung. (Diese Form der gemeinsamen Fortbildung bietet im informellen Teil Gelegenheit zu persönlichen Kontakten, die angesichts der anstehenden Aufgaben sehr wichtig sind.)

Sechs Wochen vor dem Schuljahresende: Inklusionstag
Bildung von Fach- und Klassenlehrerteams zur Erarbeitung neuer, standortinterner Arbeitspläne unter Berücksichtigung der besonderen Anforderungen der Inklusion und Vorstellung und Besprechung der individuellen Förderpläne, die die Förderlehrer der abgebenden Förderschule für das neue Schuljahr erstellt haben.

Nach Beginn des neuen Schuljahres
Wöchentliche Teamstunde von verantwortlichem Regelschullehrer und Förderlehrer (wird möglichst auf das Stundenkontingent angerechnet).
Monatliche Klassenkonferenz mit allen Fachlehrern und Förderlehrern.
Halbjährliche Inklusionstagung mit dem Gesamtkollegium.
Im Laufe des ersten Halbjahres eine ausführliche Fortbildung zu Gesprächstechniken.
Regelmäßige Supervision der Klassenteams.
Zum Halbjahr Evaluation der sonderpädagogischen Förderpläne im Klassenteam und Erstellung individueller kooperativer Förderpläne für alle Schüler (siehe S. 142).

Am Ende des ersten Inklusionsjahres
Konferenz mit Evaluation der Arbeitspläne, der individuellen Förderpläne und der gesteckten Zielvorstellungen.

Fernziele
Im späteren Verlauf der Schulentwicklung über die zusätzliche sonderpädagogische Ausbildung und Qualifizierung geeigneter Regelschullehrer nachdenken.

Alle Erfahrungen und Ergebnisse der Teilkonferenzen und Arbeitsgruppen sollten von Anfang an in der Gesamtkonferenz vorgestellt und diskutiert werden, damit jeder Kollege mit dem Entwicklungsprozess vertraut ist. Denn jeder Kollege an der Inklusionsschule ist von der neuen Ausrichtung der Schule betroffen.

Die Schulleitung sollte alle Kollegen über sämtliche inklusionsrelevante Fortbildungsangebote informieren und jedem Kollegen einmal im Schuljahr eine mehrtägige berufliche Fortbildung ermöglichen. Denn die Arbeit der Inklusionslehrer ist so vielfältig und neuartig, dass die betroffenen Kollegen dringend einer beruflichen Neuorientierung bedürfen.

Aus der Erfahrung möchte ich dies an einem einfachen Vergleich erläutern, der bitte keine Lehrergruppe diskriminieren soll:

Der Gymnasiallehrer übernimmt eine fünfte Klasse und weiß in diesem Augenblick schon, wohin er die Schüler führen will, nämlich zum Abitur. Sein gesamter Unterricht ist vom ersten bis zum achten oder neunten Jahr am Gymnasium auf dieses Ziel hin ausgerichtet.

Dem Inklusionsteam werden am ersten Tag der fünften Klasse über zwanzig Schüler anvertraut, die das Team in sechs, acht oder zehn Jahren auf einem gemeinsamen Weg als geschlossenen Verband zu über 20 verschiedenen individuellen Zielen führen soll.

Deshalb ist es so wichtig, dass das gesamte Kollegium von Beginn an an der Vorbereitung und der kollegialen Weiterentwicklung beteiligt ist, auch wenn die Inklusion sinnvollerweise zunächst mit der Eingangsklasse 5 beginnt. Auf jeden Fall wird jeder einzelne Kollege sein pädagogisches Handlungsrepertoire durch die intensive Vorbereitungsarbeit erweitern können – ob er nun sofort oder später im inklusiven Unterricht arbeitet. Besonders in der Behandlung von Schülern mit auffälligem und problematischem Verhalten werden neue Wege gefunden werden müssen. Unsere Erfahrung hat gezeigt, dass die durch die zunächst gestartete Integration gesetzten Impulse die Kollegen entscheidend dazu motiviert haben, neue Methoden im Umgang mit diesen Schülern zu wagen.

Aber auch in den übrigen Bereichen war eine deutliche Aufbruchsstimmung zu erkennen, die sich nicht nur auf die Integrationslehrer beschränkte. Dies war auch an der empirisch belegbaren Verminderung der Krankheitsziffern bei den Inklusionslehrern zu erkennen. Diese positive Stimmung übertrug sich im Laufe der nächsten Jahre auf fast alle Kollegen. Die anfängliche Skepsis wich sehr bald einem zuversichtlichen Optimismus; wobei, wie schon angedeutet, einige massive Inklusionsgegner sich an andere Schulen versetzen ließen.

DIE INKLUSIONSSCHÜLER

Am Ende des Inklusionsprozesses wird es die nun folgenden Klassifizierungen sicher nicht mehr geben. Denn die heute noch stattfindende Einteilung, an der sich dann auch die Bewilligung sonderpädagogischen Förderbedarfs orientiert, ist ja eigentlich nicht im inklusiven Sinn. Dass wir uns in diesem Buch noch daran orientieren müssen, hängt mit dem Entwicklungsstand des Schulsystems in den verschiedenen Bundesländern zusammen.

DIE „REGELSCHÜLER"

Auch wenn ich im Folgenden zunächst zwischen Regel- und Förderschüler unterscheide, so muss uns schon klar sein, dass mit dem Start in die inklusive Erziehung diese Unterscheidung nicht mehr sinnvoll ist.

Schon der Begriff „Regelschüler" bedarf einer genaueren Betrachtung: Sieht so der männliche Regelschüler Klasse 5 aus?

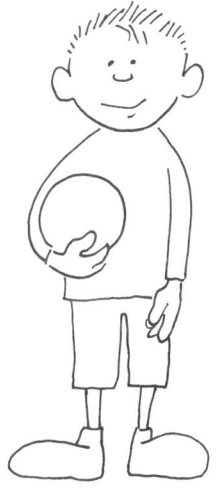

Alter: 10,2 Jahre
Größe: 1,52 m
IQ: 102
Hobby: Fußball

Ist er „in der Regel" Haupt-, Real-, Gesamtschüler oder Gymnasiast mit 20- oder 30-prozentigem Migrationshintergrund? Ist er gut erzogen, fleißig, gehorsam, frech, aufsässig, faul, intelligent, dumm, anpassungsfähig, kreativ oder was auch immer? Gut in Mathe? Oder in Deutsch?
Schon hier sehen wir, wie widersprüchlich der Begriff „Regelschüler" ist. Wenn wir diesen Begriff benutzen, dann soll er ausschließlich zur Abgrenzung vom Schüler mit sonderpädagogischem Förderbedarf dienen. Aber Sie sehen schon, wie künstlich diese Trennung sein muss.
Zunächst werde ich den Kunstbegriff Regelschüler verwenden, ihn jedoch später durch eine zutreffendere Bezeichnung ersetzen.

1 Classroom-Management im inklusiven Klassenzimmer

Für die „Regelschüler" an unserer Hauptschule also war der Schritt zum Inklusionsschüler nicht besonders schwierig. Aus mehrjähriger Erfahrung kann ich berichten, dass sie die Anwesenheit von „Förderschülern" jeglicher Art mit **großer Selbstverständlichkeit** aufgenommen haben. Es war für sie absolut kein Thema, dass ihr Spielkamerad von der Straße oder aus dem Verein mit ihnen gemeinsam lernen konnte, selbst wenn er vorher eine andere „besondere" Schule besucht hatte. Ganz im Gegenteil! Die Freude des Wiedersehens überbrückte alle Vorbehalte.

Selbst die Schüler aus den Klassen, die zunächst nicht von der Inklusion betroffen waren, machten keine Unterschiede zwischen den Regel- und Förderschülern. Besonders aufmerksam achteten wir auf die Akzeptanz, die sie den Schülern entgegenbrachten, die offensichtlich auf irgendeine Weise hervorstachen. Und wir stellten mit Erstaunen fest, dass selbst der Junge mit geistiger Behinderung oder der Rollstuhlfahrer, ja sogar das Mädchen mit Autismus keinerlei Diskriminierung durch ihre Mitschüler ertragen mussten. Und im Unterricht zeigten die Regelschüler sehr schnell fast ohne zielgerichtete Leitung der Lehrer einen völlig unbefangenen Umgang mit den neuen Mitschülern. Auch die soziale Komponente der Inklusion scheint für die Schüler nicht so überwältigend neu zu sein, dass sie erst lernen müssten, einander zu helfen und die, die in irgendeiner Hinsicht schwächer sind, zu unterstützen.

Es war wohl eher so, dass wir als Lehrer etwas von der Selbstverständlichkeit des Umgangs mit den Förderschülern von den Regelschülern lernen konnten.

Bei alledem muss ich gestehen, dass es bei der Eskalation von Streitigkeiten auf der höchsten Stufe der Erregung schon zu verbalen Ausrutschern, wie „Du Hirni" oder „Du Spasti", gekommen ist, aber ich denke, dass wir solche Beschimpfungen nicht unbedingt als Ablehnung von Schülern mit sonderpädagogischem Förderbedarf werten dürfen, da sie wirklich nur situationsbedingt auftraten.

Die Inklusion bietet den „Regelschülern" auch einfach **neue Chancen**. Denn von einigen wenigen besonders begabten Schülern abgesehen, haben die meisten Schüler der Sekundarstufe Teilleistungsschwächen in einzelnen

Bereichen, die sogar einen besonderen Förderbedarf aufweisen. Diese individuellen Defizite werden von kompetenten Lehrerteams aus Regel- und Förderlehrern viel eher erkannt und entsprechend durch individuelle, planmäßige Förderung behandelt.
Die Regelschüler profitieren auch in hohem Maße von den **sozialen Anforderungen**, die in der Inklusion von ihnen verlangt werden: Sie müssen nicht nur mit den Förderschülern kooperieren, sie müssen sie auch akzeptieren und vor allem in den Bereichen unterstützen, wo sie dazu in der Lage sind. Diese **institutionellen Helfersysteme** erfordern neue und interessante Unterrichtsformen, neue Methoden und neue Beziehungsstrukturen der Schüler untereinander. Wer etwas gut kann, hilft dem, der es nicht kann. Das bedeutet auch, dass der Schüler mit einer Lernbehinderung dem Klassenprimus auch einmal zeigen muss, wie man mit einer Laubsäge umgeht. Aber es geht natürlich weit über die zuvor geschilderten „Schubladen" hinaus. Das gemeinsame Lernen erfordert neue **soziale Kompetenzen**, die nachhaltig wirksam sein können. Wir haben in unseren Inklusionsklassen erfahren, wie sehr sich das Lern- und Sozialklima im Bedingungsfeld Inklusion zu Gunsten aller Schüler verbessert.

Noch positiver zeigen sich die Auswirkungen der Inklusion bei den Regelschülern, die zwar ein auffälliges Verhalten zeigen, bei denen jedoch kein Förderbedarf im Erziehungs- und Entwicklungsbereich besteht bzw. festgestellt worden ist. Es ist dabei irrelevant, ob es sich hierbei um medikamentierte oder nichtmedikamentierte Schüler mit AD(H)S oder um Schüler mit Angststörungen oder anderen seelischen Beeinträchtigungen handelt. In der Obhut von zwei kompetenten Teamlehrern werden individuelle Defizite viel schneller erkannt und können entsprechend behandelt werden, bis hin zur Feststellung des sonderpädagogischen Förderbedarfs. So wurde an unserer Schule durch die ständige Beobachtung der Förderlehrer bei ca. fünf Prozent der neuen Fünftklässler ein sonderpädagogischer Förderbedarf entweder im Bereich Lernen oder im Bereich der emotionalen und sozialen Entwicklung festgestellt. Die betreffenden Schüler waren aus Schulen überwiesen worden, in denen es keine integrativen Strukturen gab und in denen keine Förderlehrer unterrichteten.

Der Gesetzgeber in NRW wird vermutlich künftig die Feststellung des sonderpädagogischen Förderbedarfs nur noch auf Antrag der Eltern und nach dezidiert begründeten Anträgen der Schule durchführen lassen. Die **Lehrerzuweisung** von Förderschullehrern wird wohl von der Anzahl der Förderschüler mit diagnostiziertem Förderbedarf **abgekoppelt**. Sie wird voraussichtlich durch Einführung eines **Stellenbudgets** für den Bereich der Lern- und Entwicklungsstörungen ersetzt. Auch in den übrigen Bundesländern sind die inklusionsrelevanten Schulgesetze im Fluss und werden wohl nach und nach den veränderten Vorbedingungen des inklusiven Unterrichts angepasst werden müssen.

Neben diesen Feststellungsverfahren des sonderpädagogischen Förderbedarfs entstanden auch andere pädagogische Arbeitsgebiete, die erst durch den Einsatz von Inklusionsteams möglich wurden. Wichtig waren für viele Schüler die individuellen **Beratungsgespräche**, in denen sie offen und ehrlich über ihre Probleme redeten, sich ernst genommen fühlten und teilweise auch bereit waren, die Hilfe der Berater anzunehmen und ihre Anregungen umzusetzen. Hierzu möchte ich ein signifikantes Praxisbeispiel anführen:

Bei einem Rückkehrplan im Trainingsraumprozess (siehe dazu auch S. 120 ff.) war es die eigenartige Selbstdarstellung eines robust und selbstbewusst erscheinenden 13-jährigen Schülers mit dem Zugeständnis „Man muss gut in der Schule sein, um etwas zu lernen, und nicht zeigen, dass man Angst hat", die die Kollegen aufhorchen ließ.

In einem Elterngespräch konnten sie die Eltern von der Notwendigkeit einer genaueren Untersuchung überzeugen.

Das Ergebnis dieser Untersuchungen war überraschend. Denn im Rahmen dieser Untersuchungen stellte der behandelnde Kinderarzt eine sehr deutliche Schwerhörigkeit fest, die nur durch zwei ständig zu tragende Hörgeräte aufgefangen werden konnte. Das Verhalten des Schülers verbesserte sich rapide, und er konnte seine Schulleistungen deutlich steigern.

Dies ist nur ein Beispiel, wie kompetente Beratungen, ständige Teamkommunikation und deutliches Hinsehen der Teams von Regel- und Förderlehrern auch bei den „Regelschülern" individuelle Defizite erkennen und entsprechende schulische und außerschulische Hilfsmaßnahmen anstoßen können.

Außerdem dürfen wir bei der sozialen Entwicklung der Regelschüler einen besonderen Aspekt nicht vergessen: Die Inklusion von allen Menschen mit allen Facetten, also unter anderem auch von Menschen mit Behinderungen, ist keine isolierte schulische, sondern eine **gesamtgesellschaftliche Herausforderung und Aufgabe** und wird als solche auch von der UN-Konvention über die Rechte von Menschen mit Behinderungen auf alle Lebensbereiche ausgedehnt.

Wenn die Regelschüler schon während ihrer schulischen Erziehung den Umgang mit Menschen mit Behinderung als selbstverständlich kennenlernen, wird dies auch eine nachhaltige Wirkung auf ihr späteres Leben haben. Die empfundene Normalität wird sich zu einer gesellschaftlichen Grundhaltung entwickeln.

Wenn nicht in Kita, Grundschule und in den Sekundarstufen I und II, wo sonst können wir mit der Inklusion beginnen?

DIE „FÖRDERSCHÜLER"

Die Schüler mit dem Förderschwerpunkt Lernen

Um die Besonderheiten dieser Schüler genauer zu beleuchten, möchte ich keine Defizite, sondern die Ziele ihrer Förderung darstellen. Dazu soll der folgende Auszug aus den Empfehlungen der Kultusministerkonferenz vom 6. Mai 1994 dienen:

Förderschwerpunkte im Bereich des Lern- und Leistungsverhaltens, insbesondere des schulischen Lernen, des Umgehen-Könnens mit Beeinträchtigungen beim Lernen

Eine Förderung von Schülerinnen und Schülern mit Beeinträchtigungen im schulischen Lernen, in der Leistung sowie im Lernverhalten setzt die Bereitstellung von anregenden Erfahrungsräumen voraus. Sie schafft strukturierte Lernsituationen, in denen vor allem elementare Bereiche der Lernentwicklung wie Motorik, Wahrnehmung, Kognition, sprachliche Kommunikation, Emotionalität und Interaktion beachtet werden. Diese müssen geeignet sein, Interesse zu wecken, individuelle Lernwege zu erschließen, Aneignungsweisen aufzubauen, um die Aufnahme, Verarbeitung und handelnde Durchdringung von Bildungsinhalten zu ermöglichen und über die Vermittlung von Lernerfolgen das Selbstvertrauen der Kinder und Jugendlichen zu stärken.

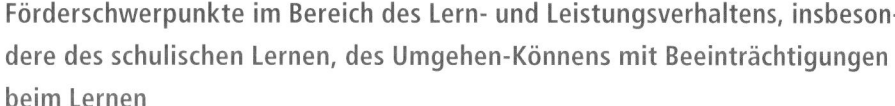

Die gängigsten Defintionen der Lernbehinderung schließen ein lang andauerndes sowie umfangreiches Schulversagen und eine verminderte kognitive Lernfähigkeit ein, die jedoch nicht durch eine geistige Behinderung verursacht wird. Jedoch sind diese Maßstäbe und vor allem die Lernpotenziale und Entwicklungsmöglichkeiten der Schüler individuell sehr unterschiedlich, es gibt keinen klar umrissenen Begriff.

1 Classroom-Management im inklusiven Klassenzimmer

Die Schüler mit dem Förderschwerpunkt Lernen waren für uns die größte Überraschung. Sie waren glücklich darüber, nicht mehr als Förderschüler abgestempelt zu sein und gemeinsam mit ihren langjährigen Freunden in einer Klasse unterrichtet zu werden – denn häufig kannten sich die Schüler schon aus vorangegangenen Jahren. Sie sahen sich zu keinem Zeitpunkt als Außenseiter oder Fremdkörper in der neuen Umgebung, sondern waren stolz darauf, jetzt Hauptschüler zu sein. Allerdings führte dieses neue Selbstbewusstsein manchmal auch dazu, dass sie für sie und auch schwächere Regelschüler eigens aufbereitete und angepasste Aufgabenstellungen ablehnten und dieselben Aufgaben wie ihre Mitschüler lösen wollten. Die Teamlehrer mussten schon sehr feinfühlige Überzeugungsarbeit leisten, um die Akzeptanz der notwendigen Individualisierung zu erreichen.

Wichtig

Das Wissen der Schüler um eine prinzipielle Aufgabenvielfalt und individuelle Förderung, bei der noch ganz andere Aspekte als beispielsweise das Lese- und Schreibvermögen berücksichtigt werden, ist sehr hilfreich dabei, Stigmata bzw. Schubladendenken zu vermeiden. Das an dieser Stelle als allgemeiner Hinweis, mehr zur Unterrichtsgestaltung können Sie in Kapitel 2 ab S. 56 nachlesen.

Es war für die Teams sehr arbeitsaufwändig, die Unterrichtsinhalte immer wieder im **Umfang**, im **intellektuellen Anspruch**, in der **Abstraktionshöhe**, in der Relation zwischen **kognitiver und praktischer Anforderung**, im **Arbeitstempo** und unter vielen anderen Gesichtspunkten den individuellen Förderbedürfnissen anzupassen, aber im Laufe der Zeit entwickelte sich eine Unterrichtskultur, in der kein Schüler mit einer Lernbehinderung oder Teilleistungsschwäche zurückgelassen wurde. Entscheidend war, dass die Schüler Aufgaben bekamen, die sie weder über- noch unterforderten und die sie effektiv lösen konnten. Hilfreich waren dabei natürlich auch die **individuellen Förderpläne**, die die Teams aufstellten und von Halbjahr zu Halbjahr evaluierten (siehe dazu auch S. 142). Durch diese individuellen Anforderungen konnten allen Schülern Erfolgserlebnisse vermittelt werden und die Motivation der Schüler auf einem hohen Niveau konnte gewährleistet werden. Dazu spielten auch eine große **Alltagsnähe** des Stoffes, **klare Strukturen** des Unterrichtsmaterials, die Berücksichtigung der jeweiligen **Konzentrationsspannen** und die **Anerkennung aller Lernerfolge** eine entscheidende Rolle. Ein Problem war jedoch bei den Schülern mit dem Förderschwerpunkt Lernen deutlich zu erkennen: Bei Störungen durch Mitschüler brauchten sie viel länger, um den roten

Faden des Unterrichts wieder aufzunehmen. Schon bei unseren Fortbildungen zum Thema „Trainingsraum" stellten wir in den Förderschulen fest, dass der Unterrichtsausfall durch Störungen mit 35 Prozent deutlich höher war als in den übrigen Schulen, deren Unterrichtsausfälle bei 20 bis 25 Prozent lagen. Diese Erkenntnis machte uns zunächst große Sorgen, und wir versuchten, die Problematik dadurch abzufedern, dass wir die Inklusionsklassen freihielten von Schülern mit dem Förderschwerpunkt emotionale und soziale Entwicklung. Auf Dauer konnten wir diese künstliche Trennung natürlich nicht aufrechthalten, weil zum einen die Häufung dieser Schüler in den übrigen Klassen zu großen Schwierigkeiten in diesen Klassen führte und weil auf der anderen Seite eine neue Form von selektierender Erziehung entstand, die dem Wesen der Inklusion widersprach. Erst durch die konsequente Anwendung eines Auszeitprogramms, nämlich des Trainingsraumprogramms (siehe dazu auch S. 120 ff.), konnten wir den besonderen Anforderungen der Förderschüler mit dem Förderschwerpunkt Lernen an ein ungestörtes Lernen gerecht werden.

Um aus Frust und Demotivation resultierende Verhaltensprobleme zu vermeiden, sollte im Klassenzimmer ein Klima herrschen, in dem Fehler als selbstverständlich gelten und keinesfalls Anlass für Spott und Zuückweisung werden dürfen.

Die Schüler mit dem Förderschwerpunkt Sprache

Auch hier ein Auszug aus den Empfehlungen der KMK vom 6. Mai 1994:

Förderschwerpunkte im Bereich der Sprache, des Sprechens, des kommunikativen Handelns, des Umgehen-Könnens mit sprachlichen Beeinträchtigungen

Zur Förderung von Schülerinnen und Schülern mit Sprachbeeinträchtigungen sind für das Sprachverstehen und die Sprachverwendung besonders ergiebige Sprachlernsituationen auszuwählen, methodenbewusst zu planen und aufzuarbeiten. Damit soll erreicht werden, dass die betroffenen Kinder und Jugendlichen über einen dialoggerichteten Gebrauch Sprache auf- und ausbauen, sprachliches Handeln in Bewährungssituationen bewältigen und sich als kommunikationsfähig erleben können.

Die Komplexität der Entstehungsbedingungen von Sprach- und Kommunikationsstörungen samt ihrer Verbindungen und Rückwirkungen auf das Lernen und das Erleben erfordern einen mehrdimensional angelegten sonderpädagogisch gestalteten Unterricht. Hierbei ist kommunikatives Handeln in natürlichen Situationen besonders wertvoll.

1 Classroom-Management im inklusiven Klassenzimmer

▶▶▶ Die spezifischen Maßnahmen müssen frühzeitig einsetzen und zur Sicherung einer erfolgreichen Mitwirkung des Kindes an der im wesentlichen sprachlich vermittelten schulischen Bildungsarbeit und Kulturaneignung; in diesem Zusammenhang ist auch auf voraussehbare und anzugehende Schwierigkeiten bei Schriftspracherwerb zu achten.

Die Schüler mit dem Förderschwerpunkt Sprache scheinen vordergründig die Schülergruppe mit der geringsten Problematik im inklusiven Bildungssystem zu sein, zumal sie im kognitiven Bereich das gesamte Spektrum der Begabungen ausfüllen. Allerdings gibt es für diese Gruppe ein grundsätzliches Problem: Ihre Förderbedürftigkeit ist sehr individuell. Denn die Behinderung kann Sprechstörungen, Apathie, Stottern, Mutismus wie auch größere Wortschatzdefizite umfassen. Für die hier nötige individuelle Förderung sahen wir keine andere Lösung, als mit den Schülern partiell mit einer beträchtlichen Wochenstundenzahl gesondert zu arbeiten.

Die enge Zusammenarbeit mit Experten, wie Sprachheilpädagogen und Logopäden und das genaue Abstimmen der erforderlichen Maßnahmen und der Beschaffenheit der Unterrichtsmaterialien ist unverzichtbar.

Hinzu kommt, dass je nach Art der Behinderung von der inhaltlichen Ebene abgelenkt bzw. diese verzerrt wahrgenommen werden kann, was dann Lern- und Verhaltensprobleme nach sich ziehen kann. (Das gilt natürlich genauso für andere Arten von Beeinträchtigungen.)

Entsprechende Verhaltensprobleme können wir durch ein Klassenzimmer mit einem **niedrigen Lärmpegel** wirksam abmindern. Bei der Bewertung der mündlichen Beiträge dieser Schüler steht die **inhaltliche Kompetenz** im Vordergrund. Die sprachliche Korrektheit ist dabei zweitrangig. Und sollte ein Schüler gar keine mündliche Leistung erbringen, müssen wir ihm das **Ausweichungen auf schriftliche Äußerungen** gestatten.

Eine große Schwierigkeit dieser Schüler bestand bei uns meist darin, dass sie aus dem Schutzraum Förderschule mit entsprechend kleinen Klassen in eine Schule versetzt wurden, die zum einen schon von der gesamten Schülerzahl, der Klassenstärke und der besonderen Art der Schüler gewöhnungsbedürftig war. Sie benötigten sehr häufig eine ganz individuell angelegte Förderung des Selbstwertgefühls. Denn wir erkannten schon bei den stattfindenden Einstellungsgesprächen, aber auch in den ersten Wochen im inklusiven Unterricht, dass diese Schüler sehr schüchtern und zurückhaltend waren und immer wieder ermuntert und bestärkt werden mussten. Sie beteiligten sich selten aktiv am Unterricht, und ihre intellektuelle Kompetenz war oft vorwiegend bei den schriftlichen Leistungen zu erkennen. Ein offenkundiger Vorteil war jedoch, dass sie den Unterricht in keinster Weise störten. Sie bedurften allerdings ständiger Beachtung und Ermunterung, um sich aktiv am Klassenleben zu beteiligen.

Sobald sie in der Klasse Fuß gefasst hatten und sich etwas zutrauten, waren die Schüler mit dem Förderschwerpunkt Sprache die ersten, bei denen der sonderpädagogische Förderbedarf aufgehoben werden konnte.

Im Rückblick muss ich dennoch zugeben, dass wir diesen Schülern unter Umständen nicht gerecht geworden sind, weil sie für uns die geringsten Auffälligkeiten im Verhalten und Lernen zeigten. Es war wirklich sehr schwierig, ihren sonderpädagogischen Förderbedarf angesichts der Problematik der übrigen Schüler im inklusiven Klassenzimmer zu erkennen und in der Lehrerzuweisung zu berücksichtigen. Denn ein nicht unwesentlicher Anteil unserer Hauptschüler hatte ähnliche Schwierigkeiten in der Sprach- und Kommunikationskompetenz wie diese Schüler. Manche Übung, die vom Prinzip her für die Schüler mit dem sonderpädagogischen Förderbedarf Sprache bestimmt war, führten wir für die gesamte Klasse durch, weil alle Schüler erhebliche Defizite im Bereich Kommunikation und Sprache aufwiesen.

Die Schüler mit dem Förderschwerpunkt emotionale und soziale Entwicklung

Wiederum ein Auszug aus den Empfehlungen der KMK vom 6. Mai 1994:

> **Förderschwerpunkte im Bereich der emotionalen und sozialen Entwicklung, des Erlebens und der Selbststeuerung, des Umgehen-Könnens mit Störungen des Erlebens und Verhaltens**
>
> Eine Förderung von Schülerinnen und Schülern mit Beeinträchtigungen im Bereich der emotionalen und sozialen Entwicklung sowie des Erlebens und Verhaltens zielt auf Erziehungshilfe und strebt bei einem hohen Maß an Verständnis, besonderer persönlicher Zuwendung und pädagogisch-psychologischer Unterstützung einen Aufbau von Grundverhaltensweisen an. Hilfen in der Orientierung im sozialen Umfeld und zur Selbststeuerung dienen auch der Verarbeitung von belastenden Lebenseindrücken und sollen so zu einer individuell und sozial befriedigenden Lebensführung beitragen. Wenn verschiedene Dienste beteiligt sind, ist eine Koordinierung der Maßnahmen erforderlich.

1 Classroom-Management im inklusiven Klassenzimmer

▶▶▶ Bei allen Bemühungen sind Wege zu suchen, bei den Betroffenen Lernbereitschaft anzuregen, Leistungsfähigkeit zu entwickeln und sie gleichzeitig aufzuschließen für die Lerninhalte der Schule. Musische, sportliche und technische Unterrichtsangebote, Projekte und gruppenpädagogische Verfahren eignen sich in besonderer Weise für die Förderung dieser Schülerinnen und Schüler und sollten daher den entsprechenden Stellenwert im Rahmen der schulischen Arbeit erhalten.

Die schlichte Aussage, dass ein Schüler in der sozialen und emotionalen Entwicklung sonderpädagogisch gefördert werden soll, gibt keinen Aufschluss über die Probleme, die er in seiner Gesamtentwicklung wirklich hat. Das Spektrum der Verhaltensauffälligkeiten kann von herausfordernden Verhaltensformen mit ständigen Regelverstößen über extremes Aggressionsverhalten oder Störungen wie Autismus, Angst- und Essstörungen bis hin zur Schizophrenie reichen. Die entsprechenden Verhaltensweisen, wie Gewalttätigkeit, Reizbarkeit, Konzentrationsschwächen, Hyperaktivität und ständige Regelverstöße, beeinträchtigen den Unterricht in hohem Maße. Aber auch die regressiven Normabweichungen, wie Angst, Trauer, extreme Zurückgezogenheit, Verträumtheit und mangelnde soziale Kontaktfähigkeit, haben zwar vordergründig keinen negativen Einfluss auf das Unterrichtsgeschehen, erfordern jedoch die gleiche Aufmerksamkeit wie die destruktiven und aggressiven Entwicklungsstörungen. Eine zusätzliche Verunsicherung hinsichtlich der sonderpädagogischen Förderbedürftigkeit sind in der Sekundarstufe I sporadische, nicht dauerhafte Verhaltensabweichungen, die durch die Nebenwirkungen der Pubertät bedingt sind.

Die **vielschichtigen Formen** der Verhaltensabweichungen werden unter Umständen durch problematisches Erziehungsverhalten der Eltern verstärkt oder sogar hervorgerufen. Daher ist bei der Feststellung des sonderpädagogischen Förderbedarfs in der sozialen und emotionalen Entwicklung die individuelle Begründung von größter Bedeutung, um den adäquaten Umgang mit diesen Schülern zu gewährleisten. Ebenso wichtig ist die Abgrenzung des dauerhaften sonderpädagogischen Förderbedarfs von punktuell oder sporadisch erforderlichen Erziehungs- und Fördermaßnahmen, die nach erfolgter Konsolidierung des Problemverhaltens beendet werden. Sollten sich Fehlentwicklungen eindeutig auf problematisches Erziehungsverhalten der Eltern zurückführen lassen, können wir nur über eine qualifizierte Elternberatung eine Lösung anstreben (siehe dazu auch S. 135).

Aber die Problematik der Schüler mit dem sonderpädagogischen Förderbedarf emotionale und soziale Entwicklung liegt in den individuell sehr unterschiedlichen Begründungszusammenhängen und den vielfältigsten Formen von auffälligen Verhaltensmustern. Daher ist auf der Basis einer umfangreichen Anamnese ein **individuell angepasster Förderplan** (siehe auch S. 142) die einzige Möglichkeit zu einer nachhaltig wirksamen sonderpädagogischen Förderung. Dabei können wir uns in der Sekundarstufe I häufig auf die Vorarbeiten der überweisenden Grundschulen stützen. Bei einer Neuaufstellung des sonderpädagogischen Förderbedarfs steht am Beginn immer die ausführliche Anamnese, die sowohl die schulische Entwicklung von der Kita bis zur Sekundarstufe I, wie auch alle familiären Bedingungsfelder und das gesamte soziale Netzwerk der betroffenen Schüler umfasst. Ein weiterer wichtiger Aspekt sind Kenntnisse über alle bisherigen ärztlichen und therapeutischen Maßnahmen. Nur auf dieser Grundlage können wir adäquate Fördermaßnahmen für den einzelnen Schüler planen.

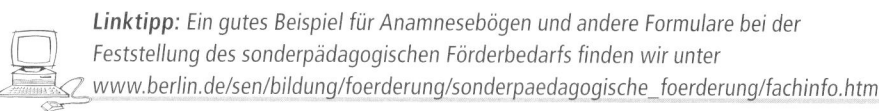

Linktipp: Ein gutes Beispiel für Anamnesebögen und andere Formulare bei der Feststellung des sonderpädagogischen Förderbedarfs finden wir unter www.berlin.de/sen/bildung/foerderung/sonderpaedagogische_foerderung/fachinfo.html

Pauschale Empfehlungen für allgemein gültige Hilfen für die betroffenen Schüler sind nur schwer zu definieren. Eine Ausnahme bilden hier die Schüler mit Aufmerksamkeitsstörung mit oder ohne Hyperaktivität.
Denn die Schüler mit dem Förderschwerpunkt emotionale und soziale Entwicklung leiden häufig unter einer **Aufmerksamkeitsdefizit(-Hyperaktivität)-Störung (AD[H]S)**. Nicht immer ist dabei Hyperaktivität im Spiel.

AD(H)S kann sich, ohne pauschalisieren zu wollen, wie folgt äußern:
- Der Schüler ist sehr oft verträumt und unkonzentriert,
- er schafft es nicht, Ordnung zu halten,
- Pünktlichkeit und Zeitvorgaben versetzen ihn in Stress,
- vieles geht schief, obgleich er die besten Absichten hat,
- er vergisst oft Verabredungen und Sachen und neigt dazu, Termine zu verpassen,
- er erledigt Aufgaben und Projekte regelmäßig auf den letzten Drücker,
- er fängt tausend Ideen und Arbeiten an, beendet jedoch nur wenige,
- Hausaufgaben und Schreiben werden für ihn zur stundenlangen Qual,
- das Zusammensein mit anderen kann schnell mal in Ärger ausarten,
- Unruhe und Chaos scheinen manchmal überhandzunehmen.

— *Informationen nach: www.adhs-deutschland.de/desktopdefault.aspx/tabid-11/68_read-63*

Wenn wir diese allgemeinen Feststellungen zu AD(H)S auf die schulische Situation dieser jungen Menschen übertragen, erkennen wir deutlich, wo die Schwerpunkte in ihrer pädagogischen Förderung liegen. Für sie sind häufig **äußere Dinge** von besonderer Bedeutung. Es reicht von der **richtigen Sitzordnung**, **dem übersichtlich strukturierten Arbeitsblatt**, über **den aufgeräumten Arbeitsplatz** und die **leicht überschaubare Schultasche** bis hin zum **gefächerten Federmäppchen**. Dazu eine kleine Randnotiz, eine Erfahrung mit einem Schüler, der AD(H)S hatte und gleichzeitig hochbegabt war: Seine Eltern hatten ihm in Unkenntnis der Problematik ein so genanntes Faulenzermäppchen gekauft, in dem alle Schreibgegenstände unsortiert aufbewahrt werden. Auf meine Aufforderung hin „Nehmt bitte ein Lineal und einen Bleistift zur Hand!" schüttete er zunächst den Inhalt seines Federmäppchens auf den Tisch, legte dann alle Gegenstände in das Mäppchen zurück, die keine Bleistifte waren, und hatte nach drei Minuten tatsächlich einen Bleistift in der Hand. Als er dann seine Schultasche auskippen wollte, um nach demselben Prinzip das Lineal zu finden, habe ich unterbrochen und das Lineal aus seiner Tasche geholt. Das Ganze hört sich lustig an, zeigt aber die Not des Schülers, wenn ihm keine deutlichen Strukturen zur Verfügung stehen.

Auch die übrigen Strukturen müssen absolut verlässlich und übersichtlich sein:
- Wenn im Stundenplan Sport vorgesehen ist und wegen Erkrankung des Sportlehrers stattdessen Geschichte unterrichtet wird, kann es sein, dass für den Schüler mit AD(H)S die Welt zusammenbricht.
- Das Arbeitsblatt für ihn hat idealerweise keine Blankofreiräume für die Antworten, sondern vorgedruckte Linien. Es sollte nach Möglichkeit nicht mehr als drei bis vier Arbeitsaufträge beinhalten.
- Es ist besser für den Schüler, wenn wir ihm das zweite Arbeitsblatt erst an die Hand geben, wenn das erste Blatt abgearbeitet ist.
- Er braucht dringend eine überschaubare, klare und konsequente Ordnung, um sich zu orientieren und zu kontrollieren. Ein wesentlicher Faktor von AD(H)S ist die mangelhafte Einordnungsfähigkeit. Diesen Schülern müssen feste, überschaubare Ordnungsstrukturen angeboten werden, an denen sie sich immer wieder orientieren können.

Für uns stellten die Schüler mit dem besagten Förderschwerpunkt keine grundsätzlich neue Aufgabe dar, denn in unserem Aufsichtsbezirk gibt es, wie schon erwähnt, keine entsprechende Förderschule für die Sekundarstufe, und die betreffenden Schüler wurden bisher im Gemeinsamen Unterricht in zwei bis drei Stunden in der Woche von einem ambulanten Förderlehrer aus dem Klassenverband herausgelöst und sonderpädagogisch gefördert – eine nicht unumstrittene Fördermaßnahme, die weit verbreitet, aber auch weitgehend uneffizient ist. Generell stellten wir für uns fest, dass die im Vorfeld häufig geäußerte Angst vor den Schülern mit dem Förderschwerpunkt emotionale und soziale Entwicklung in der Inklusion nur in Einzelfällen begründet war. Wenn wir einmal bedenken, dass in früheren Jahren die nicht verhaltenskonformen Schüler durchaus „normale" Schüler in jeder Klasse waren und ohne jegliche zusätzliche Förderung ihre Schulzeit durchliefen, so müssen wir uns schon Gedanken darüber machen, ob und aus welchen Gründen die Aussonderung dieser Schüler an Förderschulen überhaupt zu rechtfertigen ist. Schließlich gibt es in mehreren deutschen Bundesländern keine Förderschule für Schüler mit emotionalen und sozialen Entwicklungsschwierigkeiten, sondern an deren Stelle umfassende Beratungs- und Therapienetze.

Selbst wenn diese „Behinderung" per Definition den Schul- und Erziehungserfolg in Frage stellt, scheint eine Selektion in Sondereinrichtungen nur selten vertretbar oder gar sinnvoll zu sein. Sicher gibt es hier Grenzfälle, die trotz aller schulischen und außerschulischen Bemühungen nur schwer in inklusiven Klassen zu fördern sind. Diese Schüler haben ein Recht auf frühzeitige medizinische Unterstützung in entsprechenden klinischen Therapieeinrichtungen und eine nachhaltige therapeutische und beratende Begleitung, weil sie unter Umständen eine Gefährdung für sich selbst und auch für ihre Mitschüler darstellen. Bei dem Problem der Selbstgefährdung sprechen wir aber nicht nur über „böse Buben", die dann wegen extrem auffälligen Sozialverhaltens eine entsprechende Förderdiagnose bekommen haben. Sondern wir sprechen im gleichen Maße auch von regressiven Traumprinzessinnen und traumatisierten Schülern mit Angst- oder Essstörungen, die nicht sofort ins Auge springen, da sie keinerlei Beeinträchtigungen des Unterrichts mit sich bringen. Und besonders diese Schüler – in der Regel handelt es sich um Mädchen – bedürfen unserer gesteigerten Aufmerksamkeit, denn sie sind viel förderungswürdiger und hilfsbedürftiger als die Schüler mit „herausfordernden Verhaltensmustern".

Und speziell hier helfen das **Vieraugenprinzip** und die **enge Kommunikation** von Förder- und Regelschullehrer bei der Erkennung von Normabweichungen und der Einleitung nötiger Unterstützungsmaßnahmen. Und wenn wir uns die Empfehlungen der Kultusminister anschauen, werden dort Wege aufgezeigt, die wir auch mit weniger belasteten schwierigen Schülern schon seit langer Zeit in der Hauptschule gegangen sind. Ein nicht zu unterschätzender Vorteil der Inklusion der Schüler mit sonderpädagogischem Förderschwerpunkt emotionale und soziale Entwicklung ist das Zusammenleben mit den Schülern ohne diesen Förderbedarf. Wenn es wirklich stimmt, **dass**

Schüler die besten Pädagogen für Mitschüler sind, dann müssen wir uns doch ernsthaft fragen, was diese schwierigen Schüler in Förderschulen von gleich belasteten Schülern lernen können.

— Informationen z.T. nach www.bildung-lsa.de/files/506f623ce81d569e29f53b6d592f345d/ Handreichung_s_e_Entwicklung.pdf

Einzelfälle

Die drei zuvor aufgeführten sonderpädagogischen Förderbedarfe stellen rein statistisch den größten Anteil der Förderschüler dar. Aber es werden weit darüber hinaus sehr unterschiedliche Schüler im inklusiven Klassenzimmer sitzen. Es kann sich beispielsweise um Schüler mit geistigen Behinderungen, Tourette-Syndrom, Epilepsie, körperlichen Behinderungen oder Trisomie 21 handeln. Häufig ist hier eine enge Vernetzung mit außerschulischen Hilfs-, Förder- und Therapiestrukturen unerlässlich, denn selbstverständlich muss jeder angemessen in den Unterricht eingebunden werden. Es würde den Rahmen sprengen, hier auf alle Besonderheiten einzugehen, zumal jeder Fall wieder anders geartet ist. Darum an dieser Stelle nur einige allgemeine Hinweise. Der Ansatz, der im vorliegenden Buch zum Classroom-Management präsentiert wird, ist ja ein ganzheitlicher, der – ganz gleich, wie sich Ihre Klasse zusammensetzt – auf ein **kooperatives und konstruktives Miteinander** abzielt.

Der Umgang unserer Schüler mit Mitschülern, die eine der oben genannten Besonderheiten mitbrachten, war schlichtweg normal, angemessen und rücksichtsvoll. Bei einem Mädchen mit Autismus gab es keinerlei Versuche, sie zu diskriminieren, zu hänseln oder gar in ihren durch ihre „Behinderung" bedingten Schutzraum einzudringen. Selbst der durch Kindheitserlebnisse schwer traumatisierte Junge mit Ansätzen eines Borderlinesyndroms genoss trotz seiner oft nach außen hin zunächst absurd erscheinenden Aktionen und Reaktionen die Akzeptanz seiner Mitschüler.

Allerdings muss ich im Rückblick gestehen, dass die Information über die einzelnen Besonderheiten im Rahmen der jeweiligen Klassenkonferenzen unzureichend war. Daher haben die Verhaltensweisen einiger Schüler zu deutlichen Irritationen bis hin zu Unverständnis und Ablehnung bei einigen Fachkollegen geführt.

Hinweis

Ganz entscheidend ist, dass alle Lehrer einer Klasse von Beginn an so **ausführlich wie möglich über die Besonderheiten der einzelnen Schüler informiert werden**, damit jeder angemessen mit den individuellen Defiziten und Eigenarten umgehen kann. Hier helfen Gespräche mit Eltern, Schulbegleitern, Physiotherapeuten, der Schule, von der der Schüler kommt etc., um die psychischen Beeinträchtigungen mit ihren äußeren Erscheinungsformen und den biografischen Zusammenhängen zu beleuchten.

DIE INKLUSIONSELTERN

So vielfältig wie die Schüler sind auch die Eltern in der Inklusion. Da sind zunächst die **Eltern der Regelschüler**, von denen wir wohl den größten Widerstand erwartet hatten. Aber diese Befürchtung war völlig unbegründet. Die Eltern akzeptierten die Inklusion in vollem Umfang. Als wir in die integrative Arbeit an unserer Schule einstiegen, konnten die Eltern wählen, ob sie ihr Kind für die integrative Klasse oder die Regelklasse anmelden wollten. Zu unserem Erstaunen wählten fast alle Eltern die integrativ arbeitende Klasse, weil sie in der Vielfalt der Förderung auch Vorteile für ihre eigenen Kinder sahen.

Die Eltern der **Schüler mit Lernbehinderung** waren von Beginn an die dankbarsten und liebenswertesten Teilnehmer bei den Anmeldungsgesprächen. Für sie war die Aufnahme in der Regelschule ein schulischer und sozialer Aufstieg ihrer Kinder. Noch sehr gut erinnere ich mich an die Abschiedsworte des Vaters eines Schülers mit ausgeprägter Lernbehinderung nach dem Aufnahmegespräch: „So, ab jetzt geht mein Junge auf Haupt." – Das mag banal und sehr simpel klingen, aber darin steckt der ganze Stolz eines Menschen, der am eigenen Leib die Diskriminierung durch die Selektion in eine Förderschule erfahren hatte. Und diese ausdrückliche Freude und Erleichterung haben wir bei allen Eltern erfahren dürfen, die ihr Kind mit Lernbehinderung bei uns angemeldet haben. Allerdings besteht bei diesen Eltern die Gefahr, dass sie, ähnlich wie ihre Kinder, die Förderbedürftigkeit ganz vergessen und ihre Ansprüche an der Leistungsfähigkeit der Regelschüler orientieren. In der Tat war es bei den ersten Elternsprechtagen immer wieder nötig, diese Eltern vorsichtig an die besondere Förderbedürftigkeit ihrer Kinder zu erinnern. Aber insgesamt waren die Eltern der Schüler mit

Lernbehinderung eine echte Bereicherung der Schulgemeinschaft. Ihre Beteiligung und Mitarbeit an allen Klassen und Schulprojekten war vorbildlich.

Für die meisten Eltern war die Aufnahme ihres Kindes in der inklusiven Schule ein Aufstieg im schulischen Bereich, und entsprechend hoch war ihre Motivation zur aktiven Teilnahme am schulischen Leben.

Ganz anders und wesentlich differenzierter war auch an unserer Schule das Verhältnis zu den **Eltern der Schüler mit dem Förderbedarf emotionale und soziale Entwicklung**. Die Skala der Verhaltensformen reichte von deutlicher Zustimmung bis zur totalen Ablehnung des Systems der inklusiven Schule.

Auf der einen Seite kamen Rat suchende, hilfebedürftige Eltern zu uns, um mit uns gemeinsam nach schulischen und außerschulischen, und auch familieninternen Fördermöglichkeiten zu suchen; auf der anderen Seite erlebten wir Aggressionen und Vorwürfe von frustrierten Eltern, die der Schule ohnehin keine Kompetenz in der Behandlung ihrer schwierigen Kinder zutrauten. Wenn es uns gelang, uns mit diesen Eltern sachlich zu unterhalten, stellten wir häufig fest, dass die Negativeinstellung dieser Eltern von eigenen Schulerlebnissen geprägt worden war, eine Tatsache, die unter Umständen auch dadurch begründet war, dass diese Eltern zum Teil in ihrer eigenen Schulzeit mit ähnlichen psychischen oder sozialen Problemen belastet gewesen waren wie jetzt wiederum ihre Kinder. Diese Vermutung wird beispielsweise durch neueste Ergebnisse zur genetischen Konditionierung von AD(H)S unterstützt, bei denen festgestellt wurde, dass AD(H)S die zweithöchste Erblichkeitsquote nach der Körpergröße hat. Leider waren einige dieser Eltern trotz intensiver Bemühungen nicht bereit, mit der Schule zusammenzuarbeiten, selbst als ihren Kindern das Abrutschen in Sucht und Kriminalität drohte. Der Anteil der nicht kooperationsbereiten Eltern war jedoch zum Glück gering. Der größere Teil hat engagiert mit uns gemeinsam Strategien zur Förderung und Unterstützung der Kinder entwickelt und nahm auf unsere Anregungen hin auch außerschulische Hilfen in Anspruch. Denn natürlich haben die Schüler mit Verhaltensauffälligkeiten die daraus resultierenden Schwierigkeiten nicht nur in der Schule, sondern auch im häuslichen und gesamten persönlichen Umfeld. Daher waren die Eltern auch gerne bereit, das angebotene **Elterntraining** anzunehmen (siehe dazu auch S. 139).

Die **Eltern der Schüler mit Förderbedürfnissen wie Angst- und Essstörungen, Autismus, Epilepsie, Körperbehinderungen und geistiger Behinderung** waren ohne Ausnahme zu einer intensiven Erziehungs- und Therapiepartnerschaft bereit oder hatten mit ihren Kindern schon umfassende Erfahrungen auf diesem Sektor. Sie brachten sich zudem auch sehr aktiv in unser Schulleben ein.

Allgemein lässt sich festhalten, dass es wohl Hoffnungen und Befürchtungen gibt, die einige Eltern bewegen, wenn es um die inklusive Schule geht:

Hoffnungen	Befürchtungen
⊃ Erlernen von Sozialkompetenzen	⊃ Mangelnde Akzeptanz von Inklusion
⊃ Mehr Verständnis füreinander	⊃ Erhöhtes Konfliktpotenzial in den Klassen, besonders durch Schüler mit herausforderndem Verhalten
⊃ Gegenseitige Bereicherung	
⊃ Individualisiertes Lernen → individuelle Förderung	
	⊃ Gefahr der Ausgrenzung von Schülern mit Beeinträchtigungen
⊃ Stärkung des Lernverhaltens aller Schüler	
	⊃ Absinken des Leistungsniveaus
⊃ Öffnung der Gesellschaft	⊃ Individuelle Förderung für alle nicht gewährleistet
⊃ Optimale Ausnutzung der individuellen Chancengleichheit	
	⊃ Über- bzw. Unterforderung
⊃ Bestmöglicher Schulabschluss	⊃ Inklusionsschule wird Förderschule
⊃ Achtung von Menschen mit Behinderungen durch die Gesellschaft	

— *Informationen z.T. nach www.ganztaegig-lernen.de/sites/default/files/Transkript_A3_Eltern%26Inklusion.pdf*

Mehr Informationen zur Elternarbeit, die an der inklusiven Schule eine wesentliche Rolle spielen sollte, finden Sie in Kapitel 4.

SCHAFFUNG EINES INKLUSIONS-ADÄQUATEN KLASSENKLIMAS

2

Welche Anforderungen müssen an das Klassenklima in der inklusiven Erziehung gestellt werden, die bei gut funktionierenden Regelklassen nicht nötig sind? – Schlichtweg keine! Aber während in den Regelklassen auch ein weniger gutes Klima für einen erfolgreichen Unterricht genügen könnte, bedarf die Inklusionsklasse auf Grund ihres ganz besonderen Bedingungsrahmens eines deutlichen Classroom-Managements.
In der Werteordnung der Inklusionsklasse stehen **Akzeptanz**, **Respekt**, **Hilfsbereitschaft**, **Rücksichtnahme** und **Achtung** ganz oben auf der Werteskala. Unter diesem Aspekt gilt es, die Besonderheiten der Individuen zu einem konstruktiven Gemeinschaftsgefüge zusammenzuschmelzen, ohne die berechtigten Interessen des Einzelnen zu vernachlässigen.

SICH SELBST UND ANDERE KENNENLERNEN

DIE ERSTEN BEGEGNUNGEN

In der Regel starten die Inklusionsklassen der Sekundarstufe I mit der fünften Klasse. Die Schüler aus verschiedenen Grund- und Förderschulen kommen am ersten Schultag des fünften Schuljahres erstmals zusammen. Und schon an diesem Tag werden auch die ersten Pfeiler für die Entwicklung eines gesunden Klassenklimas gesetzt.
Der Lehrer kann natürlich einfach die Namen der Schüler aufrufen, der genannte Schüler steht auf, und damit ist die Sache erledigt. Diejenigen, die aus einer gemeinsamen Schule kommen, kennen sich, und die übrigen haben ja sechs Jahre Zeit, sich kennenzulernen. Die Eltern sind im Hintergrund und schauen sich das Ganze an.

Aber es geht auch anders:

Methode

Sprechstein

Die Schüler setzen sich in einen vorbereiten Stuhlkreis, während die Eltern sich in einem geeigneten Raum, z.B. in der Mensa, bei einer Tasse Kaffee zusammensetzen und auf ihre Kinder warten. Das Klassenlehrerteam sitzt mit im Kreis, und einer der beiden hat einen Sprechstein (es kann auch ein Softball oder ein anderer besonders haptischer Gegenstand sein) in der Hand und erklärt die Regeln des Vorstellungskreises:
Nur wer den Sprechstein in der Hand hält, darf reden. Wer ihn bekommt, muss zunächst wiederholen, welche zwei bis drei Informationen der Sprecher vor ihm über sich gegeben hat. Anschließend gibt er selbst zwei bis drei Informationen über sich an die Runde und reicht den Sprechstein dann an einen beliebigen anderen Schüler oder einen Lehrer weiter. Die Informationen können den Namen, das Alter, das Hobby, die Familie, ein Haustier oder etwas anderes für den Informanten Wichtiges betreffen.

Diese Art der Kennenlernrunde hat einen besonderen Effekt: Jeder hört zu, wenn der Sprecher sich vorstellt, denn jeder könnte der nächste Sprecher sein. Und ein weiteres wichtiges Element ist der Sprechstein, der für jeden Einzelnen das Recht zum Reden darstellt und die übrigen Teilnehmer zum Schweigen veranlasst. Daher ist es auch sehr wichtig, dass die Lehrer die nötige Stringenz bei der Einhaltung dieser einfachen Regeln beachten. Denn es ist nicht zu vermeiden, dass Schüler mit Konzentrationsschwierigkeiten öfter mal an die Grundregel erinnert werden müssen.

Für den einzelnen Schüler kann es durchaus zunächst sehr schwierig sein, sich vor einer fremden Gruppe zu äußern. Aber der Sprechstein verpflichtet nicht nur, er erleichtert auch das freie Reden.

Sollte ein Schüler mit Sprachbehinderung in der Gruppe sein, so kann ein Lehrer den Sprechstein übernehmen und dem Schüler anbieten, für ihn zu antworten – selbstverständlich nur, wenn dieser das wünscht. Sie können auch eine kurze schriftliche Phase vorschalten, in der die Schüler ihre Informationen auf ein Blatt schreiben, dann können sie sie anschließend vorlesen, wenn der Sprechstein bei ihnen landet.

Die Lehrer achten ihrerseits darauf, dass kein Schüler ausgeschlossen wird, und auch darauf, dass kein Schüler wegen seiner Informationen oder eines Versprechers ausgelacht wird.

Eine alternative Methode wäre die folgende:

Methode

Mein Schlüsselbund

Die Schüler sitzen im Stuhlkreis. Jeder hat eine vorgegebene (ungefähre) Redezeit. Jeder nimmt nun sein Schlüsselbund und stellt sich anhand dessen den anderen vor: Z.B. hält er zunächst den Haustürschlüssel hoch.

„Das ist der Schlüssel zu unserer Wohnung. Die liegt in der XXX-Straße. Darin wohnen meine Eltern, mein großer Bruder und ich. Jeder von uns hat ein eigenes Zimmer …"
Im Anschluss könnte er den Fahrradschlüssel hochhalten:
„Das ist mein Fahrradschlüssel. Das Fahrrad ist alt, und vor mir ist mein Bruder damit gefahren. …"

Anschließend werden die Eltern wieder zurückgerufen, und jeder einzelne Schüler stellt den Eltern denjenigen, der vor ihm gesprochen hat, mit den besonderen Zusatzinformationen vor. Dadurch werden auch die Eltern von Beginn an in das Classroom-Management einbezogen. Sie erfahren schon einiges über die Mitschüler ihres Kindes und haben dann auch später bei Erzählungen des Sprösslings über die Schule eine Vorstellung von den von einzelnen Klassenkameraden.

Selbstverständlich lässt sich diese Methode auch unter anderen thematischen Gesichtspunkten wiederholen. Allerdings sollte sie nur punktuell und nicht flächendeckend angewandt werden, sonst hat sich das Prinzip natürlich schnell erschöpft.

Eine andere wirksame Kommunikationsmethode ist das Spiegeln, das jedoch erst im nächsten Schritt bzw. am nächsten Tag durchgeführt wird:

Spiegeln

Die Hälfte der Schüler sitzt in einem Stuhlkreis, hinter jedem steht nach dem Zufallsprinzip ein Mitschüler, der Partner des Innenschülers ist. (Am einfachsten ist es, wenn man die Außenschüler im Kreis um die sitzenden Schüler gehen lässt. Auf ein Stoppzeichen bleiben sie hinter einem Stuhl stehen.) Der Innenschüler berichtet vor der Gruppe über sein Hobby, seine Familie, sein Haustier oder ein anderes selbstgewähltes Thema, und der Außenschüler spiegelt die gesamte Information: „Peter hat uns berichtet, dass …" Oder: „Ich als Peter …" Nach der ersten Runde wechseln Innen- und Außenkreis.

Auch hier wird das Zuhören gepflegt, aber auch das freie Reden in der Gruppe weiter geübt. Auch der scheue, wenig selbstbewusste Schüler erfährt, dass er etwas zu sagen hat und dass seine Mitschüler ihm zuhören. Diese Methode könnte auch in einer weiteren Unterrichtseinheit zur Erweiterung des Kennenlernprozesses durchgeführt werden.

Beide Methoden sind geeignet, schon im Vorfeld der Bildung einer Hackordnung entgegenzuwirken und jedem einzelnen Schüler die gleiche Chance zum Reden zu geben und damit auch die grundsätzliche Gleichberechtigung in einer demokratischen Klassenstruktur zu dokumentieren. Denn wir sollten uns beim Classroom-Management immer wieder auf die **Selbstständigkeit und Gleichwertigkeit der Individuen** besinnen, um von Beginn an der Unterdrückung schwächerer Schüler entgegenzuwirken.

Auch später, wenn die Schüler sich schon besser kennen, lassen sich immer wieder kommunikative Auflockerungsübungen einbauen, die nicht nur Freude bereiten, sondern auch reale Anlässe zu zielgerichteter Verständigung bieten. Bei vielen Fortbildungen haben wir in gestandenen Kollegien Kennenlernspiele zur Auflockerung oder Gruppenbildung verwandt und immer wieder feststellen können, wie viel Spaß es macht, sich über persönliche Informationen auszutauschen. Dabei können viele Aufgaben zu solchen Gruppenbildungen führen, wie die Methode auf der nächsten Seite beweist.

Ordnung herstellen

Anlass zu Kommunikation und Bewegung bietet diese so einfache wie auflockernde Methode: Die Schüler (und Lehrer!?) stellen sich in einer Reihenfolge eines bestimmten Merkmals entsprechend auf. Z.B.:

- Wir ordnen uns nach der Körpergröße.
- Wir sortieren uns nach dem Alphabet der Vornamen/Nachnamen.
- Wir stellen uns in der Reihenfolge unserer Geburtstage im Jahresverlauf auf.
- Wir bilden Gruppen nach der Haarfarbe, Schuhgröße u.Ä.

Diese Übung kann auch variiert werden, indem der Lehrer die Schüler unter verschiedensten Aspekten zu Gruppen zusammenkommen lässt.

Beispiel:

- Es gehen alle Schüler in die rechte Ecke, die ein Haustier haben.
- In der linken Ecke treffen sich alle Schüler, die Mitglied eines Sportvereins sind.
- In der Mitte reden die Schüler miteinander, die ein Instrument spielen.

usw.

Wenn Schüler mehreren Gruppen angehören, können sie sich überlegen, welche Eigenschaft ihnen am wichtigsten ist.

Nach einer 5-minütigen Konversationszeit werden neue Ordnungskriterien für eine andere Gruppenbildung angegeben. So können sich auch Schüler mit gleichen Hobbys und Interessen näher kennenlernen.

DER ZWEITE SCHRITT: DIE RICHTIGE SITZORDNUNG

Die wohl schwierigste Aufgabe für die Lehrer ist im Vorfeld des ersten Inklusionsjahres die angemessene Sitzordnung. Denn die Sitzordnung ist eine der wichtigsten Komponenten beim Start in einer neuen Schule. Schon bei den Anmeldegesprächen gibt es immer wieder Wünsche seitens der Eltern: „Mein Kind darf auf keinen Fall/muss auf jeden Fall neben dem Peter sitzen!" Diese und ähnliche Bitten werden von sehr vielen Eltern vorgetragen, weil sie glauben, dass die Sitzordnung eine wichtige Rolle für den Lernerfolg und das Wohlbefinden ihres Kindes spielt. Und auch wir Lehrer wissen sehr wohl, dass sie in der Tat eine entscheidende Funktion hinsichtlich des Klassenklimas hat. Wenn dies schon in der Regelklasse von großer Bedeutung ist, müssen wir uns in der Inklusion noch viel intensiver mit diesem Thema beschäftigen, auch unter dem Aspekt der Minimierung von Störungen durch nicht verhaltenskonforme Schüler. Dabei sind zunächst einige Vorgaben überlegenswert.

Möglichkeiten und grundsätzliche Überlegungen:

- Sind Gruppentische mit 4er- oder 6er-Gruppen sinnvoll, wenn wir Störpotenzial minimieren wollen?
- Ist die Hufeisenform geeignet, um die speziellen Methoden der Inklusion zu unterstützen?
- In welcher Sitzordnung sind die klasseninternen Helfersysteme am ehesten zu verwirklichen?
- Muss es besondere Bereiche für die Förderung der Teilschwächen einzelner Schüler im Klassenraum oder in einem Sonderraum geben?
- Welche Werkstattbereiche sind im inklusiven Klassenraum unverzichtbar?
- Brauchen wir Ruhezonen für konzentrationsgestörte Schüler?
- Brauchen wir Einzeltische für Fälle, in denen Verhaltensstörungen anders nicht entgegenzuwirken ist?
- Wie können wir Freiräume für kommunikative Abläufe (Stuhlkreis, Klassenrat, Kennenlernspiele u.Ä.) gewährleisten?
- Welche Bereiche können wir besonders begabten Schülern zum Selbststudium anbieten?

Das sind nur einige der vielen Fragen, die das Inklusionsteam im Einklang mit den übrigen Fachlehrern klären muss, bevor die Arbeit beginnt. In unserer Schule haben sich die Teams überwiegend für die **Hufeisenform** mit einem **Ruhebereich** mit einer **Klassenbücherei**, einem **Kleingruppenbereich** und einer **Werkstattecke** mit PC, Drucker, Scheren, Kleber, Blättern usw. entschieden. Diese Form deutet eine ganz bestimmte pädagogische Ausrichtung an, denn sie gestattet die Entwicklung einer **angemessenen Kommunikationsstruktur** in der Klasse eher als jede andere Sitzordnung. Die Schüler können sich im Unterrichtsgespräch sehen, sie haben sich schnell in der Mitte zu einem Stuhlkreis formiert, und der Lehrer und sonstige Gesprächsleiter haben einen guten Überblick über die Gesamtgruppe. Das Hufeisen der Sitzgruppe ist relativ weit nach vorne installiert, damit im hinteren Bereich Freiraum für die restlichen Einrichtungen zur Verfügung steht. Die Tafel hat nicht mehr die Bedeutung wie im traditionellen Unterricht, da in der inklusiven Erziehung die Selbsttätigkeit der Schüler im Vordergrund der methodischen Ausrichtung steht.

2 Classroom-Management im inklusiven Klassenzimmer

Die Anordnung der Schulmöbel in einem entsprechenden Klassenraum ist in zwei Varianten möglich, die ich skizzenhaft darstellen möchte. Dabei gehe ich von Klassenstärken von 24 bis 26 Schülern aus.

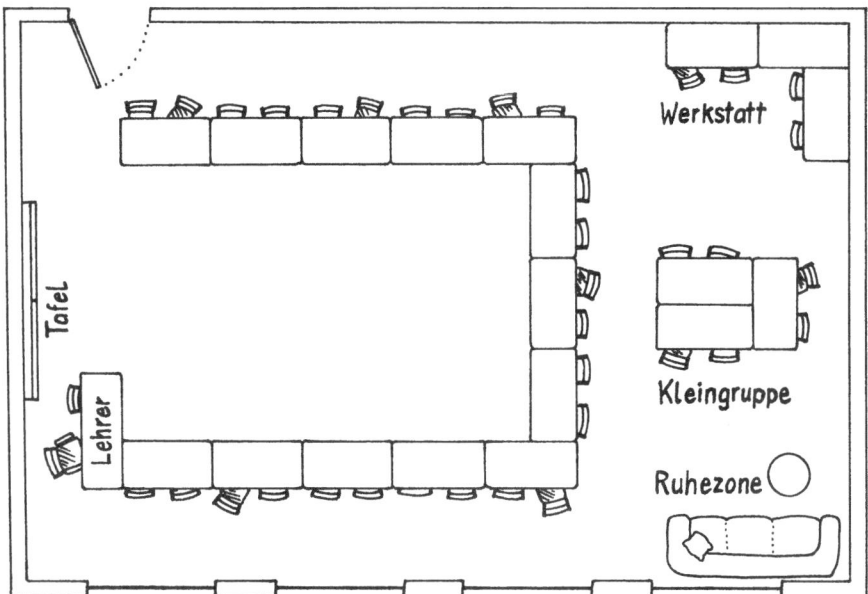

Eine leichte Abwandlung der Hufeisenform wurde von zwei inklusionserfahrenen Kolleginnen praktiziert, die mehr Wert auf die Nutzung von Computern im Förder- und Selbstlernbereich legten und deshalb im Werkstattbereich mehrere PCs zur Verfügung stellen wollten:

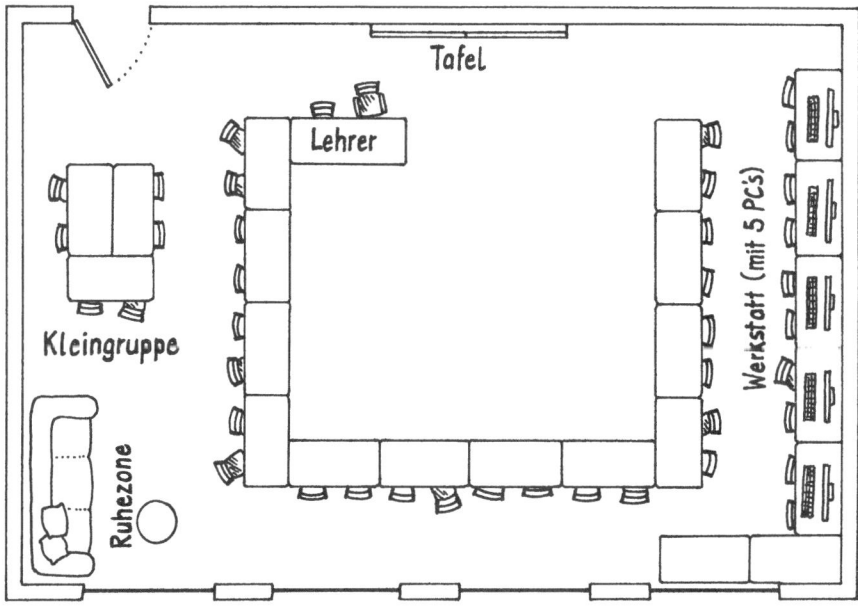

Die **klasseninternen Helfersysteme** sind dadurch leicht zu verwirklichen, dass der helfende Schüler oder Lehrer sich seinen Stuhl nimmt und sich innen zu dem Hilfe Suchenden setzen kann. Dadurch sitzen sich Hilfe Suchender und Helfer gegenüber in einer dialogischen Situation. Wenn wir dagegen das Setup am Gruppentisch betrachten, stellen wir fest, dass der Helfer in der Regel hinter dem Hilfe Suchenden steht und kein direkter Augenkontakt möglich ist. Schon diese Unterrichtssituation ist wohl Grund genug, in der inklusiven Klasse die Hufeisenform zu bevorzugen, da es immer wieder zu der Notwendigkeit von Unterstützungsgesprächen kommen wird.

Bei **arbeitsgleichen Gruppenarbeiten** gehen jeweils zwei oder drei Schüler in den Innenraum und bilden mit den Schülern, die in der Außenrunde sitzen, Arbeitsgruppen von vier oder sechs Schülern. Auch hier bietet die gewählte Sitzordnung eine klare Form der Gesprächsrunde an und gibt jedem Mitglied der Gruppe eine ganz natürliche Gelegenheit zur Gesprächsbeteiligung.

Sollte eine **größere Gruppe besonders gefördert** werden, geschieht dies am Gruppentisch im Kleingruppenbereich. Die Nutzung dieses Bereichs, der in der Regel aus zwei bis drei Tischen in einer geschlossenen Form besteht, um die fünf bis sieben Stühlen gruppiert sind, ist sehr vielfältig möglich. Wir dürfen diesen Kleingruppenbereich nicht nur als Förderbereich für Schüler mit entsprechendem Bedarf sehen, sondern können hier auch einen **Ergänzungsbereich für die besonders lernstarken Schüler** zum eigenständigen Lernen in der Gruppe anbieten.

Bei **klasseninternen Mediationsgesprächen** bietet sich dieser Bereich ebenfalls als idealer Standort an. Denn die für die Mediation angemessene Lautstärke lässt sich auch hier ohne Weiteres anwenden, ohne dass der Rest der Klasse gestört wird, und vor allem, ohne dass die Mediation im Flur oder einem Nebenraum stattfinden muss. Der Kleingruppenbereich bekommt eine besondere Funktion bei der **Werkstattarbeit**, da in unmittelbarer Nähe auch die Werkstattecke mit den nötigen Utensilien angesiedelt ist.

Wenn Schüler z.B. ihre Wochenplanarbeit vorzeitig beendet haben, begeben sie sich still in den Ruhebereich, um vielleicht ein Buch zu lesen, denn in der Ruhezone befindet sich auch eine kleine **Klassenbücherei**.

Auch beim **Stationenlernen** ist es sehr einfach, durch die Nutzung von Außen- und Innenbereich mehrere Stationen in der Tischrunde zu installieren. Außerdem stehen der Werkstattbereich und die Ruhezone ebenfalls für die Einrichtung von Lernstationen zur Verfügung. Aber auch alle anderen **Selbstlernprozesse** lassen sich in dieser Sitzordnung leichter verwirklichen als z.B. bei Sitzreihen oder Gruppentischen. Denn wir bedenken bei der Klassenraumgestaltung, dass wir keinen Unterrichtsraum, sondern eine Lernlandschaft schaffen wollen. Zunächst scheint die Hufeisenform auf einen frontal orientierten Unterricht hinzudeuten. Dem ist jedoch nicht so. Jeder Lehrer kann bei dieser Sitzordnung alle methodischen Möglichkeiten ausschöpfen, und auch der Fachkollege, dessen methodisches Potenzial weniger ausgeprägt ist oder der aus fachlichen Gründen zum Teil auch frontale Unterrichtsformen anwenden muss, hat bei dieser Sitzordnung keine Probleme. Und die Teamlehrer selbst sind keineswegs auf die Platzierung auf der offenen Seite des Hufeisens festgelegt. Sie können genauso aus der Mitte des Hufeisens arbeiten wie auch aus den unterschiedlichen Positionen innerhalb und außerhalb des Hufeisens.

Was wir bei allen Überlegungen hinsichtlich der Sitzordnung bedenken sollten, ist die Maxime, dass es **so wenig äußere Differenzierung wie irgend möglich** geben sollte. Ein besonderer Vorteil dieser Sitzordnung ist offensichtlich: Wenn zwei Schüler mit herausforderndem Verhaltensmuster in einer Klasse sind, lassen sich diese Schüler so an den beiden Enden einer Längsseite platzieren, dass sie weit voneinander entfernt sind und keinen Sichtkontakt haben. Diese beiden Faktoren unterbinden zwar keine gegenseitigen Angriffe oder Störungen, aber sie erschweren und vermindern sie deutlich. Ein weiterer, nicht zu unterschätzender Vorteil für die schwierigeren Schüler ist die klare, übersichtliche Struktur dieser Sitzordnung. Denn diese Schüler brauchen dringend überschaubare, feste Ordnungen in der **Zeit**, im **Raum** und in den **Regeln**, um sich daran zu orientieren. Aber auch die Schüler mit dem Förderschwerpunkt Lernen finden sich in dieser Ordnung, unseren Erfahrungen nach, besser zurecht als bei Gruppentischen oder Tischreihen.

Im Rahmen der inklusiven Erziehung nehmen die Teamer bewussten sanften **Einfluss** auf die Position der einzelnen Schüler im Klassenraum. Es ist im Sinne der Inklusion beispielsweise vollkommen kontraproduktiv, wenn die Schüler mit dem Förderschwerpunkt Lernen alle nebeneinandersitzen. Es wird daher eine wichtige Aufgabe für die Teamkollegen sein, sich sehr differenzierte Gedanken über eine angemessene Sitzordnung zu machen, um den individuellen Bedürfnissen, aber auch den Neigungen der Inklusionsschüler so weit wie möglich gerecht zu werden. Außerdem sollten sie die erste Sitzordnung als Provisorium bezeichnen und die Möglichkeit von Änderungen nach zwei Wochen den Schülern verbindlich anbieten.

In der sehr empfehlenswerten Broschüre „Achtsamkeit und Anerkennung, Klasse 5–9" der Bundeszentrale für gesundheitliche Aufklärung von 2006 (ISBN 3-937707-41-7, Bestellnummer 20470000) wird eine Methode zur **Verwirklichung von Schülerwünschen** vorgeschlagen, die durchaus reizvoll und praktikabel erscheint:

Tischpaare finden

Die Schüler unterhalten sich fünf Minuten lang mit einem möglichen Sitznachbarn und tauschen Informationen über gemeinsame Interessen aus. Nach jeweils weiteren fünf Minuten werden die Gesprächspartner getauscht, und es bilden sich neue Gesprächspaare. Anschließend wird entschieden, neben wem man gern sitzen möchte.

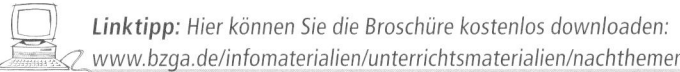

Linktipp: Hier können Sie die Broschüre kostenlos downloaden:
www.bzga.de/infomaterialien/unterrichtsmaterialien/nachthemen

Diese Findung der Sitzordnung ist auch deshalb interessant, weil sie zumindest ein Teilmitspracherecht der Schüler berücksichtigt, und das in einem wichtigen Bereich, nämlich der Wahl des Tischnachbarn. Es ist jetzt die Aufgabe der Teamer, die Tischpaare unter den besonderen Anforderungen der Inklusion im Hufeisen zu positionieren. Aber auch dieser Teilaspekt sollte die Möglichkeit der Evaluierung nach einem festgelegten Zeitraum beinhalten.

An diesem Beispiel erkennen wir schon deutlich, wie viel Reflexion und Sorgfalt bei den einzelnen Schritten des Classroom-Managements nötig sind, um den relativ reibungslosen Start in die Inklusions-Klasse 5 zu gewährleisten. Bei allen Entscheidungen überlegen wir, wie sehr wir die individuellen Veranlagungen und Befindlichkeiten berücksichtigen müssen, um den Bedürfnissen der Schüler mit diagnostiziertem Förderbedarf, aber auch im gleichen Maße denen aller anderen Schüler gerecht zu werden. Dabei darf keiner zurückstecken.

Bei der weiteren Gestaltung des Klassenraumes geht es im Wesentlichen um die **Ausschmückung** in einem festgelegten Handlungsrahmen. Dabei sollte die **Schülerbeteiligung** möglichst hoch gehalten werden, um die Identifikation der Schüler mit dem Klassenraum so stark wie möglich zu machen. Aber auch hier geht es nicht ohne vorsichtige Steuerung des Inklusionsteams. Denn Schüler neigen dazu, Räume zu überfrachten. Damit würde der Aspekt der klaren Struktur des Raumes gefährdet.

An dieser Stelle ist auch die Mitarbeit der Eltern gefragt, die den Gestaltungsprozess durchaus positiv begleiten sollen und meist auch wollen. Dabei sollte es nicht nur um handwerkliche Unterstützung gehen, wie z.B. beim Errichten eines Podestes für die Ruhezone oder das Streichen der Wände. Auch die gestalterischen Ideen der Eltern können durchaus in die Verwandlung des Klassenraums in einen Lebensraum einbezogen werden.

In diesem Gesamtprozess der Klassenraumgestaltung ist es sehr wichtig, dass alle Schüler der Klasse lernen, ihre Interessen und Bedürfnisse angemessen vertreten zu können. Dazu gehört neben der nötigen kommunikativen Kompetenz auch ein gutes Maß an Selbstbewusstsein, aber ebenso eine gesunde, klare Selbsteinschätzung und die Akzeptanz der Mitschüler und deren Eigenarten. Nur unter diesen Voraussetzungen ist die Entwicklung eines demokratisch gestalteten Klassenklimas möglich. Und damit wird auch ein wichtiger Faktor für den Umgang der Schüler untereinander geschaffen. Auf der Basis der gegenseitigen Achtung können auch die Schüler mit normabweichenden Verhaltensmustern sich ohne Gesichtsverlust in die Klassengemeinschaft einbringen und sich vielleicht sogar später einordnen.

SICH SELBST KENNEN- UND SCHÄTZEN LERNEN

Die schwierige Aufgabe der Demokratisierung der Klassenstruktur beginnt mit der positiven Selbsteinschätzung des einzelnen Schülers. „Ich bin ich, und ich bin gut, wie ich bin!" Welche Möglichkeiten zur Selbstdarstellung sollen wir den Schülern anbieten?

Methode

Möglichkeiten der Selbstdarstellung

Für einen 14-Jährigen ist es durchaus akzeptabel, wenn wir einen **Fragebogen mit einem Foto** als Basis der Selbstdarstellung erstellen und an die Wand heften. Die eigenen Besonderheiten, Bedürfnisse und Neigungen können so preisgegeben werden. Diese Fragebögen können im stillen Kämmerlein ausgefüllt werden, aber in einer kommunikativ und sozial hoch entwickelten Klassengemeinschaft ist die Form des gegenseitigen Interviews der bessere Weg. Die Fragebögen werden in der Klasse von allen gemeinsam entwickelt, um einen möglichst breiten Beteiligungsrahmen zu gewährleisten. Wir verwenden dabei die auch bei Fortbildungen oft angewandte Methode der Kartenabfrage:

Die Tischnachbarn einigen sich auf eine Reihe von Fragen, die sie auf Karten notieren. Alle Karten werden im Innenraum ausgelegt, und Dopplungen werden aussortiert. Die verbliebenen Karten werden einzeln vorgestellt und unter Umständen diskutiert, wenn Einwände gegen die jeweilige Frage bestehen. Alle Fragen, die allgemeine Zustimmung finden, werden auf dem Fragebogen als Interviewfrage aufgeschrieben. Dabei werden die Fragebögen in einer siebten Klasse ganz anders aussehen als die

▶▶▶ Bögen einer Abschlussklasse, in der die Orientierung auf die Berufswelt im Vordergrund stehen wird, während in Klasse 7 Fragen des Lifestyles, der Hobbys, der Familie u.Ä. im Mittelpunkt des Interesses stehen.

Das ist für einen 10-Jährigen vielleicht wenig motivierend und hat keinen großen Identifikationswert. Da ist schon die **individuelle Umrisszeichnung** in Originalgröße sehr viel attraktiver: Der Schüler legt sich auf ein Stück Makulaturpapier, das man bei jeder Papierverwertung rollenweise gratis erhalten kann, oder Tapete, und ein Mitschüler zeichnet mit einem Bleistift den Umriss des Schülers auf das Papier. Anschließend fährt der Schüler seinen Umriss mit einem dicken Filzstift nach. Jetzt hat er ein „Bild" von sich in Originalgröße, das er mit Wörtern, Bildern oder Fotos füllt, die ihn seiner Meinung nach repräsentieren. Rechts ist zu sehen, wie Susanne sich selbst sieht. Der Schüler schreibt seine guten Eigenschaften, seine Hobbys, seine besonderen Fähigkeiten und was er auch immer mitteilen möchte, in seinen Umriss und erstellt so ein Bild von sich in Lebensgröße, das anschließend aufgehängt wird. Dazu zwei **Tipps**:

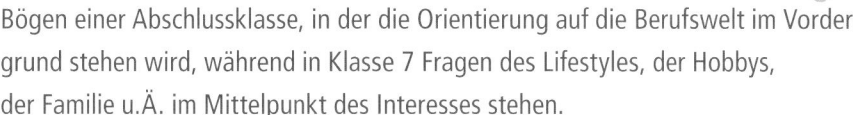

» Wenn wir die Poster an hoch durch die Klasse gespannten Wäscheleinen mit Wäscheklammern befestigen, sind sie auch vor der Bemalung durch Mitschüler sicher.
» Sollte kein Makulaturpapier verfügbar sein, reicht auch die Rückseite einer Tapete, die allerdings ausreichend breit sein sollte.

Diese Art der Selbstdarstellung ist in den höheren Klassen wohl weniger angebracht. Aber immer wieder sollten Übungen zur Selbstdarstellung in den Unterricht einfließen. Zum einen macht es den Schülern meist sehr viel Freude, weil sie sich gerade in der rasanten Entwicklungsphase der Pubertät immer wieder auf das eigene Ich besinnen sollten, zum anderen ist es ein Bestandteil eines guten Klassenklimas, wenn die Schüler ihre eigene Persönlichkeit ohne Scheu darstellen können. Das kann durch Selbstporträts, durch gestaltete Gipsmasken oder durch fotografische Darstellungen geschehen.

Die vier auf der nächsten Seite abgebildeten Arbeiten sind von Schülern des neunten und zehnten Schuljahres im Kunstprojekt „Selbstdarstellung" angefertigt und zur Ausschmückung des Klassenraumes verwendet worden. Die Schüler waren sehr stolz auf ihre Porträts, und da ich die betreffenden Schüler kenne, bin ich sicher, dass jedes dieser Bilder ein Stück von der Persönlichkeit des jeweiligen Schülers preisgibt.

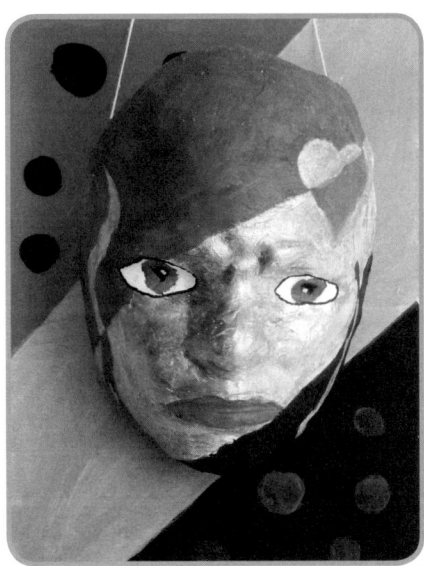

Immer wieder wird die **Rückbesinnung** auf die eigene Person und die **Wertschätzung der eigenen Person** in den Klassen 5 bis 10 ein wesentlicher Aspekt der pädagogischen Arbeit sein. Denn wir müssen uns vergegenwärtigen, dass es sich hier im Vorfeld, in der Hauptphase und im Endstadium der Pubertät um die größten Veränderungen in der menschlichen Entwicklung handelt. In einer Phase, in der die Schüler von einer Identitätskrise in die nächste stolpern, muss ihnen immer wieder die eigene Wertigkeit vor Augen geführt werden. Deshalb spielen die Übungen zur Selbstfindung eine wichtige Rolle im pädagogischen Gesamtkonzept nicht nur der Inklusion, sondern der gesamten Sekundarstufe I. Aber besonders in den Klassen, in denen Schüler mit dem Förderbedarf emotionale und soziale Entwicklung inklusiv unterrichtet werden, werden die Lehrer verstärkt an diesen Selbstfindungsprozessen arbeiten müssen.

Zum einen werden die schwierigeren Schüler immer wieder zur Selbsteinschätzung herausgefordert, in den verschiedenen Prozessen vor allem auch ihre positiven Eigenschaften erkennen zu können und damit auch zur Weiterentwicklung dieser vielleicht unbekannten Stärken motiviert zu werden. Durch die ständigen Anstöße zur Selbstbeobachtung werden den Schülern auch Fortschritte oder aber Rückschläge vor Augen geführt. Wir müssen uns ständig daran erinnern, dass das wichtigste Ziel in der Förderung dieser Schüler die Qualifizierung zu einer angemessenen Selbstkontrolle ist.

Auf der anderen Seite werden die übrigen Schüler durch ein gestiegenes Selbstbewusstsein eher in der Lage sein, sich der vermeintlichen und leider zuweilen auch realen Bedrohung durch die schwierigeren Schüler zu widersetzen und dem häufig geäußerten Machtanspruch dieser Schüler die Stirn zu bieten. Insgesamt sind diese Prozesse wichtig für die Entstehung eines demokratischen Klassenklimas, in dem jeder Schüler eine Stimme hat und als gleichwertiges Mitglied der Klassengemeinschaft geachtet wird.

DIE MITSCHÜLER GENAUER KENNENLERNEN

Wir haben schon beim ersten Kennenlernen Informationen über die Mitschüler erfragt. Diese Fragen bezogen sich jedoch in der Regel auf objektive Fakten. Zum richtigen Kennenlernen gehört natürlich mehr. Sicher haben wir bei den Interviews mit den Fragebögen schon das eine oder andere wichtige Detail über unsere Mitschüler erhalten, aber wir wollen mehr wissen.

Methode

Personensuche

Also begeben wir uns auf den Marktplatz (Innenraum des Hufeisens) und machen uns auf die Personensuche. Dabei gibt es eine Vielzahl von Suchaufgaben und von Fragen, die in dem Zusammenhang dann besprochen werden können:
- Suche jemanden, der ein Haustier hat! – *Welches?*
- Suche jemanden, der Fan eines Fußballklubs ist! – *Welcher Klub?*
- Suche jemanden, der viele Geschwister hat! – *Welche Erfahrungen?*
- Suche jemanden, der Mitglied eines Sportvereins ist! – *Welche Sportart?*

⯈⯈⯈ ▷ Suche jemanden, der öfter ins Kino geht! – *Welches war sein letzter Film?*
▷ Suche jemanden, der ein BMX-Rad besitzt! – *Wo trainiert er?*
▷ Suche jemanden, der ein Musikinstrument spielt? – *Welches?/Wie lange schon?*
usw.

Die Reihe der Suchaufgaben lässt sich beliebig erweitern und enthält unendlich viele Fragemöglichkeiten.

Und so läuft es genau ab: Jeder überlegt sich vor der Aktion eine Reihe von Suchaufgaben, die ihn besonders interessieren. Er weiß natürlich nicht, welche Gesprächspartner ihn erwarten. Und genau das macht die Sache besonders spannend. Um die reine Personensuche auch zu einer **Begegnung** zu entwickeln, stellen wir den gefundenen Personen eine zusätzliche Frage. So entwickelt sich eine rege Unterhaltung, bei der viele Informationen ausgetauscht werden können. Wenn alle Schüler sich an die Bitte um Zimmerlautstärke halten, kann der Marktplatz eine sehr gesprächige angenehme Atmosphäre erhalten.

Um eine Ausuferung der Gespräche zu vermeiden, ist es empfehlenswert, die Dauer der Personensuche zu begrenzen (ca. 15–20 Minuten). Wenn das Gesprächsklima nach dieser Zeit noch immer akzeptabel ist, kann die Übung an anderen Tagen wiederholt werden.

Ein weiteres, sehr nettes Kennenlernspiel ist das Flunkerspiel. Als Spielort bietet sich auch hier der Marktplatz an:

Flunkerspiel

Zwei Spieler treffen sich auf dem Marktplatz und stellen sich vor: „Mein Name ist Susanne. Ich bin zwölf Jahre alt und habe fünf Geschwister."

Eine der drei Informationen ist geflunkert. Der Gesprächspartner muss jetzt herausfinden, welche Information falsch ist. Danach wechseln beide die Rollen. Anschließend suchen sie neue Gesprächspartner, mit denen sie wiederum drei Informationen austauschen.

SCHAFFUNG EINES INKLUSIONS-
ADÄQUATEN KLASSENKLIMAS

 Linktipps: In der allgemeinen Jugendarbeit gibt es eine ganze Serie von Kennenlernspielen. Wer noch mehr dieser Spiele sucht, sollte unter folgenden Internetadressen nachschauen:
www.praxis-jugendarbeit.de
www.gruppenspiele-hits.de
www.gruppenleiterleitfaden.de
www.lmj-rlp.de/uploads/media/Kennenlernspiele.pdf
www.jugendrotkreuz.at/oesterreich/jugendservice/spielesammlung

Dies sind nur einige Vorschläge für Internetadressen von Jugendeinrichtungen, die solche Spiele enthalten. Das Repertoire ist schier unerschöpflich, aber wir dürfen es auch nicht übertreiben mit dem Kennenlernen, sonst wird es natürlich langweilig.

Eine letzte Möglichkeit, die ich noch anführen möchte, ist der Steckbrief, der im Prinzip dem Interview sehr ähnlich ist, aber als Steckbriefformular gestaltet wird.

Methode

Steckbrief

Ein **Steckbrief** wird durch eine Befragung vom Nachbarn erstellt und später ausgehängt. In der Praxis haben wir bei älteren Schülern (achtes bis zehntes Schuljahr) festgestellt, dass ihnen diese Form durchaus zusagt und sie es gerne sehen, wenn ihr Steckbrief aushängt.

Auch hier sind Änderungen ohne Weiteres möglich und wünschenswert.

Allerdings ist die Wirksamkeit des Kennenlernprozesses durch die klasseninternen Maßnahmen nur gering, wenn wir die Möglichkeiten einer mehrtägigen Klassenfahrt kurz nach dem Beginn des Schuljahres betrachten.

Tage des Kennenlernens

Eine feste Einrichtung für die Inklusionsklassen waren an unserer Schule die „Tage des Kennenlernens" in einem **Selbstversorgerhaus** in der Nähe des Schulortes. Die Nähe war wichtig, um zum einen die Kosten zu senken, aber auch, um unter Umständen Schüler abholen zu lassen, denen die Trennung vom Elternhaus zu große Probleme bereitete.

Die Auswahl eines Selbstversorgerhauses war von größter Bedeutung für die sozialen und pädagogischen Prozesse zur Entwicklung eines positiven Klassenklimas. Wo können die Schüler sich näher kennenlernen als bei der täglichen Arbeit miteinander und füreinander? Hier gibt es keine intellektuellen Unterschiede, hier kommen keine Lern- oder Sprachbehinderungen zum Tragen, hier spielen die **Kooperationsbereitschaft** und die **handwerkliche Fähigkeit** eine wesentlich größere Rolle. Wenn der intelligenteste Schüler beim Kartoffelschälen versagt, kann der Schüler mit Lernbehinderung ihm beibringen, wie er es richtig machen muss. Und wenn der sozial weniger anpassungsfähige Schüler versucht, sich den Verpflichtungen der Gemeinschaft gegenüber zu entziehen, sind es in der Regel die Mitschüler, die ihn zurechtweisen, und nicht etwa die Lehrer. Es entstehen in diesen Tagen erstaunliche Selbstreinigungsmechanismen in der Klasse, die zumindest während des Aufenthaltes ein gutes Klassenklima gewährleisten. Die Nachhaltigkeit einer solchen Veranstaltung kann nur vermutet, aber nicht bewiesen werden.

Drei Tage Gemeinsamkeit bringen mehr an Erkenntnissen und Informationen über die neuen Mitschüler und auch Lehrer als ein ganzes Jahr mit gesteuerten Kennenlernprozessen in der Schule. Hier im täglichen Leben zeigen sich soziale und emotionale Kompetenzen und Defizite deutlicher als in schulischen Tests und Überprüfungen.

Ein ganz besonderer Aspekt bei dieser Fahrt ist die **Bildung neuer Beziehungen** der Schüler untereinander. Es entstehen unabhängig vom Geschlecht neue Freundschaften zwischen den Schülern, die unter Umständen Jahre überdauern. Die Schüler lernen sich in einer völlig anderen Umgebung kennen und schätzen.

Natürlich werden diese Prozesse von den Lehrern auch behutsam **gesteuert** und **begleitet**. Wenn es z.B. gilt, zwei Mannschaften für das Geländespiel zu wählen, lässt der Lehrer die Schüler wählen, die sonst vielleicht als Letzte gewählt worden wären. Und bei dieser Form der Mannschaftswahl stellen wir fest, dass diese weniger sportlichen Schüler ihre Wahl nicht nach objektiven Leistungsgesichtspunkten, sondern nach Sympathie durchführen. Aber auch bei den übrigen Aktionen müssen wir ständig darauf achten, dass keiner wegen irgendwelcher Defizite von der Gemeinschaft ausgeschlossen wird.

Ein fester Programmpunkt bei der Fahrt war immer wieder die **Nachtwanderung**. Denn der Abschluss der Wanderung war ein 200 bis 300 Meter langer Alleingang im Minutenabstand durch die Dunkelheit. Die Schüler konnten wählen, ob sie alleine, mit einem Partner oder in einer kleinen Gruppe diese Mutprobe bestehen wollten. Und hier zeigte sich deutlich, wer den meisten Mut hatte. Es waren in der Tat nicht die Schüler mit den herausfordernden Verhaltensmustern, sondern vermeintlich schwache und schüchterne Jungen, aber auch zwei resolute Mädchen, die den Weg alleine wagten. Einer der schwierigeren Schüler ging zwar alleine los, wartete aber hinter einem Baum auf Begleiter, weil er sich nicht weitertraute. Es wurde niemand ausgelacht, wenn er sich nicht alleine auf die Strecke gewagt hatte, aber die Leistung der mutigen Alleingänger wurde schon angemessen herausgestellt und auch von allen mit Beifall gewürdigt. Eine leicht abgeänderte Variante ist die Nachtleine: Wir spannen in einem dunklen Waldstück eine 100 Meter lange Schnur, und die Schüler durchqueren das Waldstück im Alleingang an der Schnur entlang.

Ganz gleich, ob ein Schüler diesen Gang durch die Dunkelheit alleine, mit Partner oder in einer Gruppe bewältigt hat, auf jeden Fall hat er seine Ängste besiegt und Mut bewiesen. Gerade im **Sieg über die eigene Angst** liegt ein Baustein zur Entwicklung einer selbstbewussten Persönlichkeit. Was Erwachsene anstellen, um Ängste zu besiegen und Mut zu beweisen, ist fast skurril, sei es Bungeespringen, Drachenfliegen oder Ballonfahren. Die angebotenen Möglichkeiten werden immer abenteuerlicher und vielfältiger. Aber auch die Schule sollte angemessene Chancen zur Angstbewältigung anbieten.

SCHÜLER STARK MACHEN

DIE KLEINEN ABENTEUER

Nicht nur Jungen, sondern auch Mädchen von zehn bis zwölf Jahren lieben die kleinen Abenteuer. Leider sind die Möglichkeiten in unserer geordneten Umwelt sehr eingeschränkt, und wir müssen des Öfteren auf künstliche, kommerzielle Angebote zurückgreifen, wenn wir unseren Schülern diese Selbsterfahrung von Angst und Mut vermitteln wollen.
Sicher gibt es irgendwo in der Nähe eine **Kletterhalle**, in der es unter Anleitung die Möglichkeit zur Mutprobe gibt. Hier kommt eine weitere wichtige Komponente hinzu. Die kletternden Schüler werden durch Mitschüler abgesichert und können ihren Mut nur mit Vertrauen auf ihre Partner unter Beweis stellen. Außerdem wird allen Schülern eine strenge Einhaltung der Regeln auferlegt. Bei Verstößen müssen sie mit konsequen-

ten Sanktionen rechnen. Besonders die schwierigen Schüler fallen häufig durch waghalsige, gefährliche Aktionen auf und müssen von den Trainern diszipliniert werden. Diese Form der Waghalsigkeit hat nicht viel mit Mut zu tun, sondern ist häufig auf mangelhafte Selbsteinschätzung und Gefahreneinsicht zurückzuführen. Schüler mit AD(H)S haben z.B. teilweise eine völlig unzureichende Sicht von Gefährdung und den eigenen Grenzen und neigen zu Aktionen, die für sie selbst, aber unter Umständen auch für ihr Umfeld eine echte Gefahr darstellen. Für sie, aber auch für alle Schüler ist eine von Trainern geleitete und beaufsichtigte Kletterhalle ein optimaler Ort für positive Eigenerfahrungen.

Aber auch die immer häufiger angebotenen **Kletterwälder** bieten vielfältige Anlässe zu echten Mutproben. Ob schwankende Seilbrücken oder Strickleitern, die in schwindelnde Höhen führen, ob Seilbahnen oder Kletterkamine, all diese Aufgaben motivieren die Schüler, ihre Grenzen auszuloten. Ganz besonders im Kletterwald haben wir erfahren, dass selbst 16-jährige Mädchen mit Angststörungen hier ihren Mut unter Beweis stellen konnten und voller Stolz über ihre Abenteuer berichteten.

Diese kommerziellen Angebote haben den Vorteil, dass sie durch qualifizierte Aufsicht die Risikobereitschaft der Schüler in Grenzen halten und gegebenenfalls stoppen. Dies ist besonders wichtig bei den Schülern mit auffälligen Verhaltensmustern, wegen deren Selbstüberschätzung und ihrer hohen Risikobereitschaft, aber auch bei den Schülern mit einer Lern- oder geistigen Behinderung, weil sie die Gefahr nicht richtig einschätzen können. Wir haben bei den Schülern, mit denen wir entsprechende Probleme hatten, die besten Erfahrungen mit diesen Einrichtungen gemacht. Selbst Schüler mit körperlichen Behinderungen sind mit Unterstützung der Trainer und Mitschüler in der Lage, in diesen Einrichtungen ihren Mut unter Beweis zu stellen, sei es auf der Seilbahn oder den hohen Schaukeln.

Der beste Ort jedoch, das Selbstwertgefühl zu entwickeln und Schüler stark zu machen, ist und bleibt das Klassenzimmer.

DAS GROSSE ABENTEUER UNTERRICHT

Das herausragende Abenteuer für die Inklusionsschüler ist nun einmal der ganz normale Unterricht. Und dieses Abenteuer beginnt mit dem Einzug in die neue Schule. In der Grundschule waren sie die stärksten und größten in einer relativ homogenen Gemeinschaft. Nun kommen sie in einer Umgebung an, in der sie mit einer riesigen Menge von teilweise riesengroßen Mitschülern zusammenleben. Dieser Schritt ist angstbesetzt und verlangt Mut und Selbstbewusstsein. Schon an dieser Stelle beginnt das **erste große**

Unterrichtsprojekt, „Die neue Schule". Alles ist neu, vor allem die Lehrer und die Mitschüler. Die ersten Eindrücke entscheiden über das zukünftige Wohlbefinden oder Unwohlsein an der Schule. Die größte Rolle spielen dabei die Lehrer. Ihnen muss es gelingen, ihre Schützlinge so zu empfangen, dass sie voll Vertrauen und Mut in die neue Schule kommen.

Die Worte der Lehrer

Durch die Worte der Lehrer werden Schüler stark oder schwach gemacht. Es ist erschreckend, wie viel Schaden ein falsches Wort zur falschen Zeit anrichten kann und wie nachhaltig solche Ereignisse wirken, aber auch, welche positiven Auswirkungen das rechte Wort zur rechten Zeit haben kann.

So wurde mir bei einem Klassentreffen bewusst, wie weittragend für einen jungen Menschen ein Lehrerwort sein kann: Eine ehemalige Schülerin bedankte sich bei mir dafür, dass ich ihr Leben verändert hätte. Dabei hatte ich bei der Übernahme der besagten Klasse eine extrem krumme Haltung der 1,80 m großen Schülerin mit den Worten kommentiert: „Du brauchst dich wegen deiner Größe nicht zu schämen; denn schließlich ist 1,80 m die Idealgröße für Mannequins." Die Schülerin erklärte mir, ich habe damit ihre gesamte Selbsteinschätzung verändert und sie stolz auf ihre Körpergröße gemacht. Erst da wurde mir die Macht unserer Worte bewusst. Und das sollte sich jeder Kollege, aber ganz besonders die Kollegen im inklusiven Unterricht vor Augen halten: Letztlich können sie **mit ihren Worten und ihrem Handeln Schüler stark**, aber auch **schwach** machen. Und besonders wenn es sich um Schüler mit amtlich diagnostiziertem Förderbedarf handelt, sollten wir größten Wert darauf legen, diese Schüler auf keinen Fall weiter zu diskriminieren. Selbst wenn sie in der Grundschule inklusiv unterrichtet worden sind, so haben sie doch schon in diesen vier Jahren unter Umständen einige negative Erfahrungen machen müssen. Sie sind anders als die anderen Schüler, denn sie haben das Etikett eines sonderpädagogischen Förderbedarfs und sind von offizieller Seite für „nicht ganz in Ordnung" befunden worden. Noch mehr haben natürlich die Schüler unter der Stigmatisierung zu leiden, die in den ersten Schuljahren schon eine Förderschule besucht haben.

Denn sie haben ihre Schwächen durch die Trennung von ihren Spielkameraden und die Einweisung in eine besondere Schule, meist außerhalb des Wohnbezirks, zu spüren bekommen. Und jetzt bekommen sie die Chance zu einem Neustart in einer Schule, wo sie ihre alten Freunde wiedersehen und sich nicht mehr ausgegrenzt fühlen.

Dies gilt in besonderem Maße für die **Schüler mit dem sonderpädagogischen Förderbedarf emotionale und soziale Entwicklung**. Für den Fall einer separativen Beschulung war ihr Schulbesuch bei uns im Raum häufig mit längeren Fahrzeiten verbunden, weil die Förderschulen für diese Schüler alle Schüler unseres Aufsichtsbezirks aufnahmen. Und wenn dieser Förderbedarf bei einem Schüler vorliegt, schrillen bei vielen Kollegen schon die Alarmglocken. Was mag dieser Schüler wohl alles angestellt haben, dass er schon als 7- oder 8-jähriger Schüler an der entsprechenden Förderschule gelandet ist? – Und schon hat der arme Kerl seinen Stempel auf der Stirn.

Zwar müssen die Lehrer einer Klasse über den Förderbedarf informiert werden. Aber sie müssen auch gemeinsam daran arbeiten, dass ein vorurteilsloser Umgang mit diesen Schülern gepflegt wird. Es ist für diese Schüler ganz wichtig, dass sie **ohne Stigmatisierung** in der neuen Schule aufgenommen werden.

Nur wenn wir durch einen vorurteilsfreien Umgang mit ihnen ihr Vertrauen gewinnen, können wir in den nächsten Jahren erfolgreich mit diesen Schülern zusammen etwas Positives erreichen. Wenn wir ihnen mit Skepsis und Misstrauen begegnen, werden wir die in Jahren entstandene Abneigung gegen Schule und Lehrer bestätigen und die Barrieren für eine positive Einstellung zum System Schule unüberwindbar gestalten.

Falls es uns jedoch gelingt, diesen Schülern von Beginn an den gebührenden Respekt und eine spürbare Wertschätzung entgegenzubringen, werden wir sie auch frühzeitig in die Klassengemeinschaft einbinden können. Überzogene Vorsicht und großes Misstrauen haben im Zweifelsfall zur Folge, dass sie sich schnell unserem erzieherischen Einfluss entziehen.

Denn besonders Schüler mit herausforderndem Verhalten besitzen in der Regel ein ausgeprägtes Gefühl für **Gerechtigkeit und Gleichbehandlung**. Wenn z.B. das brave Mädchen aufsteht und sein Taschentuch zum Papierkorb bringen will, wird dies vom Lehrer überhaupt nicht registriert. Sobald sich jedoch der „schwierige" Schüler auch nur von seinem Stuhl erhebt, greift der Lehrer sofort ein und fordert ihn auf, sitzen zu bleiben. Er befürchtet – zu Recht oder auch zu Unrecht –, dass der Schüler auf dem Weg zum Papierkorb und zurück durch fehlerhaftes Verhalten auffallen wird. Er wird in den Befürchtungen des Lehrers vermutlich den einen oder anderen Mitschüler anstoßen, Gegenstände von den Tischen der Mitschüler wegschieben und bei der Rückkehr vom Papierkorb die ganze Klasse mit Grimassen zum Lachen bringen.

Ob berechtigt oder nicht – vorsichtshalber unterbindet der Lehrer die Möglichkeit der Störung schon im Ansatz, indem er schon beim Aufstehen des Schülers eingreift und ihn auffordert, sich wieder hinzusetzen.

Der Schüler wird ganz sicher diese ungleiche Behandlung registrieren, sich dagegen auflehnen und lautstark protestieren: „Bei der Tina haben Sie aber nichts gesagt!" – Und so ist der Einstieg in eine unvermeidbare Diskussion entstanden, und der Lehrer befindet sich in einer unangenehmen Verteidigungsposition. Er hat jetzt zwei Möglichkeiten. Zum einen kann er sich entschuldigen wegen der ungerechten Behandlung, zum anderen kann er sich mit dem Argument des besonderen Förderbedarfs des Schülers und der daraus resultierenden Vorsicht verteidigen. Die erste Reaktion ist professionell, die zweite wird den Schüler diskriminieren und unnötig an seine Schwächen erinnern.

Zu dem professionellen Verhalten des Lehrers gehört vor allem **der vorsichtige Umgang mit dem gesprochenen Wort**. Es gibt eine ganze Reihe von Türschließern, die schon ganz zu Beginn des Unterrichts an der neuen Schule das frühzeitige Ende der positiven Entwicklung bedeuten können:

- „Du schon wieder?"
- „Muss das sein?"
- „Das habe ich nicht anders erwartet."
- „Reiß dich zusammen."
- „Halt den Mund."
- „Sei still!"
- „Lass deine Scherze!"
- „Jetzt ist aber Schluss."
- „Benimm dich endlich!"

usw., usw.

Im Prinzip sind dies für uns harmlose Stereotype, die wir unbedacht benutzen, ohne damit Anstoß zu erregen. Allerdings müssen wir uns selbst die Frage stellen, ob diese Form der Zurechtweisung nur den schwierigeren Schülern zukommt oder ob wir auch das brave Mädchen bei gleichem Fehlverhalten so ansprechen – oder kann es sein, dass wir hier freundlicher und zugewandter auf die gleiche Störung reagieren? Bei dem schwierigeren Schüler bewirken diese knappen Zurechtweisungen nicht selten, dass er sich angegriffen fühlt, und dann erfolgt die automatische Gegenreaktion:

Schüler: Was habe ich denn gemacht?
Lehrer: Du merkst schon gar nicht mehr, wenn du redest!
Schüler … Lehrer … Schüler …

Besonders die Bemerkung: „Du merkst gar nicht …" ist für bestimmte Schüler eine ganz schwere Attacke, denn es ist in der Tat so, dass z.B. ein Schüler mit AD(H)S unter Umständen wegen seiner defizitären Selbstkontrolle sein Fehlverhalten wirklich nicht registriert hat. Und der Lehrer hat ihn ohne Absicht auf dieses Defizit angesprochen und ihn damit in der Klasse bloßgestellt. Und das ist oft das Schlimmste, was einem Schüler angetan werden kann: Ungerechtigkeit und Bloßstellung.

So sind wir ungewollt in die Eskalationsfalle getappt und haben wegen einer unwesentlichen Störung eine Riesenauseinandersetzung in Gang gesetzt. Dabei wäre das Ganze so einfach gewesen: „Wenn du etwas Wichtiges mitzuteilen hast, dann sag es doch bitte uns allen. Wenn es etwas Persönliches ist, erzähle es deinem Nachbarn in der Pause." – Und wenn der Scherz gut war, den der Schüler laut in die Klasse gerufen hat, darf ruhig auch mal der Lehrer mitlachen.

Wenn es uns nämlich gelingt, positiv und gelassen zu reagieren, werden wir sehr viel ernster genommen als bei rüden Schnellschüssen. Damit möchte ich auf keinen Fall dem Laissez-Faire den Vorzug geben. Der Lehrer muss auf Fehlverhalten reagieren, wenn es die anderen Schüler stört – seine Reaktion sollte jedoch angemessen und höflich sein.

Didaktische und methodische Entscheidungen

Aber es sind nicht allein die Worte, die das Klima in der Klasse und die Lehrer-Schüler-Beziehung im Besonderen prägen, es sind auch die Methoden und die didaktischen Entscheidungen, die den einzelnen Schülern die Möglichkeit bieten, ihre ganz individuellen Stärken zum Tragen zu bringen.

Wenn wir die Schüler im fünften Schuljahr übernehmen, sollten wir die besonderen Vorbedingungen der übergebenden Grundschule genau kennen. Denn wir sind in unseren didaktischen und methodischen Überlegungen gut beraten, wenn wir auf Vorerfahrungen und bereits vorhandene Qualifikationen zurückgreifen und darauf langsam, Schritt für Schritt, aufbauen.

In der Regel sind die Schüler mit den verschiedenen Selbstlernprozessen vertraut. Auch in der Sekundarstufe muss der Unterricht geöffnet werden, um den Aspekten
a) der **Heterogenität** und b) der **Individualisierung** gerecht zu werden. Schlagwörter sind hier:

Zu a)
- Differenzierung
- Kooperatives Lernen
- Diagnose und individuelle Förderung (zu individuellen Förderplänen siehe auch S. 142)
- Angemessene Leistungsrückmeldungen (orientiert an den Leistungen und am Entwicklungsstand der einzelnen Schüler)

Zu b)
- Selbstverantwortung und Selbststeuerung beim Lernen (durch Wochenpläne, Kompetenzraster, Lernlandkarten, etc.)
- Angemessene Lernumgebung (Lernbüros, Werkstätten, Projektarbeit etc.) Methoden wie Stationenlernen, Freiarbeit, Arbeit mit Portfolios etc. können hier ihren Platz finden.

In diesem Zusammenhang ist es wenig sinnvoll, zwischen zielgleichem und zieldifferenten Unterricht zu unterscheiden. Alle Lernprozesse werden im Laufe der Inklusion so gestaltet, dass jeder Schüler einen besonderen individuellen Zugang zu den Unterrichtsthemen erhält und in der Lage ist, mit oder ohne Lehrercoaching diesen Lernprozess im Rahmen seiner individuellen Möglichketen zu bewältigen.

— *Informationen nach: Wester, Franz: Eine neue Rolle der Lehrkräfte. Lernen begleiten im Konzept der Individualisierung. In: Schulmagazin 5–12, Oktober 10/2012, Oldenbourg Verlag. S. 7*

An dieser Stelle auch ein paar Worte dazu, wie wir mit **Lehrplänen und Rahmenrichtlinien** umgegangen sind – und wie es eine inklusive Schule meiner Meinung nach auch handhaben sollte. Mit dem Thema Classroom-Management hat das insofern sehr konkret zu tun, als es um Chancen, um Motivation, um die Frage „Lust oder Frust" geht.

Grundsätzlich – denn das ist ein wesentlicher Punkt bei der Inklusion an Schulen – geht es natürlich darum, jeden Schüler zu dem für ihn persönlich höchstmöglichen Abschluss zu führen. Auf dem Weg zu diesem Abschluss muss der Unterricht so individualisierend wie möglich, die Beobachtung – durch die Arbeit im Team – so genau wie möglich sein. Die Frage nach „zielgleich" und „zieldifferent" stellte sich uns also nicht: Es wurde immer und für jeden zieldifferent unterrichtet, wenn man es genau nimmt, denn die Inhalte der Richtlinien wurden übernommen, aber die Ausprägungen der Anforderungen wurden immer individualisiert.

2 Classroom-Management im inklusiven Klassenzimmer

An unserer Schule beispielsweise konnten die folgenden Abschlüsse erreicht werden:
- Sekundarabschluss nach Klasse 10 mit Qualifikation
- Sekundarabschluss mit Fachoberschulreife
- Sekundarabschluss nach Klasse 10 Typ A
- Hauptschulabschluss mit Qualifikation
- Hauptschulabschluss
- Ein dem Hauptschulabschluss gleichwertiger Abschluss des Bildungsgangs im Förderschwerpunkt Lernen

Bei allen Bemühungen um Individualisierung und Anpassung der Leistungsanforderungen müssen wir auch berücksichtigen, dass wir nicht immer alle Schüler zu einem Schulabschluss der Regelschule führen können. Selbst bei starker Reduzierung der Stoffpläne auf das Minimum wird es Schüler in den Inklusionsklassen geben, die keinen Hauptschulabschluss erreichen und die alternativ mit dem Förderschulabschluss vorlieb nehmen müssen. Auch der Schüler mit einer geistigen Behinderung müsste dazu ausreichende Leistungen bei reduzierten Anforderungen in allen Fächern vorweisen. Das geht leider nicht immer.

Das bedeutet jedoch auf keinen Fall, dass wir diese Schüler schon vor den Klassen 9 und 10 aus der Inklusion ausschließen. Denn wir haben auch im Rahmen der bestehenden Stoffpläne noch die Möglichkeit, die Ansprüche so zu minimieren, dass selbst die Schwächsten zu einem individuellen Leistungserlebnis geführt werden können. Ihr Zeugnis am Ende der Schullaufbahn besteht lediglich aus einer Lernstandsbeschreibung, in der die Fähigkeiten und Fertigkeiten der Schüler dargelegt werden.

Und wir konnten auch nicht vermeiden, dass in seltenen Fällen, trotz aller Differenzierungs- und Fördermöglichkeiten, kein formaler Abschluss erreicht wurde und Schüler mit einem Abgangszeunis unsere Schule verließen.

Wie können wir aber den Unterricht konkret gestalten, damit die Schüler die optimale Chance zur Verwirklichung ihrer Fähigkeiten haben?
Am Beispiel der Planung und Gestaltung des ersten Halbjahres der Klasse 5 an unserer Schule möchte ich dies erläutern.
Es war für unsere Kollegen in den Inklusionsteams selbstverständlich, **projekt- und handlungsorientiert** zu arbeiten, um ein breites Spektrum für den Einsatz der individuellen Ressourcen zu bieten. In der Regel waren dies die fächerübergreifenden Themen des ersten Halbjahres:

SCHAFFUNG EINES INKLUSIONS-
ADÄQUATEN KLASSENKLIMAS

- » Unsere neue Schule
- » Das Leben in der Steinzeit
- » Die alten Ägypter
- » Adventszeit/Weihnachten
- » Deutsche Märchen

— © Theroadislong, Quelle: wikimedia

Diese Themen wurden so strukturiert, dass **Forschungsaufgaben, das Verfassen von Texten**, vielfältiges **Stationenlernen** und **handwerkliche und künstlerische Tätigkeiten** derart auf die Schüler aufgeteilt wurden, dass niemand überfordert, aber auch niemand unterfordert war. Jeder einzelne Schüler wurde durch eine sehr individuelle Aufgabenzuteilung bzw. durch eine große **Auswahl** in die Lage versetzt, Erfolge zu erleben und so sein Selbstwertgefühl positiv weiterzuentwickeln.

Der Einstieg in das Thema „Das Leben in der Steinzeit" war ein Besuch des Neandertalmuseums. Anschließend wurden die Aufgabenstellungen individualisiert.

Während die einen Schüler eine gemeinsame Geschichte über den Tagesablauf eines Steinzeitjungen erfanden und aufschrieben, waren die anderen mit der Produktion von Steinzeitwerkzeugen beschäftigt, und eine dritte Gruppe stellte eine künstlerisch gestaltete Speisekarte einer Steinzeitfamilie her. Eine weitere Gruppe versuchte, essbare Gerichte aus der Steinzeit zu produzieren. Und alle waren hoch motiviert bei der Arbeit, keiner fühlte sich fehl am Platz.

Die Lehrer wechselten als **Moderatoren und Ratgeber** ständig ihre Position im Klassenzimmer und versuchten, nur da einzugreifen, wo es aus Gründen der Sicherheit unbedingt erforderlich war. Am Ende des Projektes stand die Präsentation der Ergebnisse vor der Klasse, und jeder Schüler konnte etwas zu dieser Präsentation beitragen.

Bei uns ging die Organisation dieser Themen vom Inklusionsteam aus. Anschließend ging es darum, die Fachlehrer einzubinden, was teilweise etwas knifflig war, da die Vorgaben der Stoffpläne und Richtlinien nicht immer hilfreich bei der Einbindung der verschiedenen Fachbereiche in die übergeordnete Thematik sind. Grundvoraussetzung dafür war zunächst die **frühzeitige und umfassende Information über die geplanten Monatsthemen**. Dies geschah in der Regel in einer **gemeinsamen Besprechung der Halbjahresthemen** zu Beginn eines jeden Halbjahres. Bei dieser Besprechung wurde in einem Ideenpool alles gesammelt, was Fachlehrer zu diesen Themen beitragen konnten.

- Es ist zuweilen erstaunlich, welche Ideen Nichtphysiker für die Anbindung der Physik an das Thema Steinzeit finden. Welche Möglichkeiten bietet z.B. das „Element" Feuer? – Blitz, Reibung, Wärmeleiter ...
- Sicher kann der Biologielehrer mit der Steinzeit-Kochgruppe Kräuter, Beeren und Gemüse suchen, aber was ist mit Englisch? Wie wäre es hier mit einer Kurzepisode aus den Comics über die Steinzeitfamilie „Flintstones" mit dem englischen Originaltext?

In vielen Fällen werden die Fachlehrer die Projektthemen erfolgreich in ihrem Unterricht berücksichtigen können, aber manchmal ist es unmöglich oder zu künstlich, wenn eine solche Projektanbindung gewaltsam versucht wird. Es ist auf jeden Fall wichtig, dass die Fachlehrer bei der im ersten Kapitel angesprochenen **Inklusionstagung** und bei den **monatlichen Klassenkonferenzen** die Möglichkeiten zur Einbindung von Fachbeiträgen zum Gesamtprojekt erhalten. Die unumgänglichen abweichenden Unterrichtsvorhaben wurden dann bei uns mit dem Inklusionsteam abgesprochen und gemeinsame Wege zur Individualisierung der Aufgaben und Leistungsüberprüfungen gefunden.

Zur Ehre der Fachkollegen muss ich sagen, dass fast alle im Laufe des ersten Jahres ein Gespür für individuelle Leistungsansprüche zeigten und durch differenzierte Aufgabenstellungen und Materialien ein hohes Maß an inklusionsadäquaten Unterrichtsverfahren entwickelten. Nicht selten trugen sie mit ihren Ideen zu einer Bereicherung der Projektangebote bei. Und wo es nötig war, waren sie auch bereit, die individuellen Bedürfnissen der Schüler vor die Stoffpläne und Richtlinien zu stellen.

Die Kooperation aller beteiligten Kollegen ist bei handlungs- und projektorientierten Unterrichtsvorhaben von großer Bedeutung. Wenn die Schüler z.B. am Projekt „Steinzeit" arbeiten, ist aus der Klasse eine Lernwerkstatt geworden, die wohl kaum zu einem Unterrichtsraum für den Geografielehrer rückgestaltet werden kann. Da ist es schon günstiger, wenn der Fachlehrer einen eigenen Beitrag in das Gesamtprojekt einbringt und während der Projektarbeit lediglich als Moderator für individuelle Fragen der Schüler zur Verfügung steht.

Im isolierten Fachunterricht stellte bei uns, wie zuvor schon angedeutet, die Selbsteinschätzung besonders der Schüler mit einer Lernbehinderung ein Problem dar: Sie drängten darauf, die gleichen Arbeitsaufträge wie die anderen Schüler zu bekommen, und es bedurfte einer sehr vorsichtigen Überzeugungsarbeit, sie von der Notwendigkeit spezifischer Arbeitsaufgaben für ihre individuellen Fähigkeiten zu überzeugen. Besonders diese Schüler legen größten Wert auf Gleichbehandlung, und sie haben ein waches Auge für jede Abweichung in der Anspruchhöhe. Sie wollen nicht individuell, sondern wie alle anderen behandelt werden. Unserer Erfahrung nach war es ihnen lieber, an den Aufgabenstellungen der übrigen Schüler zu scheitern, als sich erfolgreich um die ihnen angemessenen Aufgaben zu bemühen. Das war zu Beginn unserer Integrationsarbeit ein brisantes Thema in der Auseinandersetzung zwischen Förder- und Regelschullehrern. Während die Förderlehrer massiv auf die Einhaltung der Schonräume für die Schüler mit dem Förderschwerpunkt Lernen drängten, waren die Regelschullehrer eher bereit, die Schüler der selbstgewählten Gefahr der Überforderung auszusetzen. Dieses Problem war zunächst Anlass zu ernsten Verwerfungen innerhalb der Teams.

Dabei bezogen sich die Regelschullehrer auf die Stoffpläne der Hauptschule, in denen bestimmte Fähigkeiten und Fertigkeiten am Ende der Hauptschulzeit in einer zentralen Prüfungsarbeit abgefordert werden. Daraus entsteht eine Aufteilung des Stoffes in Jahrgangsschritte, die zum Abschluss eine erfolgreiche Prüfung garantiert. Die entsprechenden Unterrichtsvorhaben und Themen werden durch die jeweiligen Schulministerien vorgegeben und haben für die jeweiligen Schulformen eine gewisse Verbindlichkeit, da sie z.B. aufbauend auf die Zentralen Abschlussprüfungen vorbereiten.

Das bedeutet aber auch für die Lehrer, dass sie diese Themen im Unterricht behandeln müssen, um den berechtigten Interessen ihrer Schüler gerecht zu werden. Wenn ich im Weiteren als Beispiel die Mathematikthemen des Landes NRW anführe, so ist dies nur ein exemplarisches Beispiel. Die angeführten Themen sind weitgehend identisch mit den Vorgaben in den übrigen Bundesländern:

Übersicht der verbindlichen Themen für die Klassen 5 und 6 der Hauptschule NRW

Lfd. Nr.	Verbindliche Unterrichtsthemen
5.1	Natürliche Zahlen
5.2	Geometrische Figuren und Beziehungen
5.3	Größen
6.1	Natürliche Zahlen und gewöhnliche Brüche
6.2	Winkel – Achsensymmetrie – Würfel und Quader
6.3	Dezimalbrüche

Dieser Kernlehrplan beschreibt die Themen der Jahrgangsstufen 5 und 6. Er sagt jedoch nichts aus über Methoden und Differenzierungsmöglichkeiten. Im Rahmen dieser Themen gibt es enorme Variationsmöglichkeiten im Umfang, in der Schwierigkeit, in der Übungsdichte und im Leistungsanspruch an den einzelnen Schüler. Diese Spanne gilt es, im

individuellen Anspruch an jeden Schüler optimal auszuschöpfen. Wenn wir z.B. den Punkt 5.2, Geometrische Figuren und Beziehungen, anschauen, fallen uns sofort eine ganze Reihe von Individualisierungsmöglichkeiten ein: Während die Schüler mit hohem Abstraktionsvermögen durchaus Berechnungen von Körpern ableisten können, werden andere aus dem Netz eines Würfels einen Würfel zusammenbasteln und ihn farblich gestalten. Oder sie messen den Inhalt eines Körpers durch das Befüllen desselben mit Wasser. Bei einem Schüler mit Trisomie 21 sind wir vielleicht zufrieden, wenn er aus der haptischen Erfahrung heraus mehrere Körper sprachlich unterscheiden kann.
Ein anderer findet wiederum in einer Formvorlage das Loch, in das der Würfel gehört. Zu Beginn der Unterrichtsreihe steht dann das **Ermitteln der verschiedenen Wissensstände** und die **individuelle Reaktion darauf** an.
Es liegt an der methodischen und didaktischen Kompetenz der Fachlehrer und Sonderpädagogen, auf der Basis dieser Pläne einen standortgemäßen Stoffplan mit Berücksichtigung der Anforderungen des inklusiven Unterrichts zu entwickeln. Hier muss auch die Möglichkeit der **Reduzierung der Anforderungen** für Schüler mit einer starken Lernbehinderung oder mit geistiger Behinderung einbezogen werden. Zentral ist bei der Inklusion das Lernen am gemeinsamen Gegenstand – aber den jeweiligen Stärken, Schwächen und Entwicklungsständen angepasst.
Auf der Basis der Stoffpläne NRW gelang es den engagierten Teams und den übrigen Kollegen in den Integrationsklassen der ersten Jahre, eine sehr **erfolgreiche Individualisierung** im Unterricht zu realisieren. Diese Individualisierung bezog sich nicht auf die Unterschiede in den festgestellten Förderbedürfnissen, sondern auf die **grundsätzliche Leistungsfähigkeit des Einzelnen**.

Die Störungen, die auf Grund der Zusammensetzung der Klasse verstärkt vorkamen oder heftiger ausfielen, beeinträchtigten zwar die Konzentration der übrigen Schüler, hier besonders die der Schüler mit einer Lernbehinderung, waren jedoch in den Unterrichtsprozessen des Teams zu bewältigen, wenn sich immer aufs Neue ein Teammitglied mäßigend und beruhigend einschalten konnte.
Was war aber in Stunden, in denen nur ein Lehrer den Unterricht bestritt? Hier waren bei uns vor allem die Fachlehrer betroffen. Sicher wussten die meisten Kollegen schon etwas über den Hintergrund, der ggf. zu der Störung führen konnte, beispielsweise AD(H)S. Sie kannten die Konzentrationsschwäche, die damit einhergehen kann. Ihnen war auch die mangelnde Fähigkeit zur Selbstkontrolle bekann. Aber sie waren bei der Minimierung der Störungen mehr oder weniger auf sich selbst angewiesen. Und wenn ich diese Problematik der Hilflosigkeit der Fachlehrer gegenüber dem Fehlverhalten der schwierigen Schüler anspreche, so geschieht dies nicht ohne Hintergrund. Bei den

über 50 Fortbildungen zum Trainingsraumprogramm in Kollegien aller Schulformen in fünf verschiedenen Bundesländern habe ich sehr viel über die Not erfahren, die die schwierigen Schüler allen Lehrern, aber vor allem den Fachlehrern bereiten. Wenn Kollegen die durch Störungen verursachten Unterrichtsausfälle zum Teil mit 70 Prozent beziffern, ist dies absolut keine Seltenheit. Es handelt sich hier um Ergebnisse einer anonymen Befragung, die wir mit ca. 1500 Lehrern durchgeführt haben und bei der über 20 Prozent beklagen, dass mindestens die Hälfte ihrer Unterrichtszeit durch Störungen und deren Behebung verloren geht. Ich möchte dieses Lehrerelend einmal exemplarisch an einem Originalfragebogen aufzeigen.

Fragebogen zu Unterrichtsstörungen

1. Gibt es an Ihrer Schule ein für alle verbindliches, festgelegtes Vorgehen bei Unterrichtsstörungen?

   Ja   (Nein)

2. Welche Maßnahmen wenden Sie persönlich bei Unterrichtsstörungen vornehmlich an?

   - ☒ Ermahnung
   - ☒ Zusatzaufgaben (schriftl. Nachholen des Stoffes usw.)
   - ☒ Ausschluss vom aktuellen Unterricht (Flur, Nachbarklasse...)
   - ☒ Gespräch mit dem Schüler
   - ☒ Platzwechsel
   - ☒ Gespräch mit den Eltern
   - ☒ schriftliches Festhalten (Klassenbuch, Strichliste, Tafel u.ä.)
   - ☒ Maßnahmen nach der AschO (Klassenkonferenz u.ä.)
   - ☒ Schulleiter oder Klassenlehrer einschalten
   - ☐ Sonstige Maßnahmen: _____

3. Sind Sie im Großen und Ganzen mit der Wirksamkeit Ihrer Maßnahmen zufrieden?

   Ja   teils/teils   Nein

4. Wünschen Sie sich manchmal, andere wirkungsvollere Maßnahmen zur Verfügung zu haben?

    Ja   Nein

5. Wieviel Prozent der Unterrichtszeit nehmen Unterrichtsstörungen und Ihre Reaktion darauf in Anspruch?

   Ca. ___70___ %

Danke für Ihre Mitarbeit!
Die Moderatoren

2 Classroom-Management im inklusiven Klassenzimmer

Wir erkennen an diesem authentischen Fragebogen die ganze Not des betroffenen Kollegen. Er hat alle ihm zur Verfügung stehenden Möglichkeiten bis zum Ende ausgeschöpft und muss trotzdem erkennen, dass seine Mittel unzureichend sind. Und leider ist dieser Fragebogen kein Einzelfall, sondern es kommt bei Schulen mit integrativer bzw. inklusiver Erziehung von Schülern mit dem Förderbedarf emotionale und soziale Entwicklung nicht selten vor, dass Kollegen über Störzeiten von über 50 Prozent klagen. Sehr häufig finden wir die Bemerkung: „In meiner eigenen Klasse komme ich gut zurecht, aber als Fachlehrer habe ich wahnsinnige Probleme."

Und genau da liegt das Problem. Die Schüler seiner eigenen Klasse sieht der Lehrer in der Regel jeden Tag. Er kennt sie genau, und auch ihre Eigenarten. Es besteht eine Beziehung zueinander. Er kennt die Eltern und den soziokulturellen Hintergrund dieser Schüler. Außerdem kann er vielleicht einiges anders einordnen und verzeihen, weil er „seine" Schüler mag.

Was ist aber mit den Schülern, die er nur einmal oder 2-mal in der Woche sieht? Es sind vielleicht vier oder fünf verschiedene Lerngruppen mit vielleicht 100, 120 oder sogar 150 verschiedenen jungen Menschen, die alle ihre Besonderheiten haben. Diese Besonderheiten kann er nicht kennen.

Hier ist größtmögliche Unterstützung gefragt. Eine an unserer Schule praktizierte mögliche Lösung ist der Lehrereinsatz in **Jahrgangspools**, in denen die Fachlehrer ihre Stundenverteilung zumindest auf eine Jahrgangsstufe und bei kleineren Schulen auf eine Doppelstufe konzentrieren. In diesen Pools versuchten wir, möglichst wenige Kollegen für die Unterrichtsverteilung einer Jahrgangsstufe einzusetzen. In der Stufe 5 und 6 geben der Mathematiklehrer, der Deutschlehrer und der Englischlehrer sowie möglichst alle übrigen Fachlehrer den Unterricht in zwei Parallelklassen, um die Vergleichbarkeit der Klassen zu gewährleisten und objektive Maßstäbe für die Einstufung in Fachleistungskurse in den Folgeklassen zu haben. Besonders in den Fällen, wo eine Inklusionsklasse und eine reine Regelklasse parallel unterrichtet werden, ist so auch eine gewisse Beurteilungsgerechtigkeit gegeben. Auf diese Weise wird auch die Anzahl der Bezugsschüler verringert, da die Kollegen mit zwei oder drei Fächern – je nach Ausbildung – in den Klassen eingesetzt werden. Für die Schüler – und ganz besonders für die Förderschüler – ist die Reduzierung der Bezugslehrer ein eindeutiger Vorteil. Trotzdem häuften sich von der Seite der Fachlehrer die Klagen über die schwierigen Schüler, und sie trauten sich kaum noch, offene Unterrichtsformen durchzuführen, weil sie glaubten, diese Schüler im weniger offenen Unterricht besser unter Kontrolle zu behalten. Dies war umso bedauerlicher, da die Chancen zur Individualisierung in vielen Fächern stark reduziert wurden und die Stärkung der Schüler durch die Ausschöpfung der individuellen Möglichkeiten im weniger handlungsorientierten Unterricht schwerer zu realisieren war. Außerdem wurde die Meinung der Integrationsskeptiker durch diese Schwierigkeiten bestärkt, dass die Integration von Schülern verschiedener Förderschwerpunkte nur begrenzt möglich sei.

Wir werden uns später ausgiebig mit diesem speziellen Problem der inklusiven Erziehung und den möglichen Lösungswegen beschäftigen, wenn wir im Kapitel 4 die **Wege zur Minimierung der Unterrichtsstörungen** erörtern.

DER BEREICH DER UNBEGRENZTEN MÖGLICHKEITEN: DER MUSISCHE BEREICH UND SPORT

Musik

Der gesamte musische wie auch der sportliche Bereich sind Felder, in denen die Inklusion besonders vorbildlich gelebt werden kann. Für die Schüler mit einem diagnostizierten sonderpädagogischen Förderbedarf hinsichtlich der emotionalen und sozialen Entwicklung werden sie in den Empfehlungen der KMK als sehr geeignet zur Förderung herausgehoben. Aber diese Fächer bieten für alle Schüler mit all ihren Besonderheiten die größten Möglichkeiten zur Entwicklung ihrer persönlichen Fähigkeiten und Begabungen. Sie können zunächst frei von allen intellektuellen Vorgaben ihr Talent ausschöpfen.

Dass Schüler mit den verschiedensten intellektuellen Voraussetzungen in Kunst, Musik und Sport unabhängig von ihrer Lernbegabung hervorragende Leistungen vollbringen können, ist zunächst keine neue Erkenntnis. Es ist jedoch faszinierend, zu welcher musischen Leistungshöhe alle Schüler bei entsprechend intensiver Förderung und Anleitung gebracht werden können. Eine erhebliche Motivation liegt auch in der Gleichwertigkeit aller Schüler in diesem Unterrichtsbereich. Und nicht zuletzt bietet der inklusive Unterricht in diesen Fächern auch allen Schülern die Chance, ihre Gleichwertigkeit unter Beweis zu stellen.

In der **Musik** (jedenfalls im praktischen Bereich) zeigten sich kaum Unterschiede auf dem intellektuellen Sektor. Es gab jedoch aus Gründen der sonderpädagogischen Förderung eine spezielle Einrichtung: Die Schüler mit diagnostiziertem sonderpädagogischen Förderbedarf emotionale und soziale Entwicklung und Schüler mit AD(H)S wurden außerhalb des stundenplanmäßigen Musikunterrichts besonders im Bereich der **rhythmischen Erziehung** gefördert. Denn der Rhythmus gibt feste Strukturen vor, denen sich die Schüler anpassen müssen. Diese Anpassung erfordert einen hohen Grad an Selbststeuerung und Selbstkontrolle und trägt damit auch zur positiven Weiterentwicklung des Selbstwertgefühls dieser Schüler bei. So war es auch folgerichtig, dass der zuständige Förderlehrer schon frühzeitig mit den Schülern mit Verhaltensproblematik speziell mit Perkussionsinstrumenten als Mittel der sonderpädagogischen Förderung arbeitete. Die Schlagzeuger unserer Schulband wurden regelmäßig aus dieser Gruppe rekrutiert.

Vielleicht ist an jeder Schule eine entsprechende Institution möglich – ganz im inklusiven Sinne natürlich offen für alle Interessierten? Nichts verbindet mehr als ein musikalisches Miteinander!

Insgesamt ist der Musikunterricht ein unverzichtbarer Bereich der inklusiven Erziehung, besonders in den ersten Jahren, in denen die Schüler noch relativ unbelastet von pubertären Hemmungen singen und spielen. Daher fand der Musikunterricht bei uns in den Klassen 5 und 6 2-mal in der Woche statt und war ab Klasse 7 auf Arbeitsgemeinschaften, wie Schulband, Musik mit dem Orffschen Instrumentarium, Schulchor und Gesellschaftstanz, begrenzt. Damit war der Stundentafel für die Hauptschule in NRW genüge getan, die für die Fächer Musik, Kunst und Textilgestaltung insgesamt 18 Wochenstunden in den sechs Jahren der Sekundarstufe I vorsah.

Weder die Lernfähigkeit, noch die Verhaltensmuster, noch geistige, körperliche oder sprachliche Besonderheiten wegen eines Migrationshintergrundes hatten einen entscheidenden Einfluss auf die Leistungsfähigkeit in diesem Fach in den Klassen 5 und 6. Im Musikunterricht waren alle gleich. Denn in diesen Stufen geht es nicht um theoretische Zusammenhänge, sondern um **praktisches Musizieren** mit der Stimme und mit Instrumenten.

Dieser handlungsorientierte Musikunterricht braucht natürlich auch die Bestätigung durch die **Schulöffentlichkeit**. Ein enorm wichtiger Aspekt des Musikunterrichts ist daher der öffentliche Auftritt. Ob zur Entlassfeier, zur Verabschiedung eines Kollegen, zur Begrüßung der Schulneulinge, zu Karneval oder zum Schulfest, es darf keine Möglichkeit zur Präsentation des musikalischen Könnens ausgelassen werden. Der öffentliche Auftritt ist für jeden Schüler ein wichtiger Beitrag zur Steigerung des Selbstwertgefühls. Und jeder Schüler hat eine Fähigkeit, die er in der Öffentlichkeit zeigen kann und will, sei es in der Gruppe oder sei es als Einzeldarstellung. Wenn ehemalige Schüler nach den stärksten Erinnerungen an ihre Schulzeit gefragt werden, erwähnen sie alle gerne ihre öffentlichen Auftritte. Und besonders die inklusiv arbeitende Schule sollte sich und ihre Schüler in der Öffentlichkeit zeigen, um die Normalität und die Effizenz der inklusiven Erziehung zu dokumentieren.

Kunst und Textilgestaltung

Ob wegen ihrer herausragenden Kreativität, ihres handwerklichen Geschicks, ihrer künstlerischen Gestaltungsfreude oder ihres Farb- und Formgefühls, alle können erfolgreich in der künstlerischen Arbeit sein. Hier kann jeder etwas Positives leisten, das zudem von den besonderen Stärken des Schülers zeugt (man denke beispielsweise an eine von einem Schüler mit Autismus besonders akribisch angefertigte Zeichnung oder das besonders kreative Bild eines Schülers mit AD(H)S). Und ganz sicher lohnt es sich auch, dies auszustellen, sei es in der Klasse, im Foyer oder sonstwo.

Auch hier gilt die Maxime, dass jedem die Möglichkeit gegeben wird, zu zeigen, was er Besonderes kann. Und wenn wir genauer hinschauen, erkennen wir, dass jeder unserer Schüler eine individuelle Begabung hat, die herausgestellt werden kann. Wir müssen sie nur entdecken und im Weiteren auch fördern.

Natürlich muss auch hier ggf. differenziert werden. Sicher gibt es auch in der Kunst und der Textilgestaltung Aufgabenstellungen, die nicht unbedingt von jedem Schüler gleichermaßen gut bewältigt werden können. Beim einen fehlt vielleicht die Fingerfertigkeit, beim anderen das Farbgefühl oder die räumliche Vorstellungskraft oder die Konzentration bei Präzisionsaufgaben. Aber generell lassen sich auch solche Schwächen durch geschickte Differenzierungsmaßnahmen ausgleichen.

Sport

Etwas schwieriger scheint sich die Individualisierung und Persönlichkeitsentwicklung im Bereich Sport zu gestalten. Wenn körperliche und unter Umständen auch geistige Behinderungen in den inklusiven Sportunterricht einbezogen werden sollen, ist dies schon eine hohe Hürde für die Kreativität des Lehrers. Doch wir haben es versucht, und es ist auch weitgehend gelungen, die Anforderungen des Sportunterrichts in vielen Bereichen zu individualisieren, um möglichst allen Schülern Erfolgserlebnisse

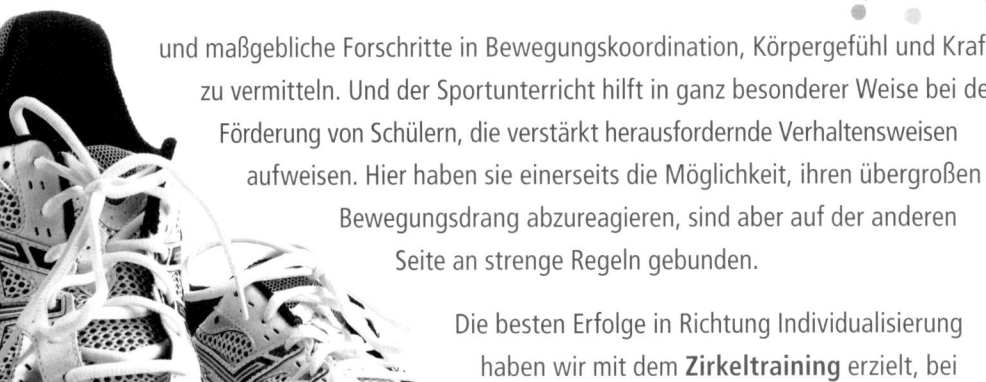

und maßgebliche Forschritte in Bewegungskoordination, Körpergefühl und Kraft zu vermitteln. Und der Sportunterricht hilft in ganz besonderer Weise bei der Förderung von Schülern, die verstärkt herausfordernde Verhaltensweisen aufweisen. Hier haben sie einerseits die Möglichkeit, ihren übergroßen Bewegungsdrang abzureagieren, sind aber auf der anderen Seite an strenge Regeln gebunden.

Die besten Erfolge in Richtung Individualisierung haben wir mit dem **Zirkeltraining** erzielt, bei dem ähnlich wie beim Stationenlernen an mehreren Stationen alternative Übungsanweisungen für die unterschiedlich begabten Schülergruppen gegeben werden.
Wie sieht nun eine solche Übungsanordnung aus? – Hier ein Beispiel:

Methode

Zirkeltraining – Übung

Eine Klasse von 24 Schülern wird in sechs Gruppen von je vier Schülern aufgeteilt. Für diese sechs Gruppen werden insgesamt sechs Stationen mit je zwei Übungsplätzen rundum in der Halle aufgebaut.
Die Schüler arbeiten paarweise an den einzelnen Übungsplätzen.
Jeder Schüler bekommt einen Laufzettel mit den Übungsaufgaben für jeden Platz.
Die Aufgabenstellungen sind differenziert nach Geschlecht, sportlicher Kompetenz und Beeinträchtigungen:

Beispiel:
Station 1:
Material: Weichbodenmatte 3,00 m x 2,00 m x 0,30 m
- *Übungsanleitung für Jungen:* auf die Matte auflaufen, in der Länge überqueren, runter von der Matte und über die Matte zurücklaufen
- *Übungsanleitung für Mädchen:* gleich, aber über die Breitseite laufen
- *Übungsanleitung für Schüler mit körperlicher Behinderung:* auf die Matte legen und möglichst oft auf der Matte hin- und herrollen
- *bei einem Schüler mit Trisomie 21 richtet sich die Übungsanleitung ganz speziell nach der körperlichen Fitness,* z.B. Situps oder Beugen und Strecken der Beine.

Während der eine Partner nach dem Startpfiff 30 Sekunden übt, zählt der andere die Anzahl der Überquerungen und notiert sie auf dem Laufzettel. Danach erfolgt der Wechsel.

In gleicher Weise können individualisierende Aufgaben an anderen Stationen, wie Gymnastikbank, Sprungkasten, Sprossenwand oder der Kletterleiter, entwickelt werden. Da die durchgeführten Übungen gezählt und notiert werden, hat jeder Schüler ein persönliches Rekordergebnis, das er von Mal zu Mal steigern kann.

Das bedeutet natürlich nicht, dass der Sportunterricht nur noch aus Zirkeltraining besteht. Aber diese Form mit ihren vielfältigen Möglichkeiten zur Selbstbestätigung auch im Sport gehört nicht nur in der inklusiven Erziehung zu einer festen Unterrichtsform. Auch die Schüler, die häufig durch ihr Verhalten auffallen, sind hier motiviert, ihre Grenzen auszutesten und sich selbst unter Beweis zu stellen. Und besonders bei diesen Schülern konnte ich immer wieder feststellen, dass sie im Sport ihre höchste Leistungsbereitschaft entwickeln und hier auch immer hoch motiviert waren, ihre körperlichen Kräfte voll auszuschöpfen.

Um diese Bereitschaft zu nutzen, haben wir zusätzlich ein regelmäßiges Langlauftraining für die Schüler eingeführt. Ein laufbegeisterter Kollege lief einmal in der Woche eine vier bis fünf Kilometer lange Strecke mit ihnen durch die Felder rund um die Schule. Der angestrebte Effekt war keineswegs die Ruhigstellung auffälliger Schüler für den Unterrichtstag, sondern das Erlebnis einer persönlichen Höchstleistung. Der Langlauf ist eine Möglichkeit, allen Schülern die Freude des Sieges über den „inneren Schweinhund" zu vermitteln.

Vielleicht gibt es auch an Ihrer Schule die Möglichkeit, für alle Interessierten ein entsprechendes Angebot zu machen?

Schwieriger wird es mit der Individualisierung im **Mannschaftspiel**. Sehr beliebt war in den Klassen 5 und 6 das Brennballspiel, eine stark vereinfachte Form des amerikanischen Baseballspiels. Und es war sehr geeignet im Sinne der Individualisierung und der Selbsteinschätzung und Selbstkontrolle im inklusiven Sportunterricht.

 Linktipp: Die verschiedensten Regelvarianten finden wir unter www.dieschnellesportstunde.de/brenn.htm

Jeder Schüler kann in diesem Spiel punkten, wenn es ihm gelingt, sein Können richtig einzuschätzen und der jeweiligen Spielsituation anzupassen. Auch der Schüler im Rollstuhl kann mitspielen und für seine Mannschaft erfolgreich punkten. Aber auch der Schüler mit dem herausfordernden Verhaltensmuster macht seine besonderen Erfahrungen.

Oft sind diese Schüler zum einen sehr bewegungsfreudig, lieben aber auch das Risiko. Immer wieder haben wir Beobachtungen wie die folgende gemacht: Sie versuchen bei den ersten Spielen als Werfer jedes Mal den Homerun und scheitern sehr oft, weil sie sich selbst überschätzt haben. Dann sind sie aus dem Spiel und müssen auf die Bank. Nach der Spielregel gibt es keine zweite Chance, was wir ihnen vorher auch deutlich erkären müssen.

Beim nächsten Mal werden sie vorsichtiger sein und ihre Möglichkeiten besser einschätzen. Dies ist zwar ein schmerzhafter, aber auch pädagogisch wertvoller Prozess. An dieser Stelle können wir allerdings auch die Möglichkeit der zweiten Chance einbauen. Danach darf der „verbrannte" Spieler sich wieder hinten anstellen und unter Umständen einen zweiten Lauf versuchen. Diese Variante hat den Vorteil, dass der Schüler sich nicht gleich als Verlierer fühlt und doch noch einen Erfolg für sich und seine Mannschaft erzielen kann. Hier muss der Lehrer in Kenntnis der Schülerpersönlichkeit die pädagogisch günstigere Variante wählen.

Selbstverständlich bietet der Sport neben den beiden angesprochenen Unterrichtsformen noch eine Vielzahl an Möglichkeiten zur Individualisierung und zur Förderung der Selbststeuerung. Jeder Sportlehrer sollte selbstverständlich umfangreiche Kenntnisse der individuellen Förderbedarfe haben, die er in seinem Unterricht berücksichtigen muss. Es ist durchaus wünschenswert, wenn im Rahmen der inklusiven Erziehung ein Kollege eine **Sonderausbildung für den Sportförderunterricht** besitzt oder sich entsprechend ausbilden lässt. Zusatzausbildungen zum Spörtförderunterricht werden ständig von Hochschulen, Bezirksregierungen, Kompetenzteams und ähnlichen Institutionen angeboten. Der ausgebildete Kollege kann als Moderator für seine Fachkollegen ein großes Spektrum von besonderen Fördermöglichkeiten anbieten, die unbedingt genutzt werden sollten, wie ich an einem Auszug aus den Rahmenrichtlinien für den Sportförderunterricht des Landes Niedersachsen kurz aufzeigen möchte:

1.3 Zielgruppe

Sportförderunterricht ist eine Fördermaßnahme für Schülerinnen und Schüler mit Entwicklungsauffälligkeiten, die zu umfassenden und dauerhaften Problemen mit sich selbst und ihrer Umwelt geführt haben bzw. führen können.

Insbesondere wird Sportförderunterricht für Kinder
- mit Wahrnehmungsschwächen,
- mit einer eingeschränkten motorischen Leistungsfähigkeit,
- die nur über ein geringes Bewegungsrepertoire verfügen,
- die misserfolgsorientiert bzw. frustriert in Bezug auf Bewegung sind,
- mit Verhaltensweisen wie Ängstlichkeit, Gehemmtheit, motorischer Unruhe und Aggressivität,
- die nicht in einer Gruppe integriert sind,
- mit Konzentrations- und Aufmerksamkeitsproblemen,
- mit einer geringen Leistungs- und Anstrengungsbereitschaft,
- mit Adipositas,
- die infolge von Erkrankungen in ihrer Entwicklung eingeschränkt sind und für die Sportförderunterricht empfohlen wird,

angeboten.

— Quelle: www.nibis.de/nli1/gohrgs/rrl/rrlsfu.pdf; © KMK Niedersachsen, 2003, S. 9

Sicher zeigt die Aufzählung der Zielgruppen, dass der Sportförderunterricht kein spezielles Gebiet der sonderpädagogischen Förderung ist, aber in vielen Bereichen eine willkommene Erweiterung der Bemühungen des inklusiven Unterrichts darstellt. Noch deutlicher zeigen sich die Chancen des Sportförderunterrichts, wenn wir uns z.B. einem Teilbereich der sozialen, emotionalen, kognitiven Förderung in den gleichen Rahmenrichtlinien zuwenden.

2.3 Soziale, emotionale, kognitive Förderung
2.3.1 Kontakt aufnehmen und kooperieren

Kontakt aufnehmen und kooperieren bedeutet, Beziehungen zu anderen aufzunehmen, gemeinsam Aufgaben zu lösen, miteinander zu spielen, Hilfe anzunehmen und anzufordern sowie anderen zu helfen.

Die Kontakt- und Kooperationsfähigkeit ist eine Voraussetzung, um soziale Interaktionen initiieren und gestalten zu können. Für den Sportförderunterricht bedeutet das, Unterrichtssituationen so zu arrangieren, dass Kinder Bereitschaft zur Zusammenarbeit entwickeln sowie Absprachen treffen und umsetzen.

Die folgenden Aspekte können bei der Umsetzung berücksichtigt werden:
- Aufnehmen von Kontakt durch Berührungen,
- Erproben und Präsentieren von synchronen Bewegungsfolgen,
- Erproben und ggf. Verändern von kooperativen Spielen,
- Entwickeln und Durchführen von Bewegungsaufgaben mit dem Partner unter Verwendung von Handgeräten und Materialien,
- Erlernen und selbstständiges Anwenden von kindgemäßen Formen der Sicherheits- und Hilfestellung.

Kindern mit größeren Kontakt- und Kooperationsschwierigkeiten ist eine Phase der Gewöhnung an Partner- oder Gruppenarbeitsformen einzuräumen. Um den Aufbau sozialer Beziehungen zu unterstützen, kann es sinnvoll sein, über einen bestimmten Zeitraum mit festen Partnerinnen oder Partnern zu arbeiten.

— Quelle: www.nibis.de/nli1/gohrgs/rrl/rrlsfu.pdf

Da ich selbst im Sportförderunterricht ausgebildet bin, weiß ich um die vielfältigen Chancen dieses Spezialgebietes des Sportunterrichts, und ich weiß aus der Erfahrung, dass viele Fachkollegen mehr oder weniger gezielt Einzelelemente des Sportförderunterrichts nutzen. Im gezielten Einsatz der Elemente des Sportförderunterrichts handelt es sich um die didaktische Zuordnung der Elemente zu den Zielen der inklusiven Erziehung. In inklusiv erziehenden Schulen halte ich die **Einbindung des Sportförderunterrichts in die Gesamtstruktur der Inklusion** für dringend notwendig, und ein verstärktes Angebot an entsprechenden Fortbildungsmöglichkeiten ist unverzichtbar. Ganz speziell für Schüler mit besonders herausforderndem Verhalten besteht hier ein großes Repertoire von Fördermöglichkeiten, zu deren Nutzung jeder ausgebildete Sportlehrer in der Lage ist, wenn er seinen Blickwinkel entsprechend verändert. Dabei spielt auch die Entwicklung einer nachhaltigen Regelakzeptanz im Sportbereich eine sehr große Rolle, die sich auch auf andere Regelsysteme übertragen lässt. Auch bei den Klassenregeln werden Prinzipien der sportlichen Regeln integriert, wie z.B. Fairness, Schiedsrichter, Regelverstoß, Zeitstrafe u.Ä.

Literaturtipp: Pattie Rouse:
Fitness, Motorik und soziale Kompetenz für ALLE.
Inklusion im Sportunterricht. Verlag an der Ruhr, 2012.
ISBN 978-3-8346-2265-5

WEGE ZUM MITEINANDER

Bei allen Bemühungen um die Selbsteinschätzung und die Steigerung des Selbstwertgefühls der einzelnen Schüler dürfen wir das Ziel der **inklusionsadäquaten Klassengemeinschaft** nicht aus dem Auge verlieren. Denn alle Maßnahmen, die das Selbstwertgefühl der Schüler stärken, sind nur dann von Belang, wenn sie einen Baustein zu diesem Generalziel darstellen.

Transparenz ist ein ganz wesentliches Element, beispielsweise hinsichtlich der Regeln wie auch der Sanktionen. Wer weiß, was warum gilt bzw. welche Sanktion warum erfolgt, kann sehr viel konstruktiver an seinem Verhalten arbeiten. Ebenso entscheidend ist eine **Feedbackkultur**, in der reflektiert und aufgearbeitet wird und sich über Entwicklungen und Gedanken ausgetauscht wird. Auch im Team sollte stets ein reger Austausch über die Schüler und die stattfindenden Entwicklungen gepflegt werden.

SCHAFFUNG EINES VERBINDLICHEN REGELWERKES

Wir haben im Zusammenhang mit dem Sportunterricht schon viele Regeln kennengelernt. Diese Regeln haben die Schüler nicht selbst erstellt, sie mussten sie jedoch befolgen. Und sie fanden dies auch in Ordnung, weil diese Regeln Vorbedingung des geordneten Spiels waren.

Was ist aber mit den **Klassenregeln**? Müssen die Lehrer sie festlegen? Oder kommen wir auch ohne Regeln aus? – Diese Fragen sind nicht leicht zu beanworten. Sicher sind

2 Classroom-Management im inklusiven Klassenzimmer

Regeln nötig, aber eine Überfrachtung der Klasse damit bedeutet auch, dass die Fähigkeit zur Selbststeuerung durch Regeln eingegrenzt wird. Die Wahrheit über die Notwendigkeit der Regeln liegt irgendwo in der Mitte.

Regeln in gesundem Umfang sind nötig. Sie sind ganz sicher nötig, wenn wir beispielsweise an die Bedürfnisse der Schüler mit AD(H)S bzw. mit herausforderndem Verhalten denken. **Wenige einprägsame Regeln** sind für diese Schüler eine wichtige Komponente zur permanenten Selbstkontrolle. Aber wir schaffen kein Regelwerk für ganz bestimmte Schüler, und wir wollen keine Schubladen schaffen. Wir schaffen ein Regelwerk für alle Schüler, denn auffällig kann jeder Schüler sein, wenn auch nur zeitweise und nach Tagesform. Daher wäre es fatal, das Regelwerk an den Schwächen einer bestimmten Schülergruppe zu orientieren, denn letzendlich brauchen selbst die Bravsten diese Regeln, und sei es nur, um sich in der Klasse wohl und sicher zu fühlen.

Wie kommen wir nun zu den Regeln? Aus der Erkenntnis, dass nur die Regeln für alle nachhaltige Gültigkeit besitzen können, die auch alle gemeinsam erstellt haben, wenden wir die folgende Methode an:

Methode

Jeder Schüler schreibt auf maximal fünf verschiedene Karten fünf verschiedene für ihn wichtige Regeln auf. Die Lehrer weisen ausdrücklich darauf hin, dass wir kein Verbot suchen wollen, sondern wünschenswerte Verhaltensweisen.
Es bilden sich anschließend **4er-Gruppen**, die sich im Innen- und Außenbereich gegenübersitzen. Diese 4er-Gruppen sondern die doppelten Regeln aus, diskutieren die vorgelegten Karten und entscheiden sich für die fünf wichtigsten Regeln.
Die Karten der einzelnen Gruppen werden an den Flipchart geheftet (doppelte vorher aussondern). Nun werden die angehefteten Regeln von **allen Schülern** diskutiert. Jeder Schüler bekommt dann fünf Klebepunkte und kann diese fünf Punkte an fünf verschiedene Regeln verteilen.
Die fünf Regeln mit den meisten Punkten bilden die Grundregeln der Klasse. Sie werden noch einmal groß auf ein Plakat geschrieben, und alle Schüler unterschreiben.

Es ist jedem Inklusionsteam überlassen, ob es drei, vier oder acht Grundregeln finden lässt, wir sollten nur daran denken, dass wir die Schüler nicht mit einem Regelberg **überforden** wollen und auch kein Regelwerk schaffen wollen, das zu viele Unsicherheiten für die schwierigen Schüler beinhaltet. Wir kennen aus langjähriger Erfahrung, dass die jungen Schüler dazu neigen, ihr Klassenleben bis ins Kleinste zu reglementieren.

SCHAFFUNG EINES INKLUSIONS-ADÄQUATEN KLASSENKLIMAS

Es gibt durchaus auch eine Reihe von Regeln, die immer wieder auftauchen:

Möglichkeiten:

- *Wir lassen unsere Mitschüler ausreden.*
- *Wir lachen die Mitschüler bei Fehlern nicht aus.*
- *Wir lernen, die Ansichten von Mitschülern zu verstehen.*
- *Wir hören dem anderen zu.*
- *Wir unterlassen unpassende Kommentare.*
- *Wir akzeptieren die Gefühle der Mitschüler.*
- *Wir helfen Mitschülern, die in Not sind.*
- *Wir vermeiden jede Verletzung von Mitschülern mit Worten oder Taten.*
- *Wir beenden Streitigkeiten friedlich.*
- *Wir bemühen uns um ein gutes Klassenklima.*
- *Wir achten fremdes Eigentum.*
- *Wir akzeptieren jeden Mitschüler in seiner Eigenart.*

Es wird nicht immer leicht sein, aus all diesen Regeln ein verbindliches und überschaubares Regelwerk zu schaffen. Und: Wie schwer es uns auch manchmal fällt, wir sollten den Schülern die Selbstbestimmung bei der Regelfindung überlassen. Wenn es allerdings um die Einhaltung der Regeln geht, sind die Lehrer als erste gefordert. Sie haben die Aufgabe, das Regelwerk zu schützen und auch zu interpretieren. Wir müssen uns immer wieder vor Augen führen, dass die Schüler von uns erwarten, dass wir für die konsequente Einhaltung der Regeln sorgen. Dazu gehört nach Ansicht der Schüler auch, dass wir bei schweren Regelverstößen entsprechende Maßnahmen in Form von Sanktionen ergreifen. Wir achten aber streng darauf, dass das gesamte Regelwerk nicht zu einem Disziplinierungsinstrument für schwierige Schüler verkommt, sondern ein **verpflichtender Verhaltenskodex** bleibt, der für alle Schüler **positive Auswirkungen** hat.

Regelwerke sollten
- ☑ nachvollziehbar
- ☑ verständlich
- ☑ akzeptabel

sein.

2 Classroom-Management im inklusiven Klassenzimmer

Alle diese Regelwerke werden in Frage gestellt, wenn die Lehrer selbst ihre Regeln nicht einhalten. Die Schüler wissen ganz genau, dass in der Schule absolutes Rauchverbot herrscht. Da ist die „Räucherkammer" irgendwo im Keller ein deutlicher Regelverstoß. Das gilt in gleichem Maß für die Kollegen, die regelmäßig zu spät in die Klasse kommen oder während der Stunde auf dem Flur ein Gespräch mit einem Kollegen führen. Wer von den Schülern regelgerechtes Verhalten zu Recht verlangt, muss auch selbst ein solches Verhalten vorleben. Und Schüler bemerken mehr, als wir denken, und lernen letzendlich auch viel durch unser Vorbild.

Aus den im ersten Kapitel aufgezeigten Besonderheiten der **Schüler mit AD(H)S** und/bzw. mit dem **Förderschwerpunkt emotional-soziale Entwicklung** (bzw. mit herausfordernden Verhaltensmustern, gleichgültig, ob diagnostiziert oder nicht) können wir den Schluss ziehen, dass diese Schüler die meisten Reibungsflächen mit diesen Regeln haben – soweit es sich, das sei hier betont, um hyperaktive oder aggressive Jungen handelt, und das ist ja nur ein kleiner Ausschnitt dieser Gruppe. Diese Vermutung deckt sich mit den Ergebnissen einer Untersuchung über das Störverhalten von Schülern mit AD(H)S und/bzw. mit dem Förderbedarf emotionale und soziale Entwicklung, die wir über den Zeitraum eines Jahres an unserer Schule gemacht haben: Grundlagen der Untersuchung waren die Dokumentationen, die wir im Rahmen des Trainingsraumprogramms in den Klassen und im Trainingsraum durchführten (siehe dazu auch Kapitel 3). Von den 1638 Entsendungen in den Trainingsraum waren die 14 Schüler mit AD(H)S und Förderbedarf emotionale und soziale Erziehung in 815 Fällen betroffen, während die 225 übrigen Schüler die restlichen 823 Entsendungen zu verantworten hatten. Dieses Zahlenverhältnis von etwa 50 zu 50 wiederholte sich auch in den Folgejahren. An diesem Beispiel zeigt sich deutlich die **mangelnde Selbstkontrolle** und **starke Störanfälligkeit** der Schüler.

Zur mangelnden Selbstkontrolle muss noch gesagt werden, dass bei den schwierigen Schülern in 50 Prozent aller Fälle nach einer ausdrücklichen Ermahnung mit dem Hinweis auf den vorliegenden Regelverstoß in derselben Unterrichtsstunde eine weitere nachhaltige Störung erfolgte, die zu einer Entsendung in den Trainingsraum führte. Dies war bei den übrigen Schülern nur in zehn Prozent aller ausdrücklichen Ermahnungen der Fall.

An dem Beispiel eines sechsten Schuljahres lässt sich ebenfalls die Dominanz der schwierigen Schüler bei den Unterrichtsstörungen und den damit verbundenen Trainingsaufenthalten aufzeigen. Es handelte sich hier um eine integrativ arbeitende Klasse mit 20 Schülern, von denen ein Schüler eine sonderpädagogische Förderung emotionale und soziale Entwicklung erhielt und zwei weiteren Schülern AD(H)S diagnostiziert und eine Medikation verschrieben wurde. Am Beispiel des Zeitraumes vom Beginn des zweiten Halbjahres bis zu den Osterferien (22. März 2002) ließ sich erkennen, dass diese drei Schüler insgesamt 37 mal in den Trainingsraum entsandt worden sind, während die übrigen 17 Schüler nur 41 Entsendungen bis zu den Osterferien zu verantworten hatten.

Ob mit einem Timeout-Programm oder ohne, spielt hier keine entscheidende Rolle. Lösen wir uns auch von den Förderschwerpunkten, bei denen stets die Gefahr einer Pauschalisierung, einer Stigmatisierung, einer Aberkennung von Entwicklungspotenzial oder einer Verkennung einer Persönlichkeit besteht. Festzuhalten bleibt: Es gibt schwierige Schüler, die häufiger als die übrigen Schüler stören und auch trotz Ermahnungen nicht dauerhaft in der Lage sind, ihr Verhalten zu kontrollieren. Hyperaktivität und Aggressivität sind oft ausschlaggebende Faktoren, ebenso können Erziehungsdefizite, Überforderung u.v.m. eine entscheidende Rolle spielen.

Auch ohne die Dokumentationen des Timeout-Programms wissen wir alle, dass einige wenige Schüler, sei es jetzt mit oder ohne festgestelltem sonderpädagogischen Förderbedarf, wesentlich störanfälliger als das Gros der Klasse sind. Die Gründe für diese Verhaltensauffälligkeiten sind vielfältig und individuell sehr unterschiedlich gelagert. Hinzu kommen in der Sekundarstufe I deutliche pubertäre Probleme, die zusätzliche Störfaktoren bilden, sodass sogar bisher „brave" Mädchen und Jungen nicht in der Lage sind, die selbsterstellten Regeln nachhaltig zu befolgen.

Diese schwierigen Schüler werden wahrscheinlich trotz entgegenlautender Regel ihre Mitschüler weiter unterbrechen, wenn sie etwas zu deren Beitrag sagen wollen. Sie werden weiter ihre Antworten ohne Aufforderung des Lehrers in die Klasse rufen und trotz der bestehenden Schweigeregel während der Stillarbeit alles andere als still sein. Aber die **ständige Erinnerung an die gemeinsam gefundenen Regeln** ist auf jeden Fall nachhaltiger in der Wirkung als bloße Ermahnungen. Die Regeln sind der Maßstab des Handelns, und Verstöße dagegen dürfen nicht ohne Weiteres geduldet werden. Besonders bei den schwierigen Schülern ist jedoch ein vorsichtiger Umgang mit Regelverstößen nötig, solange sie bei ihrem regelwidrigen Verhalten die **körperliche und seelische Unversehrtheit** ihrer Mitmenschen achten. Reine Sanktionsmuster ohne erklärende und beratende Hilfen und ohne Anleitung zu Verbesserungsstrategien sind ohne nachhaltige Auswirkungen. Daher empfinde ich die üblichen Sanktionen z.B. der Allgemeinen Schulordnung in NRW oder anderer ministerieller Sanktionskataloge nicht als ausreichend wirksames Mittel zur Verbesserung der Verhaltensmuster.

Wir müssen schon etwas mehr an Kreativität entwickeln, um für diese Schüler **folgerichtige Konsequenzen** für ihr Fehlverhalten zu finden.

Konsequenzen schwerer Regelverstöße

Sinnvolle **Versöhnungsleistungen** bzw. ein **Täter-Opfer-Ausgleich** können für die Schüler durchaus ein Gewinn sein, wenn wir sie dadurch motivieren,
- bei Regelverstößen das eigene Verhalten zu reflektieren
- und selbst Strategien zum Einhalten der Regeln zu entwickeln.

Nur so lernen sie, die Regeln zu respektieren und zu befolgen. Keinesfalls dürfen sie durch zu negative restriktive Eingriffe dazu gebracht werden, die Regeln zu hassen. Aber auf der anderen Seite sollen sie schon das Eigenverhalten in seiner negativen Auswirkung auf andere erkennen und durch die logischen Konsequenzen für ihr Handeln nachhaltig zu Verhaltensänderungen motiviert werden. So können diese Konsequenzen auch ein Gewinn für diese Schüler werden.

Für die Geschädigten wiederum geht es darum, zu verdeutlichen, dass sie zwar kein Recht auf Gegengewalt haben, wohl aber eines auf **Wiedergutmachung** bzw. auf einen Ausgleich, die/der zwischen Opfer und Täter ausgehandelt wird.

Der Täter-Opfer-Ausgleich kann diese Wiedergutmachung einleiten, wenn die **einseitige Verantwortung** für eine Auseinandersetzung vorliegt, die Konsequenzen schwerwiegend sind oder der Vorfall mit massiver Gewaltanwendung verbunden ist. Bedingungen sind:
- die Schuldfrage muss klar geklärt sein
- der Täter muss geständig sein
- das Opfer muss einwilligen

Er wird in brisanten Fällen von Erwachsenen geleitet (andernfalls kann auch die Mediation (siehe S. 85) oder der Klassenrat (siehe S. 90) als Gremium dienen, z.B. bei verbalen Angriffen und leichten körperlichen Angriffen ohne gravierende Verletzungen) und hat zum Ziel, den Täter mit den **Folgen seiner Tat** und der **Sicht und dem Erleben der Opfer** zu konfrontieren. Er kann ergänzend zur Mediation eingesetzt werden und wird idealerweise ganzheitlich von entsprechend fortgebildeten Fachkräften implementiert. Rechtfertigungsthemen und Schutzstrategien werden besprochen, und die verursachten Schäden und Verletzungen sollen durch das Handeln der Täter wiedergutgemacht werden. Die Täter reflektieren also ihr Handeln und Verhalten und sollen gleichzeitig lernen, dass das Verhalten zwar abgelehnt wird, nicht jedoch ihre Person.

Die Opfer dagegen lernen ein Überwinden der eigenen Angst und eine Kommunikation über das Geschehene ebenso wie das Einfordern und Annehmen von Wiedergutmachungen. An allererster Stelle steht jedoch, dass sie sich konstruktiv, selbstbewusst und gewaltfrei gegen Gewalt wehren lernen.

Immer in Anbetracht der Tatsache, dass das Opfer beim Aushandeln der Wiedergutmachung eine maßgebliche Rolle spielt, können folgende Beispiele angeführt werden: Da ist zuächst die **öffentliche Entschuldigung beim Opfer** als logische Konsequenz für Beleidigungen oder auch leichte körperliche Angriffe zu sehen. Diese kann im kleinen oder im größeren Rahmen stattfinden und mündlich oder schriftlich erfolgen. Sie könnte auch mit einer schriftlichen Vereinbarung mit einem Gewaltverzicht verbunden sein.

Der Täter-Opfer-Ausgleich kann auch andere Formen haben. Es wäre z.B. möglich, dass der Täter sich in Zukunft als **Beschützer des Opfers** betätigt oder aber bereit ist, dem Opfer **bei schulischen Problemen zu helfen**. Hier ist die individuell geeignete Maßnahme vornehmlich durch die Steuerung des Lehrers möglich; denn er kann einschätzen, was der Täter ableisten kann oder was seine Fähigkeiten übersteigt. Ganz wichtig ist, sich hier im Vorfeld genauer zu informieren und, wenn ein solcher Prozess angestoßen wird, diesen weiter im Auge zu behalten, um die Nachhaltigkeit der Vereinbarungen zu gewährleisten.

Eine weitere Konsequenz kann eine **zusätzliche Beratungsstunde** z.B. mit dem Beratungs- oder Förderlehrer oder dem Schulsozialarbeiter zur Reflexion des Regelverstoßes sein. Das ist sicher eine wichtige pädagogische Maßnahme, sie wird aber von dem Täter und der Klasse an erster Stelle als Sanktion angesehen. Dies gilt im besonderen Maße, wenn die Genugtuung für das Opfer durch eine schriftliche oder öffentliche Entschuldigung eingebunden wird. Hier fühlt sich der schwierige Schüler unter Umständen gedemütigt, aber im Interesse des Opfers kann ihm diese Konsequenz nicht erspart bleiben.

Noch wirkungsvoller ist die Verpflichtung des Täters zur Teilnahme an einem mehrstündigen schulischen oder außerschulischen **Deeskalations- oder Antiaggressionstraining**, die bei schwereren Angriffen gegen Mitschüler durchaus hilfreich sein können. Diese Kurse werden in der Regel von den Jugendämtern oder dem Jugendbeauftragten der Polizei angeboten.

Bei besonders schweren Vergehen, wie leichterer Körperverletzung, räuberischer Erpressung in leichteren Fällen („Abziehen"), Drogenbesitz für den Eigenbedarf oder sexueller Belästigung in minder schweren Fällen („Betatschen" z.B.), die ohne Einschaltung der Polizei oder Staatsanwaltschaft geregelt werden können, sind **Sozialstunden im Alten-, Kinder- oder Jugendbereich** auf jeden Fall sinnvoller als z.B. die Androhung eines Verweises von der Schule, der im Sinne der Inklusion mehr als kontraproduktiv ist.

Wir erkennen an diesen Beispielen, dass Sanktionen besser ersetzt werden durch **logische Konsequenzen**. Aber wir müssen auch berücksichtigen, dass bestimmte Regelverstöße strafrechtlich relevant sind und nicht schulintern geahndet werden können. Diese kriminellen Handlungen und die notwendigen Konsequenzen werde ich im Kapitel 5 (S. 152 ff.) gesondert behandeln.

RITUALE

Auch Rituale können, von allen konsequent gelebt, zu einem positiven Klassenklima beitragen. Denn sie werden gemeinsam vollzogen, sie geben Halt und Struktur, und sie können für mehr Disziplin sorgen. Solche Rituale könnten sein:

- Wenn der Lehrer die Klasse betritt, stehen die Schüler auf und grüßen (oder andere Begrüßungsrituale).
- Der Lehrer beginnt den Unterricht erst, wenn alle die Stecknadel hören, die der Lehrer auf den Tisch fallen lässt (oder andere Ruherituale).
- Akustische Signale leiten bestimmte Sozialformen ein (oder andere Signale).
- Regelmäßig finden Gesprächsrituale im Stuhlkreis statt.
- Regelmäßig werden Feedback-Bögen, z.B. zum Lehrerverhalten oder zum Klassenklima, ausgefüllt.
- Es finden zwischendurch Lockerungsübungen statt (und andere Bewegungs- und Entspannungsrituale).
- Die Schüler packen ihre Sachen erst dann weg, wenn der Lehrer die Stunde beschlossen hat (und andere Verabschiedungsrituale).
- Es findet regelmäßig ein Klassenrat statt (siehe dazu auch S. 90).
- Die Klasse führt gemeinsam ein Klassentagebuch.

Und, und, und …

KLASSENINTERNE MEDIATION ZUR KONFLIKTLÖSUNG

Ein wesentlicher Grund für Regelverstöße sind **eskalierende Konflikte** von Schülern mit herausforderndem Verhalten untereinander, aber auch mit den übrigen Schülern der Klasse, deren Verhalten wir als gemäßigt kennen. Es ist für das Klima der Klasse fatal, wenn diese Konflikte unbearbeitet im Raum stehen bleiben. Sie führen zu Grabenbildungen, zur Konfrontation der Anhängerschaften der Konfliktgegner, zu Mobbing und zur Vergiftung des Klassenklimas.

Daher sollte man bei klasseninternen Konflikten, wie verbalen oder leichten körperlichen Attacken, auf zeitnahe interne Lösungen setzen, damit aus den Konflikten kein dauerhafter Schaden, sondern ein **Gewinn für die Klassengemeinschaft** entstehen kann. Von allen Lösungsvarianten scheint mir die **interne Mediation** die beste Lösungsstrategie. Mediation bedeutet Vermittlung, und es handelt sich dabei um ein Verfahren zur Konfliktlösung durch Streitschlichtung. Damit wird ein Element der selbstverantwortlichen, freiwilligen und gleichberechtigten Bearbeitung von Konflikten in den Schulalltag integriert. Die Idee ist die, dass unparteiische Dritte **den Streitenden helfen**, eine **eigene Lösung** für das Problem zu finden, und zwar möglichst ohne dass es Verlierer gibt. Die folgende Bildergeschichte wird gern zur Illustration dessen herangezogen, worum es geht:

— © Religious Society of Friends in Britain

Mediation sollte ganzheitlich implementiert und im Schulprogramm verankert werden, um auch klassenübergreifende Konflikte über Schülermediation zu regeln.

- ☑ Alle Parteien müssen freiwillig in die Mediation gehen.
- ☑ Die Konfliktparteien vertrauen den Mediatoren.
- ☑ Die Mediatoren sind unparteiisch.
- ☑ Sie suchen nicht nach der Schuld, sondern nach einer Lösung.

Um die Streitschlichtung an unserer Schule einzuführen, haben mehrere Kollegen an verschiedenen **Fortbildungsveranstaltungen** zu diesem Thema teilgenommen. Dabei haben wir mehrere Varianten der Mediation kennengelernt, die aber im Prinzip nur geringe Unterschiede aufweisen, sei es bei Frau Jefferys-Duden, der Autorin des Buches „Konfliktlösung und Streitschlichtung: Das Sekundarstufen-Programm" (ISBN 978-3-407-62428-4), oder bei anderen Fortbildungen.

Linktipp: Empfehlenswerte Informationen zu diesem Thema finden Sie unter www.verantwortung.de (bei der Suche „Mediation" eingeben und das PDF „Mediation – Streitschlichtung" öffnen)
sowie hier: www.ism-mainz.de/admin/upload/File/ism_mediation.pdf

Fortbildungen für interessierte Lehrer werden von verschiedenen staatlichen und privaten Stellen angeboten. Interessierte Kollegen sollten sich zunächst für die Mediation in der Schule ausbilden lassen, da die allgemeine Ausbildung zum Streitschlichter sehr aufwändig ist.

In der **klasseninternen Mediation** werden vornehmlich Konflikte behandelt, die zwei Schüler der Klasse miteinander haben. Das können Streitigkeiten auf der verbalen Ebene sein, aber auch kleinere Prügeleien, leichte körperliche Angriffe, Verleumdungen eines Mitschülers, Diskriminierungen durch Beleidigungen und rassistische Beschimpfungen geringeren Ausmaßes und all die kleinen und großen Probleme, die zwischen zwei Schülern einer Klasse täglich vorkommen.

Mediation findet natürlich auch über die Klasse hinaus statt, wie z.B. bei Vorfällen auf dem Schulhof oder in klassenübergreifenden Unterrichtsveranstaltungen. Die Streitschlichtung zwischen Schülern und Lehrern ist dagegen problematisch; denn es wird schwierig sein, einen von beiden Parteien akzeptierten Mediator zu finden.

Wie läuft die Mediation nun im Einzelnen ab? – Grundsätzlich gibt es **fünf Abschnitte**, die zum formalen Ablauf gehören und eingehalten werden müssen:

Die fünf Abschnitte der Mediation

1. Abschnitt: Die Regeln der Mediation
Zunächst klären die Mediatoren die Konfliktparteien über die Gesprächsregeln auf:
- Ehrlichkeit
- Respekt vor der anderen Konfliktpartei
- keine Beleidigungen
- absolute Vertraulichkeit
- Akzeptanz der Eingriffe der Mediatoren

2. Abschnitt: Was ist geschehen?
Die Konfliktparteien schildern ihre Wahrnehmung des Streitfalls, ohne von der Gegenpartei kommentiert oder gestört zu werden. Die Mediatoren vergewissern sich, dass sie alles richtig verstanden haben, hören zu und machen sich Notizen.

3. Abschnitt: Was steckt dahinter? – Was ist der eigentliche Grund?
Die Teilnehmer erklären nun ihre Interessenslage und wo und wodurch sie in ihren Interessen beeinträchtigt worden sind, wodurch sie verletzt worden sind und weshalb es nach ihrer Ansicht zum Konflikt gekommen ist. Schon jetzt können die Mediatoren unter Umständen erkennen, dass die Konfliktparteien nicht so weit voneinander entfernt sind, wie sie zunächst dachten. Diese Annäherungen und Gemeinsamkeiten müssen die Mediatoren erkennen und herausstellen.

4. Abschnitt: Welche Lösung kann es geben?
Die Konfliktparteien versuchen jetzt weitgehend selbstständig verschiedene Lösungen aufzuschreiben, mit denen sie leben können. Anschließend werden die Lösungsvorschläge vorgestellt, von den Mediatoten eventuell noch einmal abgesichert („Meinst du damit, dass …") und dann gewertet. Die Konfliktparteien verständigen sich auf die Vorschläge, bei denen beider Interessen gewahrt bleiben und sich keiner der beiden als Verlierer fühlt.

5. Abschnitt: Absicherung des Schlichtungsergebnisses
Die Mediatoren erstellen zusammen mit den Konfliktparteien einen Vertrag über das Ergebnis der Schlichtung. Der Vertrag wird von allen Teilnehmern unterzeichnet. Teil des Vertrages ist die Terminierung eines Reflexionsgespräches, in dem die Wirksamkeit der getroffenen Vereinbarungen noch einmal überprüft wird.

Wir erkennen an diesem Ablaufschema die Tendenz zur **niederlagenfreien Konfliktlösung**, wobei uns auch deutlich die Grenzen dieses Verfahrens bewusst werden, wenn wir an unsere Schüler mit herausfordernden Verhaltensmustern denken. Sie begeben sich häufig freiwillig in die Mediation, lassen aber deutliche Defizite bei der Nachhaltigkeit des Prozesses erkennen. Besonders wenn es um leichte Streitereien und Beleidigungen geht, sind die Selbstkontrollmechanismen leider nicht so ausgeprägt, dass sie sich in kritischen Situationen an ihre vertraglichen Abmachungen erinnern. Hier können wir auch mit Billigung der anderen Konfliktpartei durchaus das **Prinzip der zweiten Chance** gelten lassen, bevor wir über die Mediation hinausgehende Maßnahmen ergreifen.

Grundsätzlich ist die Schülermediation eine notwendige und auch fruchtbare Einrichtung für alle Schulen. In der inklusiv arbeitenden Schule ist sie jedoch unverzichtbar. Sie trägt entscheidend zur Beruhigung des Schulklimas und auch des Klassenklimas bei, weil Konflikte zeitnah und angemessen beigelegt werden. Einen großen Vorteil bietet die Mediation den Schülern mit Verhaltensschwierigkeiten dadurch, dass es keine Verlierer bei den Konflikten gibt und so die Eskalationsgefahr doch weitgehend gebannt ist. Auch an unserer Schule war ein deutlicher Rückgang der Gewalt zu erkennen.

Die Lehrer werden durch die Schülermediatoren als Konfliktlöser entlastet. Außerdem besteht für die Kollegen ein großer Gewinn darin, dass sie erfahren, wie schülergestaltete Konfliktlösung abläuft und welche Maßstäbe die Schüler eigenständig bei der Konfliktbeurteilung ansetzen. Das kann auch für uns Lehrer durchaus sehr lehrreich sein und unsere eigene Konfliktfähigkeit positiv beeinflussen.

Insgesamt ist die Schülermediation auch ein wichtiges Element zur **Demokratisierung der Klassengemeinschaft**. Der selbstverantwortliche Umgang mit den Konflikten steigert das Selbstwertgefühl nicht nur der Mediatoren, sondern aller Schüler. Denn alle Schüler begreifen, dass sie einen wesentlichen Teil des Miteinanders, die Lösung von Konflikten, teilweise eigenverantwortlich bewältigen können. Sie lernen als Konfliktpartei und als Mediatoren, neue Strategien zur friedlichen Beilegung von Konflikten anzuwenden. Auch die Schüler mit extrem herausfordernden Verhaltensmustern und ggf. einem entsprechenden diagnostizierten Förderbedarf nehmen an diesem Lernprozess teil und erfahren zumindest für die leichteren Konflikte, dass die gewaltfreie Beilegung eines Streits möglich ist.

Insofern ist die Mediation, eingebettet in weitere ineinandergreifende Konzepte, wie sie in diesem Buch vorgestellt werden (Täter-Opfer-Ausgleich, Klassenrat, Trainingsraum etc.), ein wertvoller Baustein bei der Errichtung der Wand gegen Gewalt und Streit.

Es gibt unterschiedliche Ansätze, ab wann die Mediation durch Schüler empfohlen wird. Bei uns hat es sich wie folgt bewährt: In den Klassen 5 und 6 wurde die Mediation entweder von einem Lehrer oder aber von älteren Schülermediatoren moderiert. Ab Klasse 7 wurden aber schon Schüler zu Mediatoren ausgebildet und führten die Mediation in der eigenen Klasse unter Beobachtung des Lehrers durch.

Über das **Setting** der konkreten Mediation müssen die beiden Parteien sich vorher einigen. Folgende Möglichkeiten bestehen:

- in einem abgeschlossenen Raum
- öffentlich vor der Klasse
- in der Klasse, aber nicht öffentlich
- durch ältere ausgebildete Schülermediatoren mit Lehrer als Beobachter
- durch Schülermediatoren ohne Lehrer
- Mediation durch Lehrer
- durch Klassenkameraden, die zu Mediatoren ausgebildet sind, mit Lehrer
- durch ausgebildete Klassenkameraden ohne Lehrer

Dabei ist jeweils auch der **Ort der Mediation** genau festzulegen, denn es ist schon bedeutsam, ob die Streitschlichtung im stillen Kämmerlein oder vor der gesamten Klassengemeinschaft stattfindet. Zum Teil spielt da natürlich auch die Qualität des Konfliktes eine wichtige Rolle. Kleinigkeiten, wie leichte Beleidigungen oder falsche Beschuldigungen, lassen sich sicher leichter vor der Klasse verhandeln als Probleme zwischen Mädchen und Jungen in der Pubertät, oder ernsthafte Vertrauenskonflikte zwischen Freunden. Denn besonders bei ernsten Beziehungskonflikten ist die absolute Vertraulichkeit der Streitschlichtung oberstes Gebot. Aber auch bei den anderen Konflikten können die Konfliktparteien die Vertraulichkeit der Gespräche einfordern. Diese Komponente ist schon alleine deshalb von Bedeutung, damit auch das Nachgeben der einen oder anderen Konfliktpartei außerhalb der Mediation nicht als Schwäche dargestellt werden kann.

Grundsätzlich muss noch gesagt werden, dass wir die Mediation als Konfliktlösungsmodell nur **begrenzt** anwenden können. In Fällen von schwerer Gewalt sind natürlich andere Mittel gefragt. Wann jeweils die Schulleitung/die Schulaufsicht, die Erziehungsberechtigten, das Jugendamt, die Polizei zu verständigen ist, entnehmen Sie bitte der Gesetzeslage in Ihrem Bundesland; zum Teil beruhen die Konsequenzen bzw. das Einschätzen der Nuancen auch auf dem eigenen Ermessen. An unserer Schule fiel die Mediation in den Fällen als Lösungsstruktur aus, wo bei Anwendung körperlicher Gewalt ärztliche Hilfe in Anspruch genommen werden musste. In diesen Fällen wurden unverzüglich die Schulleitung und die Eltern eingeschaltet und ggf. Strafanzeige erstattet, oder bei jüngeren Schülern eine außerschulische Institution (z.B. das Jugendamt) zur weiteren Behandlung des Problems hinzugezogen. Selbstverständlich darf die Schule nicht zum strafrechtlich neutralen Raum gemacht werden. Neben der schweren gefährlichen Körperverletzung sind räuberische Erpressung, sexuelle Übergriffe/Belästigung/Nötigung, schwere Drogendelikte und die Verwendung von Waffen Fälle, die strafrechtlich relevant sind.

Bei schweren Vergehen mit strafrechtlicher Relevanz verweigerten wir die zweite Chance, weil wir unsere Verantwortung den übrigen Schülern gegenüber auch berücksichtigen mussten. So können wir bei gesicherten Erkenntnissen von der Tätigkeit eines Schülers als Drogendealer an der Schule weder durch Mediation noch durch schulinterne Sanktionen die Interessen der Schule und der Schüler ausreichend wahren. Mehr zu diesem Thema finden Sie auch in Kapitel 5 ab S. 152.

DER KLASSENRAT

Der Klassenrat als **demokratische Selbstbestimmungseinrichtung** beschäftigt sich in der Regel mit organisatorischen Aspekten oder mit Problemen mit Lehrern, anderen Klassen oder weiteren Personen im Schulleben und außerhalb der Schule. Dabei geht es nicht nur um Krisen, sondern auch um positive Aspekte, wie Hilfs- und Spendenaktionen und ähnliche soziale Aktivitäten. Der Klassenrat wird in vielen Bundesländern bereits als Mittel zur Demokratisierung des Klassenklimas empfohlen.

Als Beispiel möchte ich hier den Bildungsserver Berlin-Brandenburg zitieren:

> Der Klassenrat stammt aus der Freinet-Pädagogik und findet als regelmäßige Gesprächsrunde auf Klassenebene statt. Der Klassenrat ist eine Weiterentwicklung des Morgenkreises, aber er liegt in der alleinigen Verantwortung der Schülerinnen und Schüler. Der Klassenverband berät, diskutiert und entscheidet gemeinsam über selbstgewählte Inhalte, Regeln, Maßnahmen.
>
> Der Klassenrat ist ein partizipatives Lernarrangement und keine isolierte Methode. Der Klassenrat ist bereits in der Grundschule einsetzbar: Es können Probleme, Konflikte, Ungerechtigkeiten, aber auch die Vorbereitung der Klassenfahrt, ein Projekt und Gemeinwohlarbeit usw. thematisiert werden.

▶▶▶ Der Klassenrat findet wöchentlich statt und wird unter dem Vorsitz eines Schülers oder einer Schülerin geleitet. „Präsidentin" oder „Präsident" werden für eine bestimmte Zeit gewählt oder es wird ein rotierendes System verabredet.
Die Verabredungen werden gemeinsam festgelegt. Hier ein Beispiel:
- alle sitzen im Kreis und können einander sehen
- alle sprechen einander direkt an
- nur eine(r) redet, die andern hören zu
- wenn ich nicht mehr zuhören kann, sage ich es
- jeder hat das gleiche Recht
- es gibt keine Fehler
- es wird nur zum Thema gesprochen

— Quelle: http://bildungsserver.berlin-brandenburg.de/klassenrat0.html

Daraus wird schon deutlich, wie sehr der Klassenrat zur Stärkung der sozialen Kompetenzen der Schüler beitragen kann. Er kann aber auch ganz konkret über die organisatorische Ebene hinaus zur klasseninternen Konfliktlösung beitragen, wenn (zumindest haben wir es so gehalten)
- mehr als zwei Konfliktgegner beteiligt sind,
- diese Konfliktparteien mit einer Behandlung im Klassenrat einverstanden sind
- und der Klassenrat den Konflikt für so bedeutsam hält, dass eine öffentliche Behandlung nötig ist.

Allerdings sollte diese Form der Konfliktbehandlung nur dann greifen, wenn die Mediation nicht Erfolg versprechend angewandt werden kann, weil beispielsweise zu viele Schüler in dem Konflikt verstrickt sind.
Diese Konfliktbehandlung läuft in einer Form ab, bei der sowohl das Setting als auch die Aufgabenverteilung und die Ablaufschritte vorher schon festgelegt sind; beispielsweise so (siehe auch Broschüre „Achtsamkeit und Anerkennung Klassen 5–9", herausgegeben vom BZgA, S. 55 ff.):

Methode

A) Das Setting:
Die Konfliktparteien sitzen gemeinsam mit ihren Unterstützern und dem Inklusionsteam/den Lehrern und einem Schüler als neutrale Moderatoren in der Mitte des Stuhlkreises. Außen sitzen also die unbeteiligten Schüler. Es gelten die Gesprächsregeln der Mediation.

▶▶▶

▶▶▶ **B) Klärungsphase 1:**
Die Konfliktpateien schildern nacheinander den Konflikt aus ihrer Sicht. Die Unterstützer achten auf die Einhaltung der Gesprächsregeln. Es darf weder Schuldzuweisungen noch Beleidigungen geben.

C) Klärungsphase 2:
Die Unterstützer und danach die Konfliktparteien wiederholen die Sichtweise der Gegenpartei möglichst genau. Die Moderatoren achten auf die vollständige und faire Wiedergabe.

D) Lösungen finden:
Die Konfliktpateien schreiben ihre Lösungswünsche auf Karten. Sie sortieren die Karten nach Übereinstimmung und kontroversen Erwartungen.
Die strittigen Karten werden dem Außenkreis zur Rückmeldung vorgelesen.
Die Schüler des Außenkreises formulieren Lösungsvorschläge, die von den Moderatoren auf Karten notiert werden.
Die Konfliktparteien diskutieren die Lösungsvorschläge und versuchen, eine gemeinsame Lösung zu formulieren.
Die Moderatoren schreiben die gemeinsamen Lösungsvorschläge auf und versichern sich des Einverständnisses der Konfliktparteien durch Unterschrift oder Handschlag.

Bei den Lösungsmustern gibt es eine große Bandbreite von Möglichkeiten. Die Minimallösung wäre die Vereinbarung, sich aus dem Weg zu gehen. Über die Absichtserklärung zur friedlichen Zusammenarbeit bis hin zum Freundschaftsvertrag kann es eine Vielzahl von möglichen Konfliktlösungen geben, die wir als Lehrer unter Umständen gar nicht gefunden hätten.
Das niederlagenfreie Konfliktmanagement in der Klasse ist für die Schüler mit Verhaltensschwierigkeiten in vieler Hinsicht besonders geeignet, da hier die Konflikte neutral dargestellt werden und so auch die Selbstkontrolle deutlich angeregt wird. Außerdem wird auch die Position der Gegenseite dargestellt, und die schwierigen Schüler müssen sich nicht nur mit ihren Handlungen, sondern auch mit deren Auswirkungen auf die Mitschüler auseinandersetzen.
Allerdings sind **feste Gesprächsregeln** in einem gut funktionierenden Klassenrat Grundvoraussetzungen für den Erfolg dieser Konfliktbewältigung.
Zur Installation des Klassenrates finde ich den Internetauftritt der Länder Hessen, Rheinland-Pfalz und Saarland unter www.derklassenrat.de sehr hilfreich.

Sollten Sie noch nicht über diese Einrichtung verfügen, empfehle ich die ausführliche Vorbereitung dieses Konfliktmanagements nach dem Muster der oben angesprochenen Broschüre der BZgA auf den Seiten 55–69.

> **Linktipp:** Die Broschüre können Sie hier herunterladen:
> www.bzga.de/infomaterialien/unterrichtsmaterialien/?idx=1388
> oder auch unentgeltlich bei der BZGA bestellen.

Zudem ist bei der Wertung des Klassenrates zu berücksichtigen, dass die Konfliktlösung nicht die primäre Aufgabe des Klassenrates ist. Besonders im Hinblick auf die Schüler mit aggressiven Verhaltensmustern darf der Klassenrat nicht zum Klassengericht mutieren, sondern muss sich im Wesentlichen seiner eigentlichen Bestimmung widmen. So wäre hier vielleicht ein allgemeiner Tagesordnungspunkt „Wege zum Klassenfrieden" auch für diese Schüler akzeptabler als eine Gerichtsverhandlung über Regelverstöße.

Auch ansonsten gibt es vielfältige Aufgabengebiete, die der Klassenrat erfolgreich bearbeiten kann, wie Planung von Klassenveranstaltungen, Anträge an Lehrer bezüglich Stoff, Methoden, Hausaufgaben, Leistungsbewertung und vieles mehr. Im gesamten Handlungsrahmen ist die **demokratische Regelung von klasseninternen Vorgängen** das entscheidende Prinzip.

ZUSAMMENFASSUNG: KONFLIKTLÖSUNG IM KLASSENZIMMER

Bei uns haben also die Institutionen des **Täter-Opfer-Ausgleichs**, der **Mediation** und des **Klassenrates** erfolgreich ineinandergegriffen, wenn es um die gemeinschaftliche Lösung von Konflikten ging. Dennoch gibt es, wie schon beschrieben, immer Grenzen.

Im Folgenden noch einmal eine kurze Übersicht, welche Institution sich wann am besten eignet, wobei wir den Klassenrat an dieser Stelle inhaltlich auf das Thema der Konfliktlösung reduzieren. Zunächst wird aufgeführt, wann die jeweilige Institution Sinn macht, in der Folge dann, welche Bedingungen erfüllt sein müssen.

Täter-Opfer-Ausgleich (S. 82)	Mediation (S. 85)	Klassenrat (S. 90)
⊙ einseitige Verantwortung für eine Auseinandersetzung ⊙ schwerwiegende Konsequenzen bzw. massive Gewaltanwendung ⊙ Schuldfrage geklärt ⊙ Täter geständig ⊙ Opfer einverstanden	⊙ v.a. Konflikte zweier Schüler untereinander ⊙ alle Parteien gehen freiwillig in die Mediation ⊙ Konfliktparteien vertrauen Mediator ⊙ Mediator ist unparteiisch	⊙ v.a. größere Konflikte im Klassenverbund → mehrere Beteiligte ⊙ Konfliktparteien müssen mit Behandlung im Klassenrat einverstanden sein ⊙ Klassenrat muss den Konflikt für bedeutsam halten, sodass öffentliche Behandlung nötig ist

VERTRAUEN UND KOOPERATION STATT KONKURRENZ

Die angeführten Konfliktlösungsmodelle zeigen deutlich den Weg auf, den wir zur Gestaltung eines positiven Klimas in der Inklusionsklasse gehen wollen. Wir wollen ein **von demokratischen Grundsätzen bestimmtes Klassenklima** gestalten, in dem jeder Einzelne sich selbst im Rahmen seiner individuellen Fähigkeiten verwirklichen kann. Über allem steht wie in jeder demokratischen Struktur das Gemeinwohl.

Wir sind in der Inklusion auf den **Gemeinsinn aller Schüler** angewiesen, wenn wir unsere Schüler zum optimalen Individualziel führen wollen. Nur in der **Zusammenarbeit** zwischen all den verschiedenen Menschen mit ihren Stärken und Schwächen liegt der Schlüssel zur erfolgreichen Inklusion, und das nicht nur in der Schule, sondern in der Gesellschaft schlechthin. Aber wir haben in der Schule die Möglichkeit, diese Prozesse zu steuern und zu festigen und auf lange Sicht vielleicht auch durch unsere Schüler auf die Gesellschaft zu übertragen.

Dazu gehört allerdings auch ein gewisser **Vertrauensvorschuss** der Schüler untereinander, der Schüler zu den Lehrern, der Lehrer untereinander und zu den Eltern. Bei den Schülern kann dieses erforderliche Grundvertrauen durch entsprechende vertrauensbildende Spiele gefördert werden.

Zwei typische Beispiele kennen wir aus dem **Sportbereich**:

Spiel 1

Das eine ist das altbekannte **Förderband**.

Die Schüler stehen sich jeweils zu zweit mit fest verschlungenen Händen gegenüber und bilden ein dichtes Förderband. Ein Schüler springt flach auf die ersten Glieder des Förderbandes auf und wird jetzt von dem Förderband weitergereicht, bis er am Ende vom Lehrer aufgefangen wird.
Das Förderband funktioniert aber nur, wenn der Schüler auf dem Band seinen Mitschülern vertraut und seine Körperspannung aufrechthält.

Spiel 2

Das zweite Spiel ist der „**Tote Mann**". Die Schüler sitzen mit ausgestreckten Beinen in einem geschlossenen Kreis. In der Mitte steht steif und aufrecht der Schüler, der sich nun steif fallen lässt und von den hochgereckten Händen seiner Mitschüler aufgefangen und weitergereicht wird. Das Spiel gelingt ebenfalls nur dann, wenn der Schüler in der Mitte steif bleibt. Sobald er Angst bekommt und einknickt, ist er nicht mehr zu halten.

Aber auch in der Klasse können wir **Vertrauensspiele** einsetzen.

Spiel

Da ist zum einen das bekannte Blindenspiel, bei dem ein Schüler mit verbundenen Augen von einem anderen Schüler kreuz und quer durch die Klasse geleitet wird.

Etwas aufwändiger und intensiver ist das **Marktplatzspiel**:

Spiel

Alle Schüler befinden sich auf dem Marktplatz in einer fremden Stadt in einem fremden Land. Die Schüler gehen zunächst schweigend mit gesenktem Kopf über den Platz, ohne jemanden zu berühren. Nach einer Minute heben sie den Kopf und schauen sich ohne Worte beim Gehen ins Gesicht.
Nach einer weiteren Minuten nicken sie ihrem jeweiligen Gegenüber wortlos zu.
Nach wiederum einer Minute legen sie dem Menschen, dem sie begegnen, die Hand leicht auf die Schulter.

▶▶▶ In der nächsten und letzten Minute der Übung zupfen sie ihrem jeweiligen Gegenüber ganz sanft und vorsichtig am Ohrläppchen.

Das Ganze klingt zunächst ganz simpel. Nur gilt es, folgende Regeln zu beachten:

- ≫ Beim ersten Verstoß gegen die Schweigeregel wird das Spiel abgebrochen.
- ≫ Beim ersten Zusammenstoß mit einem Gegenüber ist das Spiel zu Ende.
- ≫ Der erste zu feste Schlag auf die Schulter des anderen beendet das Spiel.
- ≫ Zieht einer fest am Ohr des Gegenübers, ist die Übung ebenfalls zu Ende.

Es ist besonders in einer Klasse mit einigen Schülern mit massiven Verhaltensauffälligkeiten sehr schwer, die fünf Minuten dieses Spiels durchzuhalten. Aber es geht, wenn auch nicht beim ersten oder zweiten Versuch. Wenn am Ende das Marktplatzspiel ohne Abbrüche von den Schülern gespielt werden kann, haben wir eine hohe Konzentration und Selbstkontrolle bei den schwierigeren Schülern entwickelt. Und was viel wichtiger ist: Die anderen Schüler haben gelernt, dass man ihnen vertrauen kann. Nur auf der Basis dieses Vertrauens kann ein Klima von Kooperation durch gegenseitige Wertschätzung entstehen.

Linktipp: Eine umfangreiche Sammlung mit Spielen zur Vertrauensbildung finden Sie hier:
www.praxis-jugendarbeit.de/spielesammlung/spiele-vertrauen.html

Auch zur Förderung der **Kooperationsbereitschaft** seien hier exemplarische Spiele aufgeführt:

Dieses Spiel heißt **Vom Niemandsland zum eigenen Staat** und nimmt auch das Thema Heterogenität/Stärken entdecken und nutzen in den Fokus.

Die Schüler sollen sich in Gruppen von zwei bis zehn Mitspielern vorstellen, sie würden gemeinsam eine große, unbesiedelte Insel entdecken, auf der sie nun einen Staat gründen wollen. Dazu müssen sie eine Regierung gründen, viele Entscheidungen treffen und alle anstehenden Aufgaben bündeln und verteilen, und zwar je nach den Fähigkeiten der anwesenden Personen. Folgende Fragen könnte es beispielsweise zu klären geben (je nach Klassenstufe lassen sich diese natürlich auch runterbrechen):

▶▶▶

- Wie soll der neue Staat heißen?
- Wie soll die Flagge aussehen?
- Welches soll das Nationaltier sein?
- Wie soll der Text der Nationalhymne sein?
- Welche Ministerien werden gebraucht?
- Wer übernimmt welches Ministerium? Warum?
- Welche Gesetze sind notwendig?
- Welche weiteren Aufgaben sollen die einzelnen Gruppenmitglieder übernehmen?

Das Spiel **Ein Körper** zielt ebenfalls darauf ab, dass jeder etwas zu einem gemeinsamen Projekt beiträgt, ist jedoch sehr viel einfacher. Der Lehrer als Spielleiter legt einen großen Bogen Papier auf den Boden. Die Gruppen (ca. zehn Teilnehmer) haben nun die Aufgabe, einen vollständigen Körper zu zeichnen, indem jeder sich hinlegt und genau um eines seiner Körperteile herumgezeichnet wird.

Am Ende kann der entstandene Körper ausgemalt und so eine Person geschaffen werden, die die Gruppe als Ganzes im wahrsten Sinne des Wortes „verkörpert".

Literaturtipp:
Alanna Jones: Ganz verschieden und doch ein Team.
100 Spiele für soziales Lernen in Regel- und Inklusionsklassen.
Verlag an der Ruhr, 2012. ISBN 978-3-8346-2287-7

Der Konkurrenzkampf um Noten und Leistungen spielt in der inklusiven Erziehung im Idealfall keine Rolle; denn jeder Schüler strebt nach seinem individuellen Erfolg. Eine Vergleichbarkeit der schulischen Leistungen ist wegen der individuellen Leistungsanforderungen ohnehin nicht möglich. Die Zusammenarbeit der Schüler ist durch die offene Unterrichtsgestaltung eine selbstverständliche Komponente der Inklusion. In dieses kooperative Umfeld gehören auch die Lehrer, ob als Fachlehrer oder Mitglieder des Inklusionsteams. Sie treten in vielen Bereichen nicht mehr als Anleiter, sondern als **Moderatoren von kooperativen und individuellen Selbstlernprozessen** auf. Damit verlagert sich die Hauptarbeit der Inklusionslehrer auf die Vorbereitung dieser kooperativen und individualisierten Unterrichtsformen. In der Klasse selbst können sie sich umso intensiver um die Reduzierung von Störungen und die Hilfeleistung in Notfällen kümmern. Außerdem sind sie auch Teile der klasseninternen Helfersysteme.

DIE FREIWILLIGEN HELFERSYSTEME

Wer das Wort Helfer in der Inklusion hört, denkt automatisch an die Hilfe von begabten Schülern für Schüler mit Lernschwächen. Aber eine Helferstruktur kann und sollte viel komplexer sein und ergibt sich auch ohne entsprechende Lehrerimpulse fast selbstverständlich. Sie hat einen hohen Wert für die gegenseitige Akzeptanz von Helfern und Hilfe Suchenden und kann auch über den Unterricht hinaus, z.B. durch eine klasseninterne Hausaufgabenhilfe, erweitert werden. Hier greifen die sozialen Lernprozesse, die wir unter anderem mit der Inklusion anstreben. Entscheidend ist, dass diese Unterstützungssysteme für alle Beteiligten entscheidende Vorteile haben. Denn Helfersysteme unterstützen die **kognitive Aktivierung**, fördern die **Reflexion von Lernprozessen** und die **Entwicklung von sozialen Kompetenzen** bei den Hilfsbedürftigen wie auch bei den Helfern.

Helfersysteme kann es in verschiedenen Arrangements geben:
- im individualisierten Unterricht
- in einem System wechselseitiger Unterstützung in kooperativen Lernprozessen
- bei der Leitung von Arbeitsgemeinschaften
- in Arrangements, in denen Ältere Verantwortung für Jüngere übernehmen

Zunächst einmal hat jeder Schüler Stärken und Schwächen. Wer in Englisch nicht so gut ist und von der Unterstützung eines Mitschülers profitiert, kann jemand anderem – vielleicht sogar dem gleichen Mitschüler – vielleicht beim Werken an die Hand gehen oder ist im sozialen Bereich besonders stark. Und wer in Mathe gerade gar nichts versteht, hat besondere Fähigkeiten, wenn es um das Schreiben von Aufsätzen oder um den Aufschlag beim Volleyball geht. Insofern ist es möglich und ratsam, dass jeder nicht nur Hilfe empfängt, sondern – in ganz anderem Zusammenhang – auch selbst hilft.

Methode

Wir können z.B. einen **Tauschring** in der Klasse etablieren: Wir erstellen eine Art „Schwarzes Brett", an dem jeder – anonym – etwas ausschreibt, das er besonders gut kann. Dann muss jeder Schüler innerhalb eines bestimmten Zeitraums mindestens auf einen der Ausschriebe reagieren. Dabei kann es sich genauso gut um Unterrichtsrelevantes wie auch um ganz andere Dinge handeln – vielleicht möchte auch jemand beim Reparieren eines Fahrrads assistieren oder den „Vocal Coach" bei ambitionierteren Sing-Versuchen spielen!

— *Methode nach Jonas Lanig*

Dazu kommt, dass die Entwicklung hinsichtlich bestimmter Kompetenzen und des Verständnisses bestimmter Inhalte eine große Rolle spielt. Wer einen bestimmten Zusammenhang verstanden hat, kann in dem Moment als **Experte** dienen und Mitschüler beraten, denen sich das Ganze noch nicht erschlossen hat.

Solche Helfer können dann uns als Lehrende bei der Beratung der Mitschüler unterstützen. Sie können erklären, beraten, Tipps zum Weiterlernen geben, vielleicht auch einmal einen Vortrag halten. Das kann geregelt und mit Hilfe bestimmter Unterrichtsphasen strukturiert werden, kann jedoch auch informell im individualisierten, offenen Unterricht stattfinden.

Hier einige Methoden, wie die Helfersysteme organisiert werden können:

Methoden

Bei der **Helfer-Kette** können Schüler, die im binnendifferenzierten Unterricht schneller fertig sind als andere, sich vom Lehrer schon über die nächsten Schritte instruieren lassen und diese jeweils an die nächsten Schüler weitergeben.

Die **ausgewiesenen Experten** können nach diagnostischen Verfahren, wie Beobachtungen, Lernzielkontrollen und Durchsichten von Ergebnissen, „gekürt" und den anderen Schülern mitgeteilt werden und dann für Fragen zur Verfügung stehen.

Bei der **Chef-Werkstatt** bekommt jeder Schüler eine persönliche Aufgabe, erarbeitet diese und überlegt sich, wie er die Inhalte vermitteln und z.B. visualisieren kann. Der Lehrer kontrolliert und gibt Feedback, bis alles verstanden wurde. Dann bearbeitet jeder Schüler jede Aufgabe und kann den jeweiligen „Chef" bei Rückfragen konsultieren. Hier kann das Aufgabenspektrum natürlich breit differenziert werden.

Eine weitere Methode ist das Einrichten von freiwilligen **Assistenten** und **Experten-Teams**. Hier können einzelne Schüler(-gruppen) mit besonderen Aufgaben, wie z.B. der Verwendung von das/dass, betraut werden. Hierfür braucht es eine klare, vom Lehrer vorgebenene Struktur für Erarbeitung und späteren Einsatz als Lernhelfer und definierte Materialien.

— *Informationen nach: Bastian, Johannes: Schüler als Lernhelfer. Erfahrungen – Begründungen – Schwierigkeiten; und: Föh, Marie-Joan: Helfersystem im individualisierten Unterricht. In: Pädagogik 6/12. Beltz Verlag, 2012. ISSN 0933-422X*

Die vorsichtige Führung eines Schülers mit Sehbehinderung, wo es nötig und erwünscht ist, ist bei uns eine Selbstverständlichkeit geworden, die absolut keinen Lehrerauftrag benötigte. Das galt ebenfalls für die Wahrung des großen Schutzbereiches, den eine Schülerin mit Autismus beanspruchte (siehe dazu auch Kapitel 5, S. 165).

2 Classroom-Management im inklusiven Klassenzimmer

Welche klasseninternen Helfersysteme gibt es aber für Schüler mit **herausfordernden Verhaltensmustern**? Auch diese Schüler benötigen die Hilfe der Gemeinschaft. Auch wenn sich bei uns zeigte, dass sie wegen ihres mutigen Auftretens und ihres ausgeprägten Gerechtigkeitsinns oft zu Klassensprechern gewählt wurden, so mag es doch eher selten sein, dass sie zu Geburtstagsfeiern oder Partys eingeladen werden. Die Jugendlichen mit herausforderndem Verhalten schließen sich im außerschulischen Bereich sehr häufig Peergroups von Gleichgesinnten an, denen auch oft ältere Jugendliche angehören. Sie meiden den Kontakt mit den Mitschülern in der Freizeit, auch weil sie die deutliche Ablehnung der betreffenden Eltern kennen. Es ist sehr schwer, die schwierigen Schüler außerhalb der Schule in klasseninterne Vernetzungen zu integrieren.
Hier sind die **Inklusionsteams** aus Klassen- und Förderlehrer gefordert. Denn sie haben die besten Einblicke in die familiären Hintergründe der einzelnen Schüler und können vielleicht die eine oder andere Möglichkeit zur gemeinsamen Freizeitgestaltung anbieten. Sie bestimmen auch wesentlich die Positionierung der schwierigen Schüler im Klassenverband. Sie entscheiden letztlich durch ihr Verhalten gegenüber den schwierigen Schülern über Akzeptanz oder Ablehnung in der Klassengemeinschaft wesentlich mit. Als Lehrer werben wir bei den Mitschülern und deren Eltern für **Toleranz und Nachsicht** für diese Schüler, um ihre soziale Einbindung zu fördern. Dies geschieht vor allem durch den **respektvollen Umgang** mit den schwierigen Schülern, mit dem die Lehrer ein entsprechendes Zeichen setzen.

Natürlich wird es nicht immer leicht für die betreffenden Kollegen sein, die Provokationen und Aggressionen der schwierigeren Schüler zu tolerieren. Und es wird auch Grenzüberschreitungen im Verhalten gegenüber Mitschülern und auch Kollegen geben, die nicht leicht oder auch gar nicht zu ertragen sind. Seien es nun schwere körperliche Attacken gegenüber Mitschülern oder Beleidigungen oder Bedrohungen von Kollegen – all das kann und wird auch vorkommen, und wir müssen uns darüber im Klaren sein, dass die Toleranz und Nachsicht auch Grenzen haben.
Auf der anderen Seite gibt es sicher eine Reihe von Möglichkeiten für die Mitschüler, um diese Schüler aufzufangen und bei entsprechender Bereitschaft aus ihrer Isolation herauszuholen.

Besonders **gemeinsame Freizeitinteressen** sind durchaus geeignet, Schüler der verschiedensten Verhaltensstrukturen für gemeinsame Aktivitäten zusammenzubringen. Da ist zum einen der gesamte Sportbereich mit seinen vielfältigen Möglichkeiten zu sozialer Anbindung auch der Schüler mit herausfordernden Verhaltensmustern. Aber auch andere Hobbys bieten genügend Chancen zur Gemeinsamkeit, seien es nun gemeinsame Musikinteressen, das Kino oder Computerspiele. Die Palette außerschulischer Kontakte zwischen den Schülern einer Klasse ist breit und vielfältig.

Die Lehrer können auch durch vorsichtige Impulse Anregungen für **Hausaufgabentandems** und ähnliche Hilfsstrukturen außerhalb der Schulzeit geben. Allerdings lassen sich solche Systeme nur dann nachhaltig installieren, wenn die Chemie der betreffenden Schüler untereinander stimmt.

Bei allen Einbindungen der Schüler mit herausforderndem Verhalten ist es wichtig, dass die Mitschüler stark genug sind, solch aggressive Verhaltensweisen angstfrei und ohne unangemessene Reaktion zu tolerieren, solange sie nicht verletzt werden. Wenn Lehrer oder Schüler reagieren, ist es besser, dies durch **deutliche Ich-Botschaften** als durch verbale Gegenangriffe auszudrücken, die unvermeidbar zur Eskalation führen. Allerdings können Schüler und Lehrer nur dann so gelassen auf Angriffe antworten, wenn sie diese Gesprächsstrategien trainiert haben.

Definition

Ich-Botschaften

Ich-Botschaften offenbaren **Tatsachen** und **eigene Gefühle**, statt den anderen durch Vorwürfe oder Pauschalitäten anzugreifen. Insofern bestehen sie aus zwei Teilen. Beispiel: „Ich kann mich nicht konzentrieren, weil es ziemlich laut ist."

Eine kleine, aber durchaus angebrachte Hilfe wäre das morgendliche **Abholen** durch einen Mitschüler, der in der Nähe wohnt, damit der erste Lehrer-Schüler-Konflikt wegen üblicher Unterrichtsverspätungen schon einmal entfällt. Beispielsweise haben nämlich viele Schüler mit AD(H)S ein chronisches Zeitproblem. Eine allgemeine Unsortiertheit und mangelnde Selbstkontrolle kann auch das Zeitmanagement erfassen, sodass hier eine Außenhilfe sehr willkommen ist.

Sicher werden den Inklusionsteams angesichts der **individuellen Probleme** der Schüler mit auffälligem Verhalten auch andere Hilfen für diese Schüler einfallen, wenn sie intensiver danach suchen. Für die Schüler selbst haben diese Hilfen einen großen Wert, denn sie beweisen ihnen, dass sie trotz aller Schwierigkeiten von ihren Mitmenschen akzeptiert werden.

Allerdings wäre es fatal, wenn durch die Hilfen bei diesen Schülern das Gefühl von Hilfsbedürftigkeit oder gar Behinderung aufkäme. Denn sie sind weder hilfsbedürftig noch behindert, sondern ganz normale Kinder und Jugendliche – mit Schwierigkeiten, die dazu führen, dass sie schwierig erscheinen.

PRÄVENTION UND MINIMIERUNG DER UNTERRICHTSSTÖRUNGEN 3

DER UMGANG MIT SCHWIERIGEN SCHÜLERN

Bei allen Helfersystemen und aller Wertschätzung bleibt ein Problem noch unbehandelt: die häufigen Unterrichtsstörungen der schwierigen Schüler. Die 14 Schüler mit herausfordernden Verhaltensmustern verursachten in einem Jahr genau so viele Unterrichtsstörungen wie die 225 übrigen Schüler unserer Schule. Dies ist das Ergebnis der Auswertung der Trainingsraumdokumentation für das Schuljahr 2002/03. Diese Relation wiederholt sich in den Dokumentationen der Folgejahre und zeigt deutlich die Problematik der Schüler mit herausfordernden Verhaltensmustern im Unterricht. Dabei handelte es sich in unserem Fall um neun Schüler mit sonderpädagogischem Förderbedarf emotionale und soziale Entwicklung, die übrigen fünf Schüler waren Schüler mit AD(H)S ohne ausdrücklich festgestellten sonderpädagogischen Förderbedarf, die aber im Störpotenzial den Schülern mit Diagnose in nichts nachstanden.

Bei der Frage nach angemessenen Interventionsmöglichkeiten waren wir uns sehr schnell einig, dass Sanktionen in der Skala der wirksamen Gegenmittel wohl ganz hinten standen. Zunächst wurden **verstärkende positive Motivationen** zur Verhaltensänderung angestrebt.

Wenn wir die offiziellen Sanktionsmöglichkeiten in den einzelnen Bundesländern betrachten, ergibt sich eine deutliche Übereinstimmung in der Steigerungsskala, wenn es auch unterschiedliche Ausprägungen der verschiedenen Stufen gibt. Allerdings muss zu diesen Sanktionen gesagt werden, dass sie erst ergriffen werden dürfen, wenn alle pädagogischen Mittel erschöpft sind:

1. der schriftliche Verweis mit Benachrichtigung der Eltern
2. der zeitweilige Ausschluss vom Unterricht in einzelnen Bereichen
3. die Überweisung in eine parallele Lerngruppe
4. der Ausschluss vom Unterricht für mehrere Tage
5. der Ausschluss vom Unterricht für einige Wochen
6. die Androhung des Verweises von der Schule
7. der Verweis von der Schule verbunden mit der Überweisung in eine andere Schule

In allen Bundesländern ist die Elternbeteiligung eine feste Konstante bei den einzelnen Verfahrensschritten.

Angesichts dieses Sanktionskatalogs müssen wir uns ernsthaft fragen, welche Sanktionen hilfreich bei der Förderung emotionaler und sozialer Entwicklungen sind. Wir müssen die einzelnen Maßnahmen bezüglich ihrer sonderpädagogischen Validität betrachten, wenn wir an ein Spektrum von Verhaltensauffälligkeiten denken, wie es in einer inklusiven Klasse vorkommen kann.

Die unter Punkt 1 vorgeschlagene Maßnahme kann noch akzeptabel sein, wenn entsprechende Unterstützungsangebote mit dem schriftlichen Verweis verbunden sind.

Der unter Punkt 2 vorgeschlagene teilweise Unterrichtsausschluss ist für die Fachlehrer ein durchaus willkommenes Instrument, um eine Minimierung der Störungen im Fachunterricht zu erreichen, er hilft jedoch dem betroffenen Schüler wenig und mindert sein Vertrauen zur Institution Schule, die ihm nicht hilft, sondern ihn aussondert als teilweise nicht geeignet für den Unterricht. Die Eltern werden durch diese Maßnahme ähnlich negativ berührt sein wie die Schüler. Hinzu kommt, dass manche Schüler den Ausschluss sogar begrüßen werden.

Die Überweisung in eine parallele Lerngruppe bedeutet keine Problemlösung, sondern nur eine Verschiebung des Problems in eine andere Klasse. Diese Maßnahme ist nur dann sinnvoll und produktiv, wenn eine extrem gestörte Beziehung zwischen den Lehrern einer Klasse und dem betroffenen Schüler oder auch den Mitschülern vorherrscht, sodass eine vorurteilslose Unterrichtung nicht mehr gewährleistet ist. Die Maßnahme sollte aber eine absolute Ausnahme bleiben.

Der längerfristige Ausschluss vom Unterricht ist wirklich alles andere als eine Unterstützungsmaßnahme für schwierige Schüler. Zum einen bedeutet er eine starke Stigmatisierung des Schülers, zum anderen ist die unverhoffte Freiheit für viele der schwierigen Schüler eine willkommene Freizeit, in der sie ohne ausreichende Beaufsichtigung all das tun können, was sie eigentlich nicht tun dürfen.

Der Verweis von der Schule ist bei diesen besonders schwierigen Schülern noch viel problematischer. Die Schulaufsicht muss zunächst eine Schule finden, die bereit ist, diesen negativ vorgeprägten Schüler ohne Vorbehalte aufzunehmen und inklusiv zu beschulen. Da dies leider nur sehr selten möglich ist, landet der Schüler meist in einer Förderschule für Schüler mit dem sonderpädagogischen Förderbedarf emotionale und soziale Entwicklung. Damit ist die inklusive Erziehung mit all ihren guten Möglichkeiten zur Entwicklung einer positiven Lebensperspektive beendet. Hier soll auf keinen Fall die Berechtigung der Förder- bzw. Sonderschulen grundsätzlich in Frage gestellt werden. Es geht vielmehr darum, die offiziellen Schulsanktionen im Rahmen der Inklusion in Frage zu stellen und nach anderen Lösungswegen zu suchen, bevor die Schule sich zu so gravierenden und weitgehend kontraproduktiven Maßnahmen im Sinne der Inklusion entscheidet.

Bei allen Überlegungen zum Umgang mit den schwierigen Schülern steht – wie auch bei allen anderen Schülern – die positive und wertschätzende Zuwendung im Mittelpunkt. Selbst wenn wir die Verhaltensweisen oft nicht akzeptieren können, gebührt auch den schwierigen Schülern **Achtung und Anerkennung**, wenn sie in der Entwicklung und im Verhalten erkennbare Fortschritte machen. Auch bei unvermeidbaren Rückschlägen dürfen wir nicht aufhören, respektvoll, aber auch mit Nachdruck das erwünschte Verhalten einzufordern. Auch das klare überschaubare **Regelwerk** und die festen **Rituale** bieten den schwierigen Schülern die Strukturen, die sie für ihre Orientierung benötigen. Die **Dokumentationen** der Entwicklung, der ständige Austausch im Team und die Einbeziehung von außerschulischen Fachkräften sind unerlässlich.
Wenn wir ein **ganzheitliches Förderkonzept** einfordern, können wir auf die Mitarbeit der Eltern nicht verzichten und müssen sie als Förderpartner mit ins Boot nehmen.

POSITIVE VERSTÄRKUNG DURCH BELOHNUNGSSTRATEGIEN

Manche Kollegen und Psychologen schwören auf Verstärkersysteme, wie z.B. bestimmte Punktesysteme. Der Vollständigkeit halber seien hier kurz Beispiele skizziert, damit der Leser sich selbst ein Urteil bilden kann. Meine Bedenken gegen Punktesysteme im inklusiven Klassenzimmer möchte ich später genauer erläutern.

VERSTÄRKERPLÄNE

Die so genannten Verstärker- oder Token-Systeme kommen aus der Verhaltenstherapie und werden besonders gern bei Schülern mit oppositionellem und hyperaktivem Verhalten eingesetzt. Der Schüler erhält immer dann einen Punkt, wenn es ihm gelingt, sich an spezifische Verhaltensregeln zu halten. Später dann können diese Punkte in Verstärker eingetauscht werden, womit zu einer Verhaltensänderung motiviert werden kann. Im Idealfall arbeiten die Eltern dann mit dem gleichen Plan.

Vorteile:

- ☑ Blick wird auf das positive Verhalten des Schülers gerichtet
- ☑ Eltern und Lehrer werden zu konsistentem Verhalten veranlasst
- ☑ Bewirken einer systematischen Verstärkung

Es kann wie folgt vorgangen werden:

» Zunächst sollte ein Problemverhalten ausgesucht werden, das verändert werden soll. (→ Beschränkung auf ein essenzielles Problem)
» Dann sollten das Verhalten und die Situation des Auftretens genau beschrieben werden.
» Das Verhalten wird dann auf dem Verstärkerplan positiv beschrieben. („Ich bleibe ruhig auf meinem Stuhl sitzen.")
» Eine unmittelbare Belohnung sollte von Lehrer und Schüler gemeinsam ausgewählt werden, wie z.B. Klebepunkte zum Sammeln o.Ä.
» Dann legen wir mit dem Schüler genau fest, für welches Verhalten in welchem Zeitraum er eine solche unmittelbare Belohnung bekommen kann. („Ich spreche nur nach Aufforderung des Lehrers"; Belohnung für 20-Minuten-Abschnitte)
» Für eine bestimmte Anzahl von Punkten können dann Sonderbelohnungen vereinbart werden, gerne auch Aktivitäten. Sind die Eltern mit im Boot, erweitert sich das Spektrum natürlich.
» Wir legen anschließend die für die Sonderbelohnung notwendige Anzahl der Punkte fest.

Im Anschluss achten wir darauf, dass der Schüler den Plan einsehen kann, motiviert bleibt und pünktlich seine Belohnung erhält. Es sollte auch regelmäßig besprochen werden, wie gut der Plan funktioniert.
Auf ähnliche Weise gibt es auch Verstärker-Entzugs-Systeme, wo als unmittelbares Feedback ein Punkteabzug von einer Punktezahl erfolgt, die der Schüler zu Beginn besitzt.

— *Informationen nach und weitere Informationen unter:*
 http://schulpsychologie.lsr-noe.gv.at/downloads/wenn_lob_allein_nicht_reicht.pdf

Die Methoden könnten auch auf alle Schüler und einen einfachen, gemeinsamen Regelsatz gemünzt werden, damit sie zum inklusiven Setting passen. Sicher werden sie von einigen Kollegen erfolgreich eingesetzt. Dennoch sind beide Methoden grundsätzlich diskutabel, und wir haben aus folgenden Gründen von einem Einsatz abgesehen: Der Versuch der Implementierung dieser Belohnung durch Punkte erwies sich schon alleine deshalb als sehr schwirig, weil das System nur dann wirksam ist, **wenn alle Lehrer der Klasse sich dieser Strategie anschließen**. Alle müssen sich sehr genau absprechen und sich mit dem gleichen Verständnis auf das gleiche Regelwerk beziehen, sonst kommt es schnell zu Protest und Frust.

Problematisch ist aber besonders **die Beschränkung dieses Systems auf die verhaltensschwierigen Schüler**, da die übrigen Schüler sich zu Recht fragen, weshalb sie keine Belohnung für ihr positives Verhalten erhalten. Abgesehen davon, dass der Gedanke grundsätzlich der Inklusion widerspricht. Eine Ausweitung auf alle Schüler bedeutet aber, dass die „braven" Schüler sehr schnell und häufig in den Genuss von Belohnungen kommen, während die Schüler mit herausforderndem Verhalten nur ganz selten und auch zu einem späten Zeitpunkt in selbigen kommen. Und das wird sie schnell entmutigen.

Denn die punktwürdigen Verhaltensweisen wären z.B. eine Woche friedfertiges Verhalten gegenüber den Mitschülern, ein Tag tadellose Mitarbeit im Unterricht, eine Woche mit vollständigen Hausaufgaben, eine Woche Pünktlichkeit bei Unterrichtsbeginn und nach den Pausen, drei aufeinanderfolgende Tage ohne Klassenbucheintrag, zwei Tage ohne Entsendung in den Trainingsraum, eine Woche ohne Beschwerden eines Fachlehrers oder andere positiv formulierte realistische und überprüfbare Verhaltensziele. Wir sehen jedoch schon an dieser kurzen Aufzählung, wie problematisch die Allgemeingültigkeit einer solchen Bepunktung ist.

Das würde dann doch wieder für ein Punktesystem nur auf der Basis einer individuellen Vereinbarung sprechen. Allerdings entsteht durch die Individualisierung der Punkteziele dann ein unübersichtliches System, das weder überschaubar noch kontrollierbar sein wird. Das gilt auch für die Konsequenzen. Denn bei Erreichen einer vorher festgesetzten Punktzahl wird eine angemessene logische Belohnung ausgelobt. Das könnten im schulischen Bereich z.B. ein hausaufgabenfreier Tag, die Behandlung des Wunschthemas im Unterricht, das Vorschlagsrecht für das Ziel des Wandertages, eine bestimmte gemeinsame Aktivität oder andere Privilegien sein. Eine individuelle Abmachung über ein Belohnungssystem nach Punkten widerspricht jedoch dem inklusiven Grundgedanken. Denn diese Art von persönlicher Abmachung diskriminiert meiner

Meinung nach die schwierigeren Schüler und übervorteilt die weniger auffälligen, weil ihnen entweder die Belohnung für gleiches Wohlverhalten versagt wird oder weil die Ansprüche an sie, gemessen an ihrem Entwicklungsstand und ihren Besonderheiten, sehr viel höher geschraubt werden.

Absolut kontraproduktiv sind meiner Meinung nach in diesem System **Punktabzüge** oder negative Punktsysteme. Bei Punktabzügen wird das gesamte Belohnungs- und Verstärkungssystem ins Absurde geführt, denn der schwierige Schüler weiß genau, dass er öfter Anlass zu Abzügen als zu Punktzuteilungen geben wird, und er wird so kaum zu einer positiven Entwicklung seiner Verhaltensmuster motiviert werden können. Noch fragwürdiger sind die negativen Punktsysteme, die bei Erreichen einer festgelegten Punktzahl mit Sanktionen verbunden sind. Ob es der Ausschluss von einem Klassenausflug oder eine zusätzliche Beratungsstunde oder erweiterte Hausaufgabenstellungen sind, mit all diesen Maßnahmen erreichen wir meiner Erfahrungen nach nur das Gegenteil: Jede Störung wird noch nachhaltiger, weil mit jedem Negativpunkt auch eine Diskussion über dessen Berechtigung geführt werden muss.

Ein wirklich **gut funktionierendes** und **von allen Schülern akzeptiertes Punktesystem** wird dagegen in unserer Sondermaßnahme für Schulverweigerer durchgeführt:

Methode

Die Schüler beurteilen selbst ihre Leistung und ihr Verhalten am Ende der Stunde mit den Punkten 1–5. Der Lehrer kann die Punktzahl mit Angabe von Gründen nach unten oder oben verändern.

Zu Beginn der Woche setzt der Schüler sich selbst ein Wochenziel (z.B. 85 Prozent der Maximalpunktzahl), in der auch Pünktlichkeit und Regelmäßigkeit als besondere Ziele des Projekts eingerechnet werden.

Die Punkte werden notiert und führen in der Summe der Bewertungen einer Woche zu einer Wochenpunktzahl, die in einen Prozentwert der Maximalpunktzahl umgerechnet wird. Dieser Wert wird in einem individuellen Schülerdiagramm visualisiert: Die eigene Prognose und der Realwert werden in verschiedenen Farben eingezeichnet. So entsteht ein individuelles zweifarbiges Prozentdiagramm, das die Entwicklung des Schülers über ein ganzes Jahr sichtbar macht.

Nach drei Wochen mit Maximalpunktzahl in Folge erhalten die Schüler übrigens eine Belobigungsurkunde.

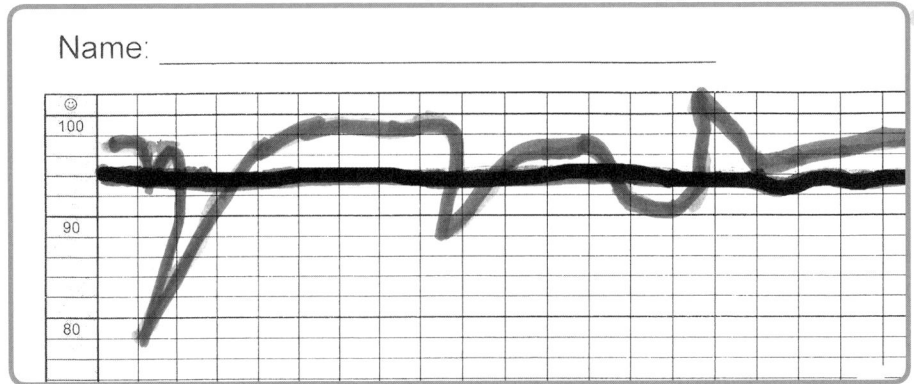

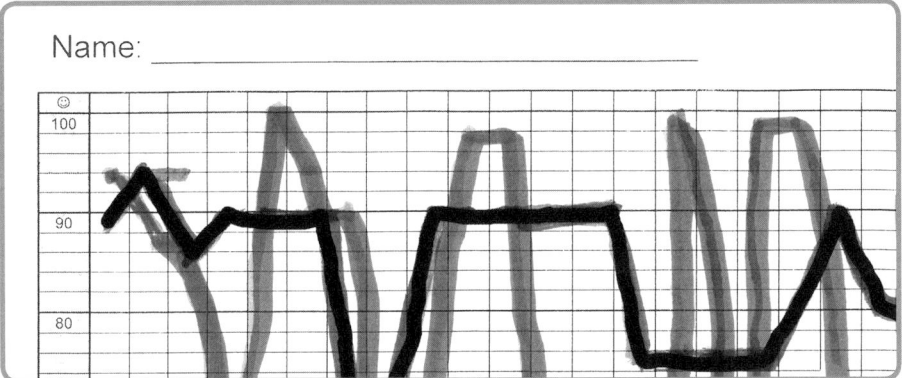

Dieses Punktesystem wird von den Schülern, die zum größten Teil auch einen diagnostizierten Förderbedarf in der emotionalen und sozialen Entwicklung haben, sehr ernst genommen und motiviert die Schüler immer wieder aufs Neue, ihr schulisches Verhalten zu überprüfen. Dabei liegt eine besondere Motivation im Erreichen des individuellen Wochenziels, das der Schüler sich selbst gesetzt hat. Und jeder Schüler ist am Ende der Stunde bzw. der Doppelstunde, zu einer Reflexion des eigenen Verhaltens verpflichtet. Aber auch dieses System funktioniert nur deshalb, weil alle Kollegen bereit sind, diese Form der Punktebewertung mit zu tragen. Es ist auf jeden Fall sehr informativ, wenn wir die Halbjahreskurve eines 15-jährigen Mädchens (oben) mit Angststörungen mit der Kurve eines 16-jährigen Jungen (unten) mit ADHS, die beide in unserem Schulverweigererprojekt beschult werden, vergleichen. Die dunkle Linie ist die Schülerprognose, die helle der Realwert.

Insgesamt ist es ratsam, Punktesysteme in der inklusiven Klasse nur sehr vorsichtig einzusetzen. Ihre **Vereinbarkeit mit den inklusiven Zielen** muss auf jeden Fall gewährleistet sein. Eine Ausschließlichkeit auf den Einsatz bei schwierigen Schülern öffnet eine neue Exklusivität, die unter Umständen kurzfristig wirksam ist, aber auf Dauer schädlich sein kann.

Es gibt jedoch andere Faktoren, die für die Schaffung eines positiven Klassenklimas in einer inklusiven Klasse von Bedeutung sind.

INDIVIDUELLE VERHALTENSVERTRÄGE

Eine Hilfestellung für Schüler mit massiven Verhaltensproblemen können individuelle Verhaltensverträge sein. Auch hier muss natürlich sehr darauf geachtet werden, dass ein solcher Vertrag nicht stigmatisiert und Schüler sich ungerecht behandelt fühlen und ihre individuelle Problematik ausreichend respektiert wird. Über solche Verträge sollten alle Beteiligten informiert sein, also auch die Fachlehrer etc.

Sie können auch gegenseitige Bedingungen enthalten: Wenn ein Schüler sich beispielsweise durch einen Vertrag dazu verpflichtet, für eine bestimmte Zeit keine Prügelei mehr anzuzetteln, versprechen die Lehrer auf der anderen Seite, ihn bei Provokationen und Angriffen anderer Schüler zu schützen bzw. zu unterstützen. Oder der Schüler erhält während der Geltungsdauer des Vertrages die Sondererlaubnis, die Pausen im Klassenraum zu verbingen. Wichtig ist hier, dass die Wünsche des Schülers berücksichtigt werden.

Der Vertrag wird abschlossen zwischen einem Schüler oder einer Schülergruppe und einem Lehrer als Einzelperson oder als Vertreter für die Lehrerschaft einer Klasse oder einer Schule oder/und bei entsprechendem Geltungsbereich auch einem Mitglied der Schulleitung.

Alle am Vertrag Beteiligten, besonders aber die betroffenen Lehrer, erhalten ein Exemplar zur Kenntnisnahme, damit die einheitliche Handhabung gewährleistet ist. Falls sie betroffen sind, werden auch die Mitschüler über den Vertrag unterrichtet.

Ein Gespräch, bei dem ein solcher Vertrag aufgesetzt wird, kann wie folgt ablaufen:

1. **Einleitung**
   - Verdeutlichen Sie den Anlass für den Vertrag.
   - Trennen Sie dabei zwischen Person und Verhalten.
   - Alle Parteien stellen ihre Sicht des Problems dar. Gefühle werden bewusst gemacht und thematisiert.

2. Klärung der (gemeinsamen) Ziele

- Die Beteiligten tauschen sich über mögliche Ziele aus, einigen sich und formulieren den genauen Wortlaut. Die Ziele werden dann schriftlich im Vertrag festgehalten.
- Der Schüler gibt die Ziele mit eigenen Worten wieder („Ich …")
- Es sollten auf jeden Fall ggf. Teilziele erarbeitet werden, damit der Schüler eine realistische Chance hat, das Ziel zu erreichen.

3. Absprachen und Konsequenzen

- Es wird besprochen, wie die Ziele erreicht werden können, welche Hilfestellungen denkbar sind.
- Lösungsmöglichkeiten werden verglichen, und es wird sich gemeinsam auf einige geeinigt.
- Es wird nur eindeutig überprüfbares Verhalten notiert.
- Positive und negative Konsequenzen bei Erfüllung bzw. Nichterfüllung werden im Vertrag festgehalten.
- Durchgehend werden ggf. Rückfragen geklärt.

4. Vertragsdauer und Unterschriften

Gültigkeit und Vertragsdauer werden festgelegt, und der Vertrag wird von allen Beteiligten unterzeichnet. In einem solchen Vertrag sollte also stehen,

- wer beteiligt ist,
- was das Ziel ist,
- ein positiver persönlicher Vorsatz mit eigenen Worten („Ich …),
- was verabredet wird,
- ggf., wie die Ziele erreicht werden können/welche Hilfestellungen nötig sind/ wozu sich die Gegenseite verpflichtet,
- welches die positiven Konsequenzen bei Erreichen bzw. die negativen Konsequenzen bei Nichterreichen sind,
- bis wann der Vertrag gilt (je nachdem helfen den Schülern zunächst überschaubare Abstände, die dann schrittweise erweitert werden können),
- die Unterschriften der Beteiligten,
- das Datum.

Im Download finden Sie einen solchen Vertrag.

— © Stephanie Stangier

— Informationen nach: mittendrin e.V. (hg.): Eine Schule für alle. Inklusion umsetzen in der Sekundarstufe. Verlag an der Ruhr, 2011. ISBN 978-3-8346-0891-8

KONFLIKTVERMEIDUNG DURCH ANGEMESSENES LEHRERVERHALTEN

Extrem wirksam bei der Schaffung eines inklusionsadäquaten Klassenklimas ist die Lehrerpersönlichkeit, und hier ist besonders wichtig die **reflektierte professionelle Reaktion** auf herausfordernde Aktionen der Schüler. Es ist nicht selten, dass Lehrer angesichts der Verhaltensweisen der Schüler mit herausforderndem Verhalten hilflos und frustriert werden nach dem Leitsatz: „Da kann ich machen, was ich will, der ändert sich nicht." Und leider haben diese Kollegen zuweilen Recht. Es gibt durchaus Schüler, denen wir mit unserem Handlungsrepertoire nicht angemessen und nachhaltig helfen können, sei es als Regelschullehrer oder als Förderlehrer. Aber wir dürfen diese negativen Ausnahmeerscheinungen nicht zur Richtschnur unseres pädagogischen Handelns machen.

Wir sind den Schülern gegenüber verpflichtet, denen wir in ihrer Entwicklung weiterhelfen können, und vor allem auch denjenigen, die unsere Unterstützung zwar nicht auf dem Sektor der emotionalen und sozialen Entwicklung, aber in manch anderer Hinsicht benötigen. Wir lassen die extrem schwierigen Schüler selbstverständlich auch nicht fallen, sondern versuchen, für sie auch außerschulische Hilfen für ihre Probleme zu finden. Es geht nicht, dass diese Schüler unser Engagement und unsere Kräfte derart binden, dass die berechtigten Ansprüche der übrigen Schüler nicht genügend gewürdigt werden.

Hier beginnt die wirkliche Professionalität. Nur wenn wir die Prioritäten bei den einen erkennen und die Grenzen unserer schulischen Bemühungen bei den Extremfällen akzeptieren, werden unsere pädagogischen Anstrengungen fruchtbar sein können.

Viele von uns reiben sich auf in dem Irrtum, jeden Schüler verändern zu können. Dieser berufliche Optimismus geht leider an der Realität vorbei. Wir sind keine Psychotherapeuten, wir sind Erzieher und Lehrer. Wenn wir die Vermutung hegen, dass ein Schüler ein pathologisch auffälliges Verhalten an den Tag legt, dürfen wir unsere Kräfte nicht verschleißen, sondern müssen in klarer Sicht unserer beruflichen Grenzen das Feld für die Fachleute – sprich Therapeuten – räumen bzw. eine Zusammenarbeit mit ihnen anstreben.

In den zehn Jahren meiner Arbeit in der Integration und der Inklusion war pro Jahr ein Schüler von solchen außerschulischen Maßnahmen betroffen, die ich im Kapitel 5 noch ausführlicher behandeln möchte.

PROFESSIONELLE REAKTIONEN AUF UNTERRICHTSSTÖRUNGEN

Vieles haben wir, wenn wir die Vorschläge in diesem Buch berücksichtigen, bereits getan, um Unterrichtsstörungen im Vorfeld zu vermeiden:

- Wir setzen auf ein gesundes, wertschätzendes Klima.
- Wir machen die Schüler stark und selbstbewusst.
- Wir fördern jeden nach seinem Potenzial, sodass schulischer Frust, Demotivation und Minderwertigkeitsgefühle weitgehend vermieden werden.
- Wir setzen auf einen Unterricht, der für die Schüler Sinn macht, d.h. Alltagsnähe und Relevanz für die Jugendlichen.
- Wir setzen ein überschaubares und für alle nachvollziehbares Regelwerk ein.
- Wir schulen uns in der Konfliktlösung und trainieren die sozialen Kompetenzen.
- Wir setzen auf Kooperation und Untertützung.

Dennoch werden wir nachhaltige Unterrichtsstörungen nie ganz vermeiden können. Was ist also mit den ganz normalen „bösen Buben" und „bösen Mädchen"? – Wie sieht hier der professionelle Umgang aus? Wie weit können wir herausforderndes Verhalten im inklusiven Klassenzimmer dulden, und wann und wie müssen wir einschreiten?

Der Maßstab in diesem Bereich ist bei jedem Lehrer individuell verschieden, es gibt jedoch objektive Indizien für Unterrichtsstörungen. Wir haben uns unter den verschiedenen Möglichkeiten auf folgende Definition verständigt:

Definition

Eine **Unterrichtsstörung** liegt vor, wenn die Beziehung der Schüler zum Unterrichtsgegenstand nachhaltig unterbrochen ist.

Mit dieser Definition geben wir den Kollegen einerseits einen willkommenen **Spielraum** für die eigene Einschätzung einer Störhandlung, ermahnen sie jedoch andererseits zur **emotionsfreien Reaktion**. Denn nicht die gestörte Person des Lehrers, sondern der **Unterrichtsfluss** steht im Fokus unserer Störbeurteilung. Es ist völlig verfehlt, wenn wir uns bei jeder Unterrichtsstörung persönlich angegriffen fühlen. Dadurch geraten wir in ein emotionales Spannungsgefüge, das den Blick für eine professionelle Reaktion verstellt. Aus meiner eigenen Schulzeit weiß ich, dass ich zwar häufig störte, aber nie den Lehrer in irgendeiner Form angreifen wollte. Und so wird es auch bei unseren schwierigen Schüler meist der Fall sein. Trotzdem fühlen wir uns häufig durch einen Zwischenruf, einen Scherz oder ein störendes Geräusch ganz persönlich attackiert, und wir reagieren heftig und beleidigt oder gar verletzt, wo eigentlich ein verzeihendes Lächeln oder ein Zeigefinger vor dem Mund ausgereicht hätte. Leider führt diese allzu heftige Reaktion zu einer entsprechenden Gegenreaktion des getadelten Schülers, der den kausalen Zusammenhang zwischen seiner Störung und dem daraus entstandenen Angriff des Lehrers nicht nachvollziehen kann. Es kommt zur Eskalation, und der harmlose Scherz wird zu einer mehr als nachhaltigen Störung.

Und bei den Schülern mit gravierenden Verhaltensproblemen verschließen wir durch solche Abläufe fahrlässig den Zugang für wichtigere pädagogische Maßnahmen. Damit möchte ich auf keinen Fall das Laissez-Faire gutheißen, es geht nur um die **Verhältnismäßigkeit** des Lehrerhandelns.

Tipp

Ein wenig Nachsicht gepaart mit einem Schuss Humor ist ein sehr wichtiger Lehrerbeitrag zur Entwicklung eines positiven Klassenklimas.

Dann werden die Schüler auch eher die Grenzen akzeptieren, die in einem solchen Klima zum Schutz des Lernens gesetzt werden müssen. Wo diese **Grenze** ist, bestimmt jeder Kollege selbst, und dies ganz konsequent bei der Einschätzung und der angemessenen Beseitigung von Unterrichtsstörungen.

Bedenken Sie auch immer, dass die Ursache durchaus auch in externen Faktoren liegen kann. Vielleicht in der Wahl der falschen Sozialform, vielleicht in Tatsachen wie einem überhitzten Klassenzimmer, vielleicht in einem Vorfall, den der Schüler am Morgen erlebt hat. Vielleicht auch bei Ihnen: Fatal ist in diesem Rahmen die **wechselhafte Laune** des Lehrers. Der launische Lehrer ist von den Schüler nicht einzuschätzen und gibt insbesondere den Schülern, die ohnehin Verhaltensprobleme haben, ständig Rätsel über das erwartete Regelverhalten auf. Was der Lehrer an seinen gut gelaunten Tagen mit einem Lächeln quittiert, wird an Tagen mit schlechter Laune mit einer heftigen Negativreaktion geahndet – sei es eine starke Zurechtweisung oder gar eine Sanktion. Diese Verunsicherung hat ernste Folgen besonders für diese Schüler, die doch dringend verlässliche feste Strukturen brauchen. Und sollten wir nach einer Nacht mit Zahnschmerzen wirklich unausstehlich sein, ist es fair, die Schüler auf diesen Zustand und seine Gründe hinzuweisen. Wir sollten bedenken, dass nicht nur die schwierigeren, sondern alle Schüler unter der schlechten Laune des Lehrers leiden und dass für viele Schüler die launischen Kollegen die unbeliebtesten Lehrer überhaupt sind.

Genauso wirken sich **Ungerechtigkeiten** aus, für die die Schüler im Zweifelsfall ein feines Gespür haben.

Der professionell handelnde Kollege reagiert immer **angemessen**, **gelassen** und **respektvoll**. Er stellt zunächst die Störung in Relation zur Wirkung auf die Gesamtklasse und wird zuweilen feststellen, dass der Schüler, der ihn stört, den Unterricht in der Klasse in keiner Weise beeinträchtigt. Da können wir auch das verträumte Mädchen einmal weiterträumen oder den verspielten Jungen mit seinem Spielzeugauto auf dem Tisch spielen lassen. Vielleicht kann ein leichtes Handauflegen ohne Ablenkung für die übrigen Schüler das Problem wirkungsvoller lösen als ein Anpfiff oder eine ironische Bemerkung („Bist du wieder in Wolkenkuckucksheim?"). Hier stört der Lehrer und nicht der Schüler. Grobe Eingriffe des Lehrers sind nun einmal auch massive Unterrichtsstörungen, die zuweilen nachhaltiger sind als drei Worte, die zwei Schüler austauschen. Ein Nichtreaktion kann unter Umständen die professionellste Reaktion sein. Wichtig ist es auch, den Schülern zuzuhören und die Gründe ernst zu nehmen, die hinter der Störung stecken. Wenn der Schüler das Gefühl hat, dass sein Problem gesehen und ernst genommen wird, wird er sich auch ganz anders öffnen und verhalten.

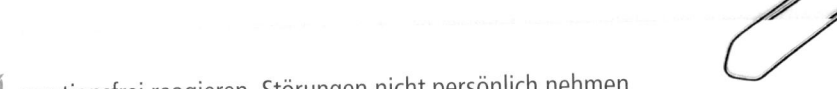

- [x] emotionsfrei reagieren, Störungen nicht persönlich nehmen
- [x] Grenzen klar setzen und konsequent verfolgen
- [x] alle, auch die äußeren Umstände in Betracht ziehen; Gründe betrachten und ernst nehmen
- [x] Schülern zuhören
- [x] eigene Launen und Ungerechtigkeiten vermeiden
- [x] Störungen in Relation zum Unterrichtsfluss betrachten

PROFI IN DER ESKALATION

Aber der Bereich der Unterrichtsstörungen ist ja nur ein Teilbereich der Herausforderungen, die gerade (aber natürlich nicht nur!) Schüler mit oppositionellem Verhalten an den Lehrer stellen. Kritischer wird es für Lehrer und Schüler, wenn, aus welchen Gründen auch immer, Konflikte in der Klasse zu einer **massiven Auseinandersetzung** zwischen Lehrer und Schüler eskalieren. Und das wird immer wieder geschehen und ist auch bei allen Bemühungen um ein gutes Klassenklima unvermeidbar. Denn Schüler mit herausforderndem Verhalten verlieren nun einmal ab und zu die Selbstkontrolle und werden aggressiv, sowohl Mitschülern als auch Lehrern gegenüber.

Wie lassen sich Konflikte im Vorfeld vermeiden, bzw. welches Fundament lässt sich legen, damit wir im Ernstfall damit konstruktiv umgehen können? Auch dazu wurde schon einiges gesagt. Hier ein paar wichtige Punkte, die die zu Beginn des vorangegangenen Abschnitts ergänzen:

- Wir bemühen uns darum, die Lehrer-Rolle natürlich auszufüllen und Echtheit auszustrahlen, somit auch konsequent und verstehbar zu sein.
- Wir bemühen uns um eine Kultur des Zuhörens, des Einhaltens von Gesprächsregeln, des Sich-Verstehen-Wollens und des Interesses füreinander; insofern gehen wir auch den Ursachen von Konflikten auf den Grund, statt sie vorschnell vom Tisch zu wischen.
- Wir bemühen uns um eine echte Beziehung zu den Schülern und um gelingende Verständigung.
- Wir bemühen uns um ein Klima, in dem Wiedergutmachung und Win-win-Situationen vor Pauschalisierungen und Strafen stehen.
- Wir schaffen Struktur und Halt.
- Wir beziehen die Schüler mit ein, wo es geht, beispielsweise in die Unterrichtsplanung wie auch in die Lösung von Konflikten.
- Wir als Lehrer lassen uns regelmäßig Feedback geben und optimieren unser Verhalten.
- Wir wollen in Konflikten nicht der Stärkere sein, sondern verdeutlichen, dass es um Verständigung statt Machtkampf geht.
- Wir trainieren die gewaltfreie Konfliktlösung und das Aufeinander-Zugehen in Rollenspielen etc.
- Wir vermeiden Feindbilder z.B. zwischen Lehrer und Schüler, und bauen diese ab, wenn vorhanden.
- Wir trauen uns auch, Fehler einzugestehen und uns ggf. zu entschuldigen.

— *Informationen z.T. nach: Kurt Singer, PDF „Lehrer-Schüler-Konflikte gemeinsam regeln", www.prof-kurt-singer.de/leitgedanken12.htm*

Aber zu Konflikten wird es dennoch kommen – wenn auch zu erheblich weniger Konflikten. Was ist nun aber zu tun, wenn ein schwieriger Schüler aus vermeintlich nichtigem Anlass eine handfeste Prügelei in der Klasse beginnt und vom Lehrer nicht zu beruhigen ist?

Wie kann der Lehrer den rasenden Schüler zur Ruhe bringen?

In solch extremen Situationen hilft nur eins: **aus der Situation hinausgehen** und **Hilfe holen**.

Noch schwieriger ist es für uns, wenn wir verbal von einem schwierigen Schüler angegriffen und beleidigt werden. Auch hier hilft keine Gegenattacke, sie führt höchstens zu einer nicht mehr steuerbaren Eskalation.

Der erste Schritt ist der Verweis des Schülers aus der Klasse, um die Situation zu entzerren. Wenn der Schüler der Aufforderung folgt, können wir mit dem Schüler draußen reden oder aber, wenn die Situation dafür zu aufgeladen ist, entweder zum Klassenlehrer, zum Schulsozialarbeiter oder im Notfall auch zum Schulleiter gehen.

Wenn der Schüler jedoch so erregt ist, dass er keine Anweisung befolgt und die Klasse nicht verlassen will, sollten wir die Lage dadurch entzerren, dass wir die Klasse verlassen und den Klassenlehrer oder den Schulsozialarbeiter zu Hilfe holen. Diese Entzerrung einer Krisensituation ist in keiner Weise als Schwäche anzusehen, sondern ein Indiz für professionelles Handeln.

Tipp

Auf keinen Fall sollten wir schwere Lehrer-Schüler-Konflikte vor der Klassenöffentlichkeit austragen.

Natürlich können wir den schwierigen Schüler mit Strenge und verbaler Härte und unter Umständen auch mit Sanktionen in die Schranken weisen, wenn der Schüler ansprechbar ist. Aber welchen Gewinn haben wir davon? – Wir sind dann zwar der Sieger in der Auseinandersetzung, aber wir haben unseren **Bonus als Erzieher und Freund** bei diesem Schüler verspielt. Außerdem haben wir durch unser hartes Vorgehen auch bei den übrigen Schülern eine gewisse Furcht erzeugt und werden bei ständiger Wiederholung solcher Reaktionen auch unseren positiven Einfluss bei den übrigen Schülern verringern. Noch schlimmer ist es allerdings, wenn wir diesen Machtkampf mit dem Schüler verlieren, denn wir verlieren dann auch einen großen Teil unserer Autorität.

Deshalb gibt es im Prinzip nur eine Möglichkeit der professionellen Reaktion: Entzerrung und Deeskalation durch die Schaffung von räumlicher Distanz.

Methode

Räumliche Entzerrung und Deeskalation

Wenn ein Förder- und ein Regelschullehrer gemeinsam in der Klasse sind, geht der **unbeteiligte** Kollege mit dem Schüler nach draußen, um den Konflikt in einem ruhigen Gespräch nach der Win-win-Methode zu klären und eventuell zu beseitigen. Der Kollege hat in diesem Fall die Möglichkeit, in einer unaufgeregten guten Gesprächssituation den Konflikt ohne Schuldzuweisung mit dem Schüler aufzuarbeiten. Er kann auf die Gründe und auf die Argumentation des Schülers eingehen und ihm seinen Respekt vermitteln, ohne den beteiligten Kollegen in irgendeiner Form zu diskreditieren. Er ist glaubwürdig, wenn er dem Schüler über klare Ich-Botschaften den Konflikt darstellt und hierbei auch die Position des beteiligten Kollegen vertritt. Der Schüler hat die Chance, seine Sichtweise darzustellen und mit der Lehrerposition abzugleichen. Gemeinsam entwickeln beide Gesprächspartner Möglichkeiten zur Konfliktlösung und zu veränderten Strategien in ähnlichen Fällen. Der am Konflikt beteiligte Kollege wird später in einem 3er-Gespräch einbezogen und kann sein Einverständnis erklären oder Änderungsvorschläge einbringen.

Sollte bei einer massiven, in der Klasse nicht behebbaren Schülerprovokation, wie bei einem Gewaltangriff in der Klasse oder einem verbalen Angriff auf den Lehrer, der Förderlehrer nicht als zweites Teammitglied im Klassenraum anwesend sein, was z.B. in Fachlehrerstunden der Fall sein kann, muss an Stelle des zweiten Teammitglieds eine **andere Instanz** das Gespräch mit dem beteiligten Schüler außerhalb der Klasse führen. Das kann in erster Linie ein Mitglied des Inklusionsteams, ersatzweise der Schulsozialpädagoge, ein Beratungslehrer oder ein Schulleitungsmitglied sein. Diese Instanz ist standortspezifisch festzulegen, damit auch die teilweise auf sich gestellten Fachlehrer in der inklusiven Klasse eine abgesicherte Möglichkeit zur räumlichen Entzerrung haben. Sollte ein Trainingsraum mit entsprechenden Beratungslehrern installiert sein, bietet sich auch dieser als Ort zur Beruhigung an (siehe dazu auch S. 120).

Schwierig wird die Situation des neutralen Moderators natürlich dann, wenn die Eskalation so weit fortgeschritten ist, dass es schon zu erheblichen Respektlosigkeiten auf beiden Seiten gekommen ist. Denn in solchen Fällen wird es für den Schüler, aber auch für den am Konflikt beteiligten Lehrer nicht leicht sein, eine einvernehmliche Lösung zu finden. Daher müssen wir schon ein Gespür für aufziehende Gewitter haben, um rechtzeitig auf drohende Steigerungen einer Auseinandersetzung zu reagieren. Im gesamten System des Umgangs mit den schwierigen Schülern versuchen wir immer wieder, durch professionelles Verhalten die Möglichkeiten zu pädagogischen Handlungsstrategien aufrechtzuerhalten, und dazu gehört auch beim Lehrer ein gehöriges Maß an Selbstbeherrschung. Ein authentisches Lehrerverhalten ist auch gekennzeichnet durch die **Zügelung der eigenen Emotionen**, wenn sie zu Verletzung bei unseren Schülern führen. Nicht nur nach dem Motto, dass der Klügere nachgibt, sondern auch als **Vorbild** für den respektvollen Umgang miteinander – für alle Schüler und in besonderem Maße die mit herausforderndem Verhalten, auch dann, wenn ihr Verhalten die Grenzen des Erträglichen überschreitet.

Wir müssen uns bei allem Verhalten gegenüber diesen Schülern darüber im Klaren sein, dass unser Lehrerverhalten dem Schüler seine eigene **Wertigkeit** spiegelt. Wenn er sich grundsätzlich missachtet fühlt, wird ihn das kaum zu einer Verhaltensänderung motivieren. Erkennt er jedoch bei dem Lehrer trotz aller notwendigen Kritik **Anerkennung und Wertschätzung**, wird diese Erkenntnis ihn eher dazu ermutigen, diesem Bild gerecht zu werden. So wie nicht nur Erstklässler, sondern viele Schüler für ihre Lieblingslehrer besser und leichter lernen als für gefürchtete und unbeliebte Lehrer, so verhalten sich auch schwierige Schüler. Wenn sie bei einem Lehrer Zuwendung und Beachtung spüren, sind sie eher zu einer Veränderung ihrer Verhaltensstrukturen bereit. Das gilt nicht nur für die Klassenlehrer, sondern in gleichen Maße auch für jeden Fachlehrer; denn jeder Lehrer hat die Möglichkeit, auch einem schwierigeren Schüler gegenüber Achtung und Wohlwollen zu zeigen und vielleicht auch ein wenig Toleranz und Geduld – selbst dann, wenn es schwerfällt!

DER TIMEOUT-PROZESS ALS EIN LÖSUNGSANSATZ

In ihren Empfehlungen zur Umsetzung der UN-Behindertenrechtskonvention im Bereich der allgemeinen Schulen in NRW vom Juni 2011 haben die Autoren Klaus Klemm und Ulf Preuss-Lausitz unter Punkt 3.3.8 Timeout-Raum (Schulstation) auf der Seite 106 die Schaffung einer Timeout-Möglichkeit für die Inklusion empfohlen:

> Die inklusive Schule hat für Krisenfälle eine Timeout-Einrichtung zu schaffen (Trainingsraum, Schulstation, Oase oder andere Namen), in die kurzfristig Schüler/innen aufgenommen werden können, die den Unterricht massiv erschweren. Timeout-Einrichtungen stellen eine Entspannungssituation für den Unterricht her und schaffen zugleich oft erst die Möglichkeit, dass ein in der Krise befindliches Kind sich öffnet (vgl. Bründel/Simon 2007 und Claßen/Nießen 2006 zum Trainingsraumkonzept, Nevermann 2004 zur Schulstation.)

Hier wird kein beliebiger Ratschlag erteilt, sondern eine **unabdingbare Forderung** zur Unterstützung der Inklusion erhoben.
Eine Vorform des Timeout haben wir bereits im Abschnitt „Profi in der Eskalation" kennengelernt. Bei der institutionellen Einrichtung, die Klemm/Preuss-Lausitz fordern, geht es um einen Prozess für Schüler, die den Unterrichtsfluss massiv beeinträchtigen.

Im inklusiven Klassenverband haben wir auch Schüler, die extrem unter den Unterrichtsstörungen leiden, weil es für sie schwerer als für andere ist, den roten Faden des Unterrichts wieder aufzunehmen, wie z.B. Schüler mit massiven Lernschwierigkeiten (siehe dazu auch S. 23). Diese brauchen z.T. längere Zeit, um die Gedanken wieder zu ordnen. Aus diesem Grund haben wir uns bei unserem Inklusionskonzept auf das Trainingsraumprogramm nach E. Ford verständigt, weil wir hier die beste Möglichkeit für eine inklusiv arbeitende Hauptschule sahen, die Unterrichtsstörungen zu minimieren, und gleichzeitig auch eine gerechte Form der Behandlung auch der schwierigen Schüler sahen.

Der Trainingsraum ist ein eigens eingerichteter Raum in der Schule, in dem einige Sitzplätze sowie gesondert, z.B. durch eine Trennwand abgetrennt, ein Bereich für das persönliche Gespräch zur Verfügung stehen. Er ist den ganzen Schultag lang durch einen entsprechend fortgebildeten Lehrer (ganz gleich, ob Fach- oder Förderlehrer) besetzt. Das Entscheidende an dem Konzept ist, dass Sanktionen, wie sie sonst im Schulalltag üblich sind, ersetzt werden durch **umfangreiche Beratungen** der Schüler und, wo nötig, auch der Eltern.

Im Folgenden möchte ich kurz den Ablauf des Prozesses darstellen.

Ablauf des Programms in der schematischen Darstellung

Bei einer nachhaltigen Unterrichtsstörung erfolgt

die ausdrücklicke Ermahnung durch den Lehrer, die im Klassenbuch notiert wird. Es gibt nun zwei Möglichkeiten:

1. Der Schüler unterlässt weitere Störungen während der laufenden Stunde, und die Sache ist erledigt.

2. Der Schüler stört erneut in der Stunde und wird mit einem Infozettel in den Trainingsraum entsandt.

Dort reflektiert er sein Verhalten, und mit Hilfe des Trainingsraumlehrers wird ein Rückkehrplan entwickelt.
Er kehrt zur Klasse zurück und zeigt dem Lehrer seinen Plan.
Auch jetzt gibt es wieder zwei Möglichkeiten:

1. Der Lehrer stimmt dem Plan zu. Die Sache ist erledigt.

2. Der Lehrer ist nicht einverstanden. Der Schüler geht zur erneuten Beratung in den Trainingsraum.

Der Schüler wird noch einmal beraten und korrigiert seinen Plan.

Im Prozess kommt es demnach zu folgendem Ablauf:
Bei einer nachhaltigen Unterrichtsstörung erfolgt eine **ausdrückliche Ermahnung**, die den Schüler höflich auf sein Fehlverhalten aufmerksam macht: „Peter, ich erteile dir eine ausdrückliche Ermahnung, weil du durch dein Reden den Unterricht störst. Wenn du weiter störst, werde ich dich in den Trainingsraum entsenden!"
Der Schüler weiß nun, dass sein Verhalten störend wirkt und dass eine weitere Störung Konsequenzen haben wird.
Die Klasse weiß, dass der betreffende Lehrer die Regeln des Trainingsraumprogramms in seinem Unterricht anwendet. Das ist besonders wichtig für Fachlehrer und für Kollegen in Vertretungsstunden.
Es gibt nach der ausdrücklichen Ermahnung keine weitere für den betroffenen Schüler. Der Lehrer vermerkt die ausdrückliche Ermahnung im Klassenbuch oder an der Tafel.

Wenn der Schüler in der laufenden Stunde nicht mehr stört, ist die Angelegenheit ohne weitere Konsequenzen erledigt.

Bei der nächsten nachhaltigen Störung muss in jedem Fall die **Entsendung in den Trainingsraum** erfolgen. Ob eine Störung nachhaltig ist, entscheidet der Lehrer nach seiner persönlichen Einschätzung. Dabei sollten wir nicht zu kleinlich sein und nicht bei der kleinsten Bewegung schon in den Prozess einsteigen. Manchmal genügt bereits ein Blick, um den Schüler zur Ruhe zu ermahnen.

Auf keinen Fall dürfen wir an dieser Stelle unterschiedliche Maßstäbe anlegen. Ganz wichtig ist besonders bei den Schülern mit dem sonderpädagogischen Förderbedarf emotionale und soziale Entwicklung, dass sie nicht das Gefühl bekommen, einen besonderen Verhaltensrabatt zu erhalten, auf der anderen Seite dürfen sie sich natürlich auch nicht strenger als die übrigen Schüler behandelt fühlen.

Da die Entsendung nicht mit einer Sanktion verbunden ist, gibt es in der Regel auch keine Diskussion zwischen dem Lehrer und dem Schüler, der entsandt wird.

Der Schüler begibt sich also auf direktem Weg mit einem **Informationsblatt** für den Trainingsraumlehrer (TR-Lehrer) zur **Beratung in den Trainingsraum**.

Hier wartet er ruhig darauf, dass der Lehrer ihn zu seinem Tisch bittet, um mit ihm **sein Verhalten**, **die Folgen seines Verhaltens** für die übrigen Schüler und **mögliche Strategien zur Verhaltensänderung** zu besprechen.

Nach dem Gespräch begibt der Schüler sich an einen freien Platz im Trainingsraum und schreibt seinen **Rückkehrplan**. Hier hält er noch einmal fest, weshalb er die Klasse verlassen musste, und gibt auch Hinweise für seine geplanten Verhaltensänderungen. Er legt den Plan noch einmal dem TR-Lehrer vor. Dieser überprüft ihn und notiert den Trainingsraumaufenthalt in der Klassenliste.

Anschließend begibt der Schüler sich ohne Verzögerung **in die Klasse zurück** und gibt dem Lehrer seinen Plan. Wenn der Lehrer den Plan akzeptiert, ist die Sache erledigt. Gibt es jedoch Probleme wegen falsch dargestellter Tatbestände oder unzureichende Strategien zur Verhaltensänderung, bittet der Lehrer den Schüler, noch einmal zur Beratung in den Trainingsraum zu gehen.

Es gab in den acht Jahren Trainingsraumprogramm, die ich begleitet habe, nur zwei Fälle, in denen zur Klärung des Sachverhaltes ein 3er-Gespräch zwischen dem Trainingslehrer, dem entsendenden Kollegen und dem Schüler zur endgültigen Klärung nötig war. Das Konzept enthält eine Reihe von Regeln, die den Prozess schützen. So müssen die Schüler sich unverzüglich zum Trainingsraum begeben. Wer sich weigert, wird sofort von jedem Unterricht ausgeschlossen und kann erst in Begleitung des Erziehungsberechtigten wieder in die Schule zurückkehren (eine musterhafte Elternmitteilung finden

Sie im Download, diese müssen Sie dann den jeweiligen Umständen anpassen .) Diese Sanktion tritt auch in Kraft, wenn Schüler im Trainingsraum nachhaltig stören oder den Rückweg ungebührlich lange ausdehnen. Und um einen ungehemmten „Trainingsraumtourismus" zu unterbinden, und auch schwierige Schüler zur nachhaltigen Selbstkontrolle zu motivieren, wird der Schüler auch vom weiteren Unterricht ausgeschlossen, wenn er zum dritten Mal an einem Tag zum Trainingsraum entsandt wird. Durch diese Regelungen ist gewährleistet, dass der Prozess von allen Beteiligten **ernst genommen** und in keiner Weise verwässert wird. Die Eltern der ausgeschlossenen Schüler haben ohne Ausnahme den Ausschluss ihres Kindes akzeptiert und sind meistens am nächsten Tag mit ihrem Kind zur Besprechung beim Schulleiter erschienen. Es gab im ersten Jahr insgesamt 14 Ausschlüsse im Rahmen des Trainingsraumprogramms, von denen ein besonders schwieriger Schüler alleine zehn Ausschlüsse zu verantworten hatte.

Bei einer Schülerbefragung am Ende des ersten Prozessjahres zeigte sich, dass alle schwierigen Schüler dem Trainingsraumprogramm sehr positiv gegenüberstanden. Das ist vollkommen klar, denn **an die Stelle früherer Sanktionen und Klassenkonferenzen waren jetzt Beratungen getreten**.

Die zweithöchste mögliche Note wurde übrigens in einer Befragung im Durchschnitt auch von den Eltern für die Einrichtung des Trainingsraums erteilt, auch von denen der Schüler, die herausfordernde Verhaltensmuster aufwiesen. Sie waren durch die prozessimmanente Elternberatung am meisten von dem Prozess betroffen, zeigten sich jedoch sehr kooperationsbereit. In vielen Fällen kam es zu einer echten Erziehungspartnerschaft zwischen der Schule und den Eltern. Und es zeigte sich, dass die Eltern auch eher bereit waren, mit der Schule gemeinsam nach außerschulischen Unterstützungsstrukturen für die schwierigen Schüler zu suchen. Nie zuvor war eine fruchtbarere Zusammenarbeit zwischen den Eltern schwieriger Schüler und den Lehrern festzustellen.

Denn die Dokumentationen im Rahmen des Prozesses waren so deutlich und aussagekräftig, dass der bei Klassenkonferenzen übliche Widerstand der Eltern in den Beratungen keine Rolle spielte: Alle Vorgänge im Rahmen des Trainingsraumprozesses werden **schriftlich festgehalten** und **alle Rückkehrpläne kopiert** und **aufbewahrt**. Dadurch waren wir jederzeit in der Lage, **Entwicklungen** und **Veränderungen** zu erkennen und darauf zu reagieren und mit den Eltern auf der Grundlage gesicherter Tatsachen zu verhandeln.

Denn eingebunden in den Prozess war eine **institutionelle Elternberatung**, die nach neun Trainingsraumaufenthalten automatisch mit der Beratungslehrerin stattfand und nach jeweils weiteren sechs Besuchen fortgeführt wurde. Bei diesen Beratungen konnten wir auf unsere dokumentierten Fakten zurückgreifen. Dadurch entstand sehr schnell eine vertrauensvolle Atmosphäre, weil es keine Streitigkeiten wegen falsch dargestellter Fakten gab.

Die Beratungsgespräche mit den Schülern und Eltern waren ehrlich, vertrauensvoll und kooperativ. Wir bekamen eine ganze Menge von Informationen, die in der angespannten Situation von sanktionären Elterngesprächen nie ausgetauscht worden wären. Aber auch die schwierigen Schüler vertrauten den TR-Lehrern Informationen an, die uns ein ums andere Mal überraschten, wie z.B. im „Testament der Ruhe" (siehe S. 22) oder auch in folgendem Rückkehrplan eines schwierigen Schülers:

1. Ich beschreibe mein Verhalten, weshalb ich aus der Klasse gegangen bin:
   Ich störte den Unterricht und muste in den Trainingsraum (störte dann auf dem Flur mit gesinge).

2. Wenn ich unsere Regeln breche, entscheide ich mich damit in den **„Raum für verantwortliches Denken"** (RvD) zu gehen, um über **mein** Benehmen, **meine** Handlungsweise und **mein** Auftreten nachzudenken.
   So will ich mein Verhalten verbessern:
   *Ich ändere mich und möchte die Frau ▉▉▉ bitten um ein Beratungsgespräch zwischen mir, Herr Claßen und Ihr. Mir fehlt irgendetwas damit ich einschlafen kann oder Nicht störe.
   Ich denke nach dem Gespräch von Samstag das ich ein Problem mit mir hab.
   Und möchte Frau ▉▉▉ bitten mir zu helfen.*

3. Vereinbarung: Ich möchte wieder im Klassenverband mitlernen und mein Recht auf störungsfreien Unterricht wahrnehmen und die Regeln einhalten.
   Ich verpflichte mich, meinen Plan einzuhalten!

Auf der Basis dieses Rückkehrplanes kam es zu einem erneuten Elterngespräch, in dem die Eltern unser Hilfeangebot zur Einleitung einer ausführlichen Diagnostik annahmen. Bei dem Schüler wurde ein schweres ADHS festgestellt. Er erhielt entsprechende Medikamente und konnte danach sein volles Leistungspotenzial ohne wesentliche Verhaltensauffälligkeiten ausschöpfen. Ähnliche Erfahrungen konnten wir in vielen Schülerberatungen, aber auch Elternberatungen machen, und wir konnten in vielen Fällen ein genaues Unterstützungsangebot entwickeln. Auf der anderen Seite sank die Anzahl der Lehrerkrankheitstage signifikant, und das Klima innerhalb des Kollegiums verbesserte sich deutlich. Denn die Lehrer hatten ein Lösungsmuster für die schwierigen Schüler zur Verfügung, das eine gelassene, professionelle und vor allem konfliktarme Reaktion auf Störungen ermögliche. Die konsequente Durchführung des Trainingsraumprozesses hat bei allen Kollegen zu einer wesentlichen Neuorientierung in der Behandlung von Unterrichtsstörungen geführt. Kollegen, die vorher aus Scheu vor Lehrer-Schüler-Konflikten keine deutlichen Grenzen gesetzt hatten, sahen sich jetzt in der Lage, Unterrichtsstörungen stressfrei und ohne Konfliktsituationen zu minimieren. Auf der anderen Seite wurden die Kollegen, die bislang mit Strenge und harter Hand die Unterrichtsstörungen unterbunden hatten, nun gelassener und sanfter, weil sie durch den Prozess die Unterrichsstörungen viel effizienter behandeln konnten. Am deutlichsten waren jedoch die Vorteile für die Fachlehrer, die jetzt wesentlich unbelasteter in den für sie weniger vertrauten Klassen arbeiten konnten.

Im Download finden Sie übrigens noch ein **Vorstellungsschreiben**, in dem das Trainingsraum-Konzept den Eltern präsentiert wird.

Zehn Voraussetzungen für einen erfolgreichen Prozessablauf

1. Der Prozess gilt ausschließlich für Unterrichtsstörungen.
2. Der Prozess ist absolut sanktionsfrei.
3. Der Prozessablauf wird konsequent eingehalten: Ermahnung – Entsendung, nicht Rauswurf – Ausfüllen des Infozettels – qualifizierte Beratung im Trainingsraum – respektvolle Behandlung bei der Rückkehr – kein erneutes Anspielen auf den Vorfall – konsequenter Ausschluss bei Verstößen gegen die Prozessstruktur.
4. Die Trainingsraumlehrer werden speziell ausgebildet.
5. Alle Kollegen akzeptieren den Prozess, und kein Kollege arbeitet dagegen.
6. Prozessunabhängig arbeitende Kollegen beschränken sich auf legale Sanktionen (keine illegalen Ausschlüsse).
7. Die Struktur des Prozesses wird durch die Schulleitung gewährleistet.
8. Die Beratung von Eltern und Schülern ist nach festen Rhythmen geregelt.
9. Es gibt eine klare Dokumentation in allen Bereichen.
10. Der Trainingsraum ist zu den festgelegten Zeiten zuverlässig von einem Trainingsraumlehrer besetzt.

ERWEITERUNG DES PÄDAGOGISCHEN HANDLUNGSRAHMENS 4

ENTWICKLUNG EINER ADÄQUATEN BERATUNGS- UND GESPRÄCHSKULTUR

Im Laufe der bisherigen Erläuterungen wurde klar: Ein wesentlicher Bestandteil der Lehrertätigkeit in der Inklusion ist die Beratung auf allen Gebieten.

Mit den Sachzwängen der Kooperation sowohl innerhalb des Kollegiums als auch mit den Eltern und schulfremden Institutionen müssen auch auf allen Ebenen neue Kommunikationsstrukturen entwickelt werden. Besonders für die inklusive Erziehung gilt der Spruch von Professor Dr. Jörg Schlee:

Kommunikation ist nicht Alles.
Aber ohne gelingende Kommunikation ist Alles Nichts.

Damit wird ein wesentlicher Faktor im Umgang mit den Schülern verschiedener Begabungsrichtungen und Verhaltensstrukturen in der inklusiven Erziehung angesprochen. Die **Kommunikation auf allen Ebenen** bedarf einer professionellen Optimierung, damit die Vernetzung der Maßnahmen und Förderungen den Bedürfnissen des individuellen Schülers angepasst ist. Dabei spielt der Lehrer als Moderator die wichtigste Rolle. Leider ist die Bedeutung der kommunikativen Kompetenz bisher häufig unterschätzt worden. In der Inklusion wird sie jedoch auf allen Ebenen eine neue Qualität bekommen müssen.

INNERHALB DES KOLLEGIUMS

Mit dem Eintritt in die Inklusion ist die Zeit des Einzelkämpfers hinter verschlossenen Türen vorbei. Neben der bereits besprochenen ständigen Kommunikation der Inklusionsteams miteinander, ist auch der Informationsaustausch mit den Fachlehrern, den Kollegen der Parallelklassen und der Stufe, der Schulleitung, anderem Fachpersonal etc. ständig erforderlich.

Wenn ein Schüler bei einem Fachlehrer ausrastet, kann dieser sich ohne Probleme dem Team anvertrauen, um Erklärungen zum Schülerverhalten zu bekommen und mit dem Team gemeinsam Strategien für die zukünftige Behandlung des jeweiligen Schülers zu entwickeln. Und hier wird sehr schnell deutlich, dass besserwisserische Ratschläge völlig fehl am Platze sind. Hier ist **Kooperation** gefragt. Belehrung wäre tödlich für das Betriebsklima. Das gilt natürlich besonders für die Beziehung zwischen den Förder- und den Regelschullehrern.

Zu Beginn der integrativen Arbeit an unserer Schule gab es, wie zuvor schon angedeutet, enorme persönliche Verwerfungen zwischen den beiden Lehrergruppen – eine reibungslose Zusammenarbeit ist da leider keine Selbstverständlichkeit. Die Hauptschullehrer waren nach Meinung der Förderlehrer zu leistungsbezogen und unsensibel, und die Förderlehrer wurden ihrerseits der Leistungsfeindlichkeit und Kuschelpädagogik bezichtigt. Dies führte zu einer hohen Fluktuation von frustrierten Förderlehrern. Erst nach und nach bildeten sich verlässliche Teams, die ohne Standesdünkel eine gemeinsame Linie der Inklusionspädagogik betrieben. An diese Teams konnten Fachlehrer ohne Probleme andocken, weil auch ihre besonderen Bedürfnisse in das inklusive Konzept der Klasse einbezogen wurden.

Wichtig war auch die Ausweitung der Kooperation auf **größere Arbeitsgruppen**, wie Stufen- und Gesamtkonferenzen. Hier gilt immer wieder das Prinzip des offenen und kooperativen Miteinanders auf der Grundlage einer professionellen Gesprächskultur. Es ist schon ein Unterschied, ob der Fachlehrer in der Pause den Klassenlehrer von Kevin mit den Worten anspricht: „Dein Kevin war heute furchtbar!", oder ob er sagt: „Ich hatte heute große Probleme mit Kevin. Kannst du mir sagen, was mit dem Jungen los ist?" Während die erste Aussage auch durch das Wort „dein" einen Angriff auf den Klassenlehrer darstellt, beinhaltet die zweite neben der ehrlichen Ich-Botschaft auch die Bitte um Zusammenarbeit.

Es ist nicht selbstverständlich, dass Kollegen, die jahrelang als Einzelkämpfer gearbeitet haben, sich dieser Form von kollegialer Gesprächskultur bedienen. Daher halte ich es für unumgänglich, bei den kollegialen Fortbildungen der ersten Zeit unbedingt das Thema **Gespächskultur** und **Kommunikationsverhalten** zu bearbeiten, um Missverständnisse und unnötige Reibungsflächen im innerkollegialen Gespräch zu vermeiden.

Ein Sonderfall der innerkollegialen Gesprächskultur ist die **innerkollegiale Supervision**, die in inklusiv arbeitenden Schulen sehr sinnvoll ist. Hier geht es um Professionalisierung des beruflichen Handelns sowie die psychische Entlastung im Alltag. Dazu einige grundsätzliche Informationen:

Das Ganze findet in Gruppen von vier bis acht Personen statt. Die Gruppe trifft sich in regelmäßigen, nicht zu langen Abständen, beispielsweise alle zwei bis vier Wochen. Für ein Treffen sind zwei bis drei Stunden anzusetzen, allerdings kann die Zeit reduziert werden, wenn die Gruppe schon vertraut miteinander ist. Wesentlich ist es, ein allgemeines Klima des Vertrauens zu schaffen.

Die Besprechungen finden in festen Phasen statt, und es gibt, wie aus der folgenden Tabelle ersichtlich wird, unterschiedliche Rollen. So oder so ähnlich (es gibt leicht variierende Grundsätze) kann die Fallberatung ablaufen:

Ablaufschema zur Kollegialen Beratung

Zeit	Methode	Rat Suchender	Beratende Gruppe	Regeln/Stichworte
5'	Rollenverteilung			Wer bringt den Fall ein? Wer berät, wer moderiert?
5'	Vorstellung des Falls	beschreibt die Situation und formuliert eine Fragestellung	hört zu und macht sich Notizen	noch nicht nachfragen!
15'	Befragung	antwortet differenziert	interviewt den Rat Suchenden	nur Verständnis- und Informationsfragen, keine Probleminterpretationen!
10'	Hypothesen	geht aus der Runde und hört zu	berät sich: es werden Hypothesen, Vermutungen, Eindrücke geäußert	noch keine Lösungen entwickeln!
5'	Stellungnahme	kehrt zurück, ergänzt und korrigiert	hört zu und korrigiert ggf. die Aufnahme ihrer Hypothesen	keine Diskussionen!
10'	Lösungsvorschläge	geht aus der Runde, hört intensiv zu und macht sich Notizen	jeder sagt (oder schreibt auf), was er an Stelle des Rat Suchenden tun würde	keine Diskussionen!
10'	Entscheidung	teilt mit und begründet in der Runde, welche Hypothesen angenommen werden und welche Vorschläge er umsetzen möchte	hört zu	keine Diskussionen!
5'	Austausch	äußert, wie es ihm geht	‚Was nehme ich mit aus dem Gespräch?' und persönliche Anmerkungen	Anregungen und Verbesserungsvorschläge für das Schema

— *Informationen nach: Haug-Benien, R. (1998): Kollegiale Beratung – Ein Fall nicht nur für zwei. hiba transfer, Ausgabe III-1998. heidelberger institut beruf und arbeit*

Besonders bei immer wieder auftauchenden Fragen zu den schwierigen Schülern ergeben sich bei diesem System der innerkollegialen Supervision und Beratung ungeahnte Möglichkeiten durch die Bündelung der verschiedensten Kompetenzen. Für den Start in diese Beratungsstruktur wäre eine professionelle Begleitung durch einen ausgebildeten Supervisor durchaus vorteilhaft. Es gibt aber auch Fortbildungen für Lehrer. Wenn ein Kollege an einer solchen Fortbildung teilgenommen hat, kann er als Multiplikator für das gesamte System tätig sein. Wir haben dieses Verfahren in mehreren Gruppen mit Erfolg durchgeführt. Es lohnt sich!

Literaturtipp: Hier erfahren Sie mehr zum Thema:
Ralph Zeiler: Kollegiale Fallberatung in der Schule. Warum, wann und wie?
Verlag an der Ruhr, 2012. ISBN 978-3-8346-2235-8

IN DER SCHÜLERBERATUNG

Wenn es uns gelingt, im innerkollegialen Bereich eine angemessene Gesprächskultur zu entwickeln, wird es kein Problem sein, dies auch auf die Schülerberatung zu übertragen. Gerade im Hinblick auf Schüler mit herausforderndem Verhalten ist auch auf der Lehrer-Schüler-Ebene eine angemessene respektvolle Kommunikation unerlässlich. Wenn wir bei diesen Schülern Veränderungen erreichen wollen, müssen sie ansprechbar sein. Und es liegt zum großen Teil daran, wie wir sie ansprechen.

Diese Schüler reagieren sehr stark auf sprachliche Nuancen, viele sind schnell beleidigt und nur schwer zu beruhigen, wenn sie sich falsch behandelt oder auch so angesprochen fühlen. Wenn es auch manchmal sehr schwer fällt, wir sind die Profis und müssen die Gespräche auch professionell führen. Dabei können wir dann auf die Erkenntnisse der schon zuvor angemahnten Kommunikationsfortbildung zurückgreifen. Hier werden im Zweifelsfall vor allem die Kommunikationstheorien von Paul Watzlawick und Friedemann Schulz von Thun angesprochen, um grundsätzlich das Bewusstsein für kommunikative Zusammenhänge zu verdeutlichen.

Schulz von Thun gibt in seinem **Vier-Seiten-Modell (auch Kommunikationsquadrat)** eine Erklärung für die unterschiedlichen Möglichkeiten, eine Nachricht zu deuten, je nach persönlicher innerer Ausrichtung des Empfängers. Demnach kann eine Nachricht vom Empfänger auf vier verschiedenen Ebenen interpretiert werden:

» der Sachebene *(Wahrnehmen einer reinen Sachinformation)*
» der Beziehungsebene *(Wahrnehmen einer Information darüber, wie der Sprechende zum Hörenden steht und was er von ihm hält)*

>> der Selbstoffenbarungsebene *(Wahrnehmung einer Information über den Sprechenden)*
>> der Appellebene *(Wahrnehmung eines Appells/einer Aufforderung des Sprechenden an den Zuhörenden)*

Nehmen wir ein schulisches Beispiel, kann Ihr Satz: „Paul ist jetzt auch da" unterschiedliche Konnotationen haben und von einem Schüler auch unterschiedlich, ggf. falsch, interpretiert werden:

>> Paul ist angekommen.
>> Sie sind der Meinung, dass Paul sich ständig verspätet.
>> Sie haben sehr dringend auf Paul gewartet.
>> Sie appellieren an Paul, beim nächsten Mal pünktlicher zu kommen, sich zu entschuldigen o.Ä.

Dieses Modell, das als Einstieg in fast alle Fortbildungen zu Kommunikationstechniken benutzt wird, zeigt in sich schon die Problematik jeder Art von Kommunikation und sensibilisiert für die Komplexität von Kommunikation und für Gründe und Arten von Missverständnissen. Auch Watzlawick zielt auf u.a. den Einfluss von der Art der Beziehung auf die Kommunikation ab.

Selbst bei intensiver Fortbildung im Bereich der Kommunikationstechniken gibt es im Schülergespräch noch eine ganze Reihe zusätzlicher Hürden.
Die erste Schwierigkeit beim Schülergespräch liegt im **Problem der Gleichwertigkeit**. Sowohl in der Sprachkompetenz als auch im Habitus und in der persönlichen Position innerhalb der Schule treffen mit Schüler und Lehrer zwei völlig unterschiedliche Partner aufeinander. Die Aufgabe des Lehrers wird zunächst darin bestehen, dass er seine Vorteile nicht ausspielt, sondern eine **gemeinsame Gesprächsebene** findet. Schon der Anflug des Verdachts, wie ein minderwertiger Gesprächspartner behandelt zu werden, löst bei dem schwierigen Schüler Misstrauen und Abwehr aus. Selbst wenn es um durchaus berechtigte Kritikgespräche geht, können diese Gespräche in einem Klima von positiver Zuwendung ablaufen.
Es ist für den Lehrer im Zweifelsfall nicht schwer, einen Schüler sprachlos zu machen, aber es sei auch die Frage gestattet: „Wem hilft das?" Die verbale Besiegung des Schülers empfindet dieser auch als persönliche Niederlage. Wenn es uns gelingt, das Schülergespräch durchaus kritisch, aber auch verständnisvoll zu führen, wird es auch eher möglich sein, mit dem Schüler in einen echten Dialog einzutreten.
Allerdings müssen wir uns vergegenwärtigen, dass solche Gespräche nicht nur bei kleineren Unterrichtsstörungen stattfinden, wo in einer gelösten Atmosphäre gemein-

sam Lösungsstrategien zu Verhaltensänderungen gesucht werden und die unter Umständen durch den Timeout-Prozess abgewickelt werden. Viel schwieriger werden die Gespräche bei **schweren Regelverstößen**, wie körperlichen Übergriffen gegen Mitschüler, schweren Beleidigungen auch von Lehrern, Drogendelikten, Vandalismus, sexistischen oder rassistischen Angriffen, räuberischer Erpressung bis hin zu Aktionen, die bei Strafmündigkeit sogar zu einer Anzeige führen könnten. Denn hier fühlt sich der Schüler durch die drohenden Sanktionen von Beginn an in eine Verteidigungssituation gedrängt, die ihn zu höchster Vorsicht veranlasst. In all diesen schweren Fällen bedarf es einer enormen Professionalität, um die aggressiven Schüler mit dem gebotenen Respekt zu behandeln. Und es wird sicher nicht immer gelingen.

Aber wenn die Grundhaltung des Lehrers geprägt ist von **Verständnis und Akzeptanz der Andersartigkeit** dieser Schüler, ist er auch in der Lage, professionell auf schwere Regelverstöße und Provokationen zu reagieren. Der professionell agierende Kollege wird sich zunächst auf der **reinen Sachebene** bewegen, um möglichst wenig Anlässe zu emotionalen Ausbrüchen zu geben. Hier geht es im Gespräch nicht um Schuldzuweisungen und Vorwürfe, sondern um die **Fakten** (z.B. schwere gefährliche Körperverletzung) und in der zweiten Linie um die **Motive** des Fehlverhaltens.

Die nötige Distanz bei diesen Gesprächen wird der Lehrer nur aufrechthalten können, wenn er auch selbst versucht, den Schüler unter einem **anderen Blickwinkel** zu sehen. Er ist nicht unbedingt der hemmungslose Täter, sondern unter Umständen ein Mensch, der von äußeren Bedingungen völlig überfrachtet ist, nicht mehr klar sieht bzw. in dem Moment die Klarsicht verloren hat und deshalb falsch reagiert hat. Diese **Beweggründe** gilt es, in einem solchen Gespräch zu finden.

- ☑ Fakten klären
- ☑ Motive klären
- ☑ tiefere Beweggründe aufdecken

Es gibt leider auch Situationen, in denen selbst der zugewandte und verständnisvolle Kollege sein Verständnis und seine Toleranz gegenüber Schülern mit herausfordernden Verhaltensmustern ablegt. Besonders bei Gewalttaten mit schweren Verletzungen des Opfers ist es mehr als verständlich, dass hier auch der Geduldigste unter uns zum verbalen Aggressor wird. Auch bei genauer Kenntnis der Gründe für die verhaltensmäßigen Normabweichungen kann er dann vielleicht nicht gelassen und professionell bleiben. Es ist menschlich und auch authentisch, wenn ein Lehrer angesichts eines brutalen Angriffs eines schwierigen Schülers auf einen unbeteiligten Mitschüler ausrastet und mit Beschimpfungen, Beleidigungen und Ablehnung reagiert.

Er muss aber auch später die Professionalität besitzen, dem Schüler **seine Reaktion zu erläutern**, damit der Zugang zum Schüler offen bleibt. Und der vielleicht nicht ausreichend über die Hintergründe des Schülers informierte Fachlehrer ist gut beraten, in einer kritischen Situation zunächst die **räumliche Trennung** vom Schüler zu vollziehen, um dann später die Beratung mit Unterstützung eines Teamlehrers, des Beratungslehrers oder des Sozialpädagogen durchzuführen. Für diese Fälle muss es in der Schule gesicherte Unterstützungsstrukturen geben. Der Fachlehrer muss wissen, wo sich die Teammitglieder oder der Schulsozialarbeiter zu diesem Zeitpunkt befinden und ob jemand von der Schulleitung zur Verfügung steht. Das ließe sich durch einen gesonderten **Aufenthaltsstundenplan** ganz einfach regeln. Bei den aktuellen Kommunikationsmöglichkeiten (z.B. Handy) müsste die Erreichbarkeit eines unterstützenden Kollegen in absoluten Notfällen zu gewährleisten sein.

Bei aller Nachsicht für die Normabweichungen von Schülern mit massiven Verhaltensproblemen müssen diese eine grundsätzliche Barriere beachten: Bei **Angriffen gegen Lehrpersonen** erfolgen **massive Sanktionen**, um zum einen die Integrität der Lehrer zu wahren und zum anderen keine Ängste bei Kollegen entstehen zu lassen. Ein angstbesetzter Lehrer kann mit diesen Schülern nicht angemessen umgehen. Entweder lässt er alles zu, um Konflikte zu vermeiden, oder er wird zum „Angstbeißer", der sich nur noch über Sanktionen in der Klasse halten kann. Daher hat der Schutz der Kollegen oberste Priorität.

Nach Jahren traf ich einen ehemals schwierigen Schüler in einer guten Position im kaufmännischen Bereich wieder. Dieser Schüler musste seinerzeit die Schule sofort verlassen, weil er einen Lehrer in einem Schülerpulk mit einem Eimer voll Wasser übergossen hatte. Der junge Mann bezeichnete die erfolgte Sanktion als vollkommen berechtigt und dankte mir ausdrücklich dafür, dass ich ihm seine Grenzen aufgezeigt hatte. Dabei hatte ich damals schon ein schlechtes Gewissen dem Schüler gegenüber gehabt und war auch von Kollegen wegen der harten Sanktion angefeindet worden. Aber heute bin ich sehr sicher, dass eine inklusiv arbeitende Schule nur dann erfogreich sein kann, wenn die Menschen sich in dieser Schule sicher fühlen. Deshalb plädiere ich bei allem Respekt und allem Verständnis für Schüler mit herausforderndem Verhalten für **strikte Beachtung** der **Unantastbarkeit der Lehrer** und auch für entsprechende Konsequenzen bei anderen Regelverstößen.

Das müssen keine handfesten Sanktionen sein. Es gibt durchaus logische Konsequenzen, die zwar den Schüler treffen, ihm aber auf der anderen Seite in seiner Entwicklung weiterhelfen (siehe Kapitel 2, S. 82 ff.). Auf jeden Fall verdienen diese Schüler zusätzlich ein klärendes Gespräch in einer ruhigen Atmosphäre, das auch **beratende**

Funktion hat. Geschrei und Gegenangriff gehören nicht zum Repertoire des Profilehrers. Nur der souverän agierende Kollege hat die nötige Autorität und auch Authenzität, um Verhaltensveränderungen bei diesen Schülern zu erreichen. Außerdem belastet der aggressiv reagierende Lehrer das Klassenklima in gleichem Maß wie der schwierige Schüler.

In solchen Fällen gehört neben den logischen Konsequenzen auch das **Elterngespräch** zu einer systemischen Schülerberatung hinzu, und das nicht als Sanktion, sondern als Mittel zu **ganzheitlichen Veränderungsstrategien**. Und hier kommen wir zum sensibelsten Teilbereich der schulischen Gesprächskultur, der Elternberatung.

DIE QUALIFIZIERTE ELTERNBERATUNG

Die Elternarbeit ist eine Herausforderung, die an jeder Schule eine entscheidende Rolle spielen sollte, aber gerade im Rahmen der inklusiven Schule besonders wichtig ist. Hier sind wir unweigerlich auf die Mitarbeit und Unterstützung der Eltern angewiesen. Im ersten Kapitel haben wir bereits einiges dazu gesagt, wie Hintergrund und Situation der Eltern sein können, welche Problematiken sich ergeben können und was die Hoffnungen und Befürchtungen der Eltern hinsichtlich einer inklusiven Schule sind.

Wie kann man nun die Befürchtungen auffangen und die Eltern so weit wie irgend möglich mit ins Boot holen, damit im Anschluss die ganze Beziehung eine konstruktive wird?

Hier zunächst einmal ein paar **allgemeine Tipps**:
- Lassen Sie interessierte Eltern ruhig mal an Ihrer Schule hospitieren.
- Beteiligen Sie die Eltern von Anfang an, und nehmen Sie ihnen so die Berührungsängste. Schaffen Sie Partizipationsmöglichkeiten.
- Machen Sie Ihr schulisches Konzept so transparent wie möglich, und geben Sie die Möglichkeit, Sachverhalte nachzuvollziehen.
- Beziehen Sie die Eltern in das Inklusionsverständnis Ihrer Schule mit ein.
- Sie können den Eltern auch strukturell die Möglichkeit zur Mitwirkung geben, z.B. in einer „Projektgruppe Inklusion", die sich beispielsweise mit grundsätzlichen Konzepten, aktuellen Stolpersteinen oder allgemeinen schulischen Entwicklungen beschäftigt.
- Ein „Inklusionsbeauftragter" könnte als Koordinator dienen und die Fragen und Interessen des schulischen Personals wie auch der Eltern und Schüler koordinieren.

— *Informationen z.T. nach www.ganztaegig-lernen.de/sites/default/files/Transkript_A3_Eltern%26Inklusion.pdf*

4 Classroom-Management im inklusiven Klassenzimmer

Der Kontakt zu den Eltern kann grundsätzlich in verschiedenen Begegnungsformen stattfinden:

- Elternabende
- Eltern-Lehrer-Stammtisch
- Elternsprechtage/Elternsprechstunden
- Elternberatungen im Rahmen des Trainingsprogramms
- Hausbesuche
- gesellige Anlässe, wie Feste und Feiern, AGs, Ausflüge etc.
- Elterntraining

Wie schon im Kapitel 1 geschildert, haben wir viele positive Erfahrungen mit den Eltern gemacht – auch wenn das nicht zwangsläufig exemplarisch sein muss. Nur einige Eltern der Schüler, bei denen ein sonderpädagogischer Förderbedarf emotionale und soziale Entwicklung diagnostiziert worden war, zeigten sich sehr gespalten in ihrer Einstellung zur Schule und zu Lehrern. Besonders Eltern aus bildungsfernen Bevölkerungsschichten hatten eine teilweise sehr ausgeprägte Abneigung gegen Schule, da sie meist auch selbst sehr negative Erfahrungen in dem System Schule gemacht hatten. Diese **Vorprägung** erhöhte noch die Problematik der im Rahmen des Trainingsraumprogramms unvermeidbaren Elterngespräche.

Vor dem Einstieg in das Programm hatten sie Elterngespräche, wenn überhaupt, nur als Kritik am Verhalten ihres Kindes und damit häufig auch an ihrem Erziehungsstil erfahren. Daher mussten wir vor allem zunächst eine **tragbare Vertrauensbasis** aufbauen, um überhaupt mit ihnen ins Gespräch zu kommen. Aus diesem Grund war jede Anmeldung an unserer Schule mit einem **ausführlichen Gespräch** verbunden, das frei von jeder Beratung oder gar Bewertung in einer freundlichen, angenehmen Atmosphäre stattfand. Auch in den ersten Beratungsgesprächen, die meist im Rahmen der Trainingsraumregeln stattfanden, ging es mehr um vertrauensbildende Gespräche als um Beratung.

Erst nach und nach kamen wir zu einer **kooperativen Gesprächsstruktur**, in der **gemeinsam Strategien zur Förderung** der Schüler mit Verhaltensproblemen entwickelt wurden.

In der Regel wurden diese Gespräche bei uns von der Beratungslehrerin (ausgebildet im Trainingsraumprogramm und in Triple-P, siehe S. 120 und S. 140) geführt, die die angemessenen Gesprächstechniken beherrschte und vor allem darauf achtete, dass den Eltern **keine Ratschläge** erteilt wurden, sondern eine **Gemeinsamkeit im erzieherischen Handeln** angestrebt wurde. Eltern und Lehrer begegneten sich auf Augenhöhe. Wenn Mitglieder des jeweiligen Inklusionsteams oder auch betroffene Fachlehrer an den Gesprächen teilnahmen, wurden sie vorher mit der geplanten Gesprächsführung und -technik vertraut gemacht, damit der Gesprächserfolg nicht durch unbedachte Beiträge gefährdet wurde. Stellen Sie sich einmal vor, der Klassenlehrer mischt sich mit der Bemerkung ein: „Übrigens haben Sie auch in die Klassenkasse für den laufenden Monat noch nicht eingezahlt" – dann ist das Gespräch schon gelaufen, aber leider in die falsche Richtung.

Linktipp: Grundlegendes zum Thema Elterngespräche können Sie hier nachlesen: www.ilf-mainz.de/aktuell/newsletter/elterngespraeche.pdf

Natürlich waren nicht alle Elterngespräche problemlos und friedlich, aber das Gros der Gespräche endete bei den Eltern von Schülern mit massiven Verhaltensproblemen in einer echten Erziehungspartnerschaft, in der gemeinsame Wege zur Problemlösung auch unter Einbeziehung schulfremder Unterstützungssysteme gefunden wurden.
Im Rahmen des Timeout-Programms wurden die Eltern von der Leiterin des Trainingsraumteams (in verwaltender Funktion) in Absprache mit der Schulberatungslehrerin zum Gespräch eingeladen. Gesprächsteilnehmer waren in der Regel die Eltern und die Beratungslehrerin. Auf Wunsch konnten auch die Klassenlehrer oder auch die besonders betroffenen Fachlehrer an den Gesprächen teilnehmen.
Die **Institutionalisierung der Elterngespräche** im Rahmen des Trainingsraumprogramms führte automatisch zu einem **engen Kontakt** zwischen Schule und Elternhaus. Die Eltern verloren die Scheu der Schule gegenüber, und die Lehrer konnten viele Vorbehalte gegenüber den Eltern der schwierigen Schüler abbauen, weil sie durch diese Gespräche auch von der Not dieser Eltern erfuhren. Die gegenseitige Achtung war nicht nur Voraussetzung, sondern auch die Folge der häufigen Gespräche.
Schon an der Einladung der Eltern, die Sie auf der nächsten Seite sehen (siehe auch Download ), ist zu erkennen, dass es der Schule hier nicht um Kritik, sondern um Zusammenarbeit geht.

4 Classroom-Management im inklusiven Klassenzimmer

Elternmitteilung

Sehr geehrte Frau/Sehr geehrter Herr ....,

Ihre Tochter/Ihr Sohn .... ist seit dem letzten Elterngespräch .... mal in den Trainingsraum entsandt worden.

Nach den Regeln des Trainingsraumprogramms möchten wir Sie zu einem erneuten Gespräch in die Schule einladen, um gemeinsam mit Ihnen weitere erzieherische Maßnahmen zur Vermeidung von Unterrichtsstörungen zu entwickeln.

Wir schlagen dabei folgenden Termin vor: ....

Sollten Sie diesen Termin nicht wahrnehmen können, bitten wir Sie mit
Frau .... unter der Telefonnummer ....
einen anderen Termin zu vereinbaren.

Mit freundlichen Grüßen

....
Unterschrift Trainingsraumlehrer

– hier abtrennen –   Abschnitt bitte zurück zur Schule geben

Ihre Mitteilung über die Trainingsraumkonferenz vom ....
für meine Tochter/meinen Sohn .... habe ich/haben wir
zur Kenntnis genommen.

....
Unterschrift der Eltern/Erziehungsberechtigten

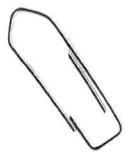

- Vertrauensbasis schaffen
- kooperative Gesprächsstruktur, keine Ratschläge
- Betonung der Gemeinsamkeit im erzieherischen Handeln
- ggf. Institutionalisierung von Elterngesprächen

In den insgesamt zehn Jahren, in denen wir auf der Beratungsebene mit den Eltern schwieriger Schüler zusammenarbeiteten, stießen wir bei insgesamt fünf Elternpaaren bzw. Alleinerziehenden auf so viel Widerstand oder auch Gleichgültigkeit, dass eine Zusammenarbeit trotz aller Bemühungen nicht möglich war. Zwar nahmen sie an den nötigen Rückkehrgesprächen bei einem Unterrichtsausschluss im Rahmen des Trainingsraumprozesses teil, waren jedoch auch hier zu keiner konstruktiven Verständigung bereit. Leider waren in diesen Fällen oft die Einschaltung des Jugendamtes und der von dort ausgeübte Druck das einzige Mittel, dem Schüler eine Chance zu einer Außenhilfe zu eröffnen. Dabei war aus rechtlichen Gründen eine Zusammenarbeit mit den vom Jugendamt eingeschalteten Institutionen, wie sozialpädagogische Familienhilfe, Nachmittagsbetreuung oder Erziehungsbeistand, nur sehr begrenzt möglich.

Erwähnt sei noch, dass auch die **aufsuchende Elternarbeit** dem Verhältnis zwischen Elternhaus und Schule sehr förderlich sein kann. Hier gehen pädagogische Fachkräfte, wie beispielsweise der Sozialarbeiter, aktiv auf Familien zu, die besonderen Unterstützungsbedarf haben und mit den sonstigen Methoden der Elternarbeit im schulischen Rahmen nicht erreicht werden können. Diese Familien werden also zu Hause aufgesucht, um den Kontakt herzustellen, zu pflegen bzw. zu verbessern.

ELTERNTRAINING ALS HILFE ZUR SELBSTHILFE

Bei noch so vielen Beratungsgesprächen ist der Erfolg fraglich, wenn die Eltern in ihrem alten Erziehungsstil verharren. Darum ist es am effektivsten, wenn man den Eltern ein Erziehungstraining als Hilfe über die schulische Zusammenarbeit hinaus anbietet. Bei uns hat sich die Beratungslehrerin darum zur Elterntrainerin nach der **Triple-P-Methode** ausbilden lassen. Ein solches Training ist ein effizienter Bestandteil eines schulinternen Netzwerkes, um die Entwicklung von Schülern mit Verhaltensauffälligkeiten positiv zu beeinflussen.

Von den meisten Eltern wurde das Angebot dankend angenommen, da das Programm sehr praxisbezogen und daher auch leicht umsetzbar ist. Zudem kommt es den Bedürfnissen der schwierigen Schüler entgegen, weil es eine deutliche Übereinstimmung in den häuslichen und schulischen Erziehungsstilen aufweist.
So lesen sich die Grundsätze auf www.triplep.de:

---

www.triplep.de

Dem Kind wird hohe Wertschätzung entgegengebracht und gleichzeitig achten die Eltern auf klare (und faire) Regeln und Konsequenzen. So kann das Kind aus Erfahrung und Erfolgen lernen und Schritt für Schritt Verantwortung für sein eigenes Handeln übernehmen. Triple P (Positives Erziehungsprogramm) fördert genau diesen autoritativen (manchmal auch demokratisch oder partizipativ genannten) Erziehungsstil bei den Eltern.

Das Triple-P-Verfahren ist ein relativ unkompliziertes Erziehungsprogramm zur Steigerung der Erziehungskompetenz der Eltern. Seine absolut praxisbezogenen Inhalte lassen sich leicht an die Eltern vermitteln, und diese können sie auch entsprechend leicht umsetzen. Dabei sind es vor allem fünf Grundprinzipien, die die wesentlichen Bausteine zu einer gesicherten Erziehungskompetenz darstellen:
1. für eine sichere und interessante Umgebung sorgen
2. eine positive und anregende Atmosphäre schaffen
3. konsequent sein
4. nicht zu viel erwarten
5. die eigenen Bedürfnisse beachten

Wir haben mit diesem Programm sehr viele Eltern erreichen können. Die Ausbildung eines Kollegen zum Elterntrainer ist allerdings Voraussetzung für die Durchführung. Denn das Engagement eines schulexternen Elterntrainers ist meist sehr kostspielig und nur realisierbar, wenn eine Fremdfinanzierung über das zuständige Jugendamt oder Sponsoren ermöglicht werden kann.
Es gibt über das Jahr verteilt eine ganze Reihe von Fortbildungen zu den verschiedensten Qualifikationen im Rahmen des Programms. Diese Fortbildungen sind unter folgender Internetseite zu finden:

www.triplep.de/pages/infosfuerfachleute/fortbildungen/fortbildungen.htm

Aber auch Schulen, die keinen eigenen Elterntrainer haben, sollten nach Möglichkeiten suchen, den betroffenen Eltern Fortbildungen zu Erziehungsfragen anzubieten. Sicher lässt sich beispielsweise mit Hilfe der Jugendämter oder des Kinderschutzbundes eine ähnliche Maßnahme an jeder inklusiv arbeitenden Schule realisieren.

EIN SCHULINTERNES, KOMMUNALES UND REGIONALES NETZWERK

Bei allen Projekten und Beratungen kann die Schule keine signifikanten Verhaltensänderungen bei den Schülern mit herausfordernden Verhaltensmustern erreichen, wenn die Hilfe von unterstützenden Netzwerken fehlt.

SCHULINTERNE NETZWERKE

Der permanente **Informationsfluss** zwischen Eltern, Schülern, Inklusionsteam, Beratungslehrer, Fachlehrern und Schulleitung sowie weiterem Personal an der Schule, wie Schulpsychologe, Sozialarbeiter, Sozialpädagoge etc., ist zwingend erforderlich, um erfolgreich mit Schülern mit Verhaltensauffälligkeiten, aber auch mit den übrigen Inklusionsschülern zu arbeiten. Deshalb muss es im schulischen Bereich ein klar geregeltes Informationsnetz geben.

Bei Elternberatungen, sofern sie, wie zuvor skizziert, durch die Beratungslehrer angeleitet werden, werden der Klassenlehrer bzw. das Inklusionsteam und u.U. die betroffenen Fachlehrer über die Termine oder die Ergebnisse und Absprachen unterrichtet, damit sie sich ebenfalls nach den getroffenen Vereinbarungen richten können. Das gilt in gleichem Maß für Verhaltensverträge (siehe S. 111), vereinbarte Verpflichtungen oder auch erteilte Sanktionen. Es gibt nichts Schlimmeres in der Erziehung der auffälligen Schüler als uneinheitliches pädagogisches Handeln und ständig wechselnde Regelungen zwischen den einzelnen Lehrern und dem Schüler. Wenn das Inklusionsteam, der Beratungslehrer oder der Schulleiter mit dem schwierigen Schüler gemeinsam eine Verhaltensregel entwickelt haben, steht es nicht in der pädagogischen Freiheit des einzelnen Kollegen, diese Regel zu missachten. Wenn der Schüler z.B. mittwochs keine Hausaufgaben bekommt, weil er an einem Deeskalationstraining teilnehmen soll, halten sich alle Kollegen an diese Vereinbarung. Hat das Inklusionsteam mit den Eltern des Schülers eine neue Sitzordnung vereinbart, wird dies allen Fachlehrern verpflichtend mitgeteilt. Wird der Beratungsrhythmus mit den Eltern im Trainingsraumprozess verändert, teilt das Trainingsraumteam dies sowohl dem Inklusionsteam als auch der Schulleitung mit. Schon an diesen kleinen Beispielen zeigt sich deutlich die Notwendigkeit eines abgesicherten Informationsnetzes. Das gilt auch für die Sanktionen, die in besonderen Fällen gegen Schüler erlassen werden. Wenn der Fachlehrer weiß, dass ein Schüler am Wochenende Sozialstunden im Altersheim als logische Konsequenz für ein Fehlverhalten ableistet, wird er eher Verständnis für die Müdigkeit des Schülers haben.

Aber das schulinterne Netzwerk beinhaltet noch mehr. Wenn der Fachlehrer ein Elterngespräch für erforderlich hält, kann er den Beratungslehrer, das Inklusionsteam, den Schulpsychologen oder sogar die Schulleitung als unterstützende Teilnehmer beanspruchen. Der Schüler hat natürlich ebenfalls die Möglichkeit, bei anstehenden Beratungs- oder Krisengesprächen die Teilnahme des SV-Lehrers, des Inklusionsteams, des Sozialpädagogen oder des Beratungslehrers anzuregen. Ebenso wird den Eltern das Recht zugestanden, bei Beratungsgesprächen an der Zusammensetzung der Gesprächsrunde mitzuwirken. Das schulinterne Netzwerk besteht im Wesentlichen aus festen Kommunikations- und Unterstützungssystemen, die jedoch nicht am Schultor enden.

Grundsätzlich müssen die **Informationsflüsse** in einer Schule **institutionalisiert** werden. Es genügt nicht, dass die Lehrer die Informationen am „Schwarzen Brett" finden. Wir hatten uns an der Lessingschule verständigt, dass wöchentlich in der einstündigen Pause zwischen Vormittags- und Nachmittagsunterricht eine **informelle Dienstbesprechung** stattfand. Die Teilnahme war freiwillig und lag in der Regel zwischen 90 und 100 Prozent. In dieser Besprechung wurden von der Schulleitung, vom Lehrerrat und von einzelnen Kollegen Informationen weitergegeben. Es wurde ein Protokoll an alle Kollegen weitergeleitet. Kurzfristige Informationen, wie z.B. ad-hoc-Vertretungspläne, wurden per Aushang bekannt gegeben, aber nach Möglichkeit durch persönliche Ansprache der betroffenen Kollegen ergänzt. Dieses System erwies sich als sehr effizient und beliebt.

Die individuellen Förderpläne

Ein wichtiger Teilbereich im innerkollegialen Netzwerk ist die **Erstellung kooperativer Förderpläne**. In allen Bundesländern sind Förderpläne für die individuelle Förderung von Schülern mit sonderpädagogischem Förderbedarf vorgeschrieben.

In der Praxis der Integration erstellten die Förderlehrer die individuellen Förderpläne, nach denen sie ihre sonderpädagogische Förderung ausrichteten. Manchmal, aber keineswegs immer und zwingend, informierten sie die Klassenlehrer über ihre Förderpläne. In der inklusiven Erziehung von Schülern mit sonderpädagogischem Förderbedarf ist diese Praxis kontraproduktiv. Hier können Förderpläne nur noch dann wirksam sein, wenn sie vom **Kollektiv** aller in der Inklusionsklasse unterrichtenden Lehrer und dem weiteren zur Verfügung stehenden Personal gemeinsam erstellt worden sind. Dabei sollten die Pläne nicht nur defizitorientiert sein, sondern das Augenmerk durchaus auch auf **Stärken** legen.

Dass das Projekt eines kooperativen Förderplans struktiert werden muss, ist völlig klar. Hier treffen beispielsweise die Spezialisten des Inklusionsteams (Klassenlehrer und Förderlehrer) mit den übrigen Fachlehrern zusammen, um gemeinsame Förderpläne zu erarbeiten. Diese Kooperation ist für beide Bereiche gleichermaßen wichtig und fruchtbar. Die Fachlehrer lernen so sehr viel über die sonderpädagogischen Gesichtspunkte in der Inklusion, und sie kennen am Ende die gemeinsamen Ziele in der Förderung der Schüler, hier in unserem Zusammenhang auch ganz besonders der Schüler mit dem sonderpädagogischen Förderbedarf emotionale und soziale Entwicklung. Aspekte wie Wahrnehmung, Emotionalität oder Soziabilität können in den Förderplänen eine entscheidende Rolle spielen.

Diagnostik und Förderplanentwicklung können außerdem die Miteinbeziehung von **Schulsozialarbeit/Schulpsychologie**, weiteren psychosozialen, medizinischen sowie psychotherapeutischen Diensten sowie der Jugendhilfe, den Jugendgerichten und dem Jugendstrafvollzug, Erziehungsberatungsstellen etc. erfordern.

Um die Struktur und Vorgehensweise zu verdeutlichen, möchte ich auf der folgenden Seite einen Auszug aus den Empfehlungen des Landesinstituts für Schulen und Medien Berlin-Brandenburg (LISUM) als Beispiel einer Struktur zur Entwicklung gemeinsamer Förderpläne anführen.

Linktipp: Die gesamte Empfehlung ist im Internet unter http://bildungsserver.berlin-brandenburg.de erschienen; einfach im Suchfeld „Förderpläne" eingeben. Der Beitrag heißt „Förderplanung im Team".

Kooperative Förderplanung in acht Schritten

1. Vorbereitung
- Teilnehmer klären
- Termin festlegen
- Raum festlegen
- Gesprächsleitung bestimmen
- Protokollführung bestimmen
- Zeitwächter bestimmen
- Ideenspeicher anlegen (z.B. für noch offene Fragestellungen, aber auch allgemeine Anregungen, Ideen etc.)

2. Bestandsaufnahme
- Sammlung von Informationen und Dokumenten (Lernplanergebnissen, Gesprächen mit Eltern, Diagnosen, Beobachtungen im Alltag, usw.)
- Blitzlicht (Sorgen, Hoffnungen)
- Bedingungen für Schwierigkeiten
- Bedingungen für Erfolge
- Stärken und Fähigkeiten des Schülers
- Ressourcen des Schülers und des Teams (wo lernt der Schüler am besten, welche Unterstützungsmöglichkeiten gibt es in der Familie, in der Klasse und im Team etc.)

3. Analyse des Bedingungsfeldes
- „Ich-als-Runde" → Perspektivwechsel, jeder setzt sich in den Schüler hinein
- Hypothesen über Handlungszusammenhänge herausarbeiten
  - visualisieren
  - analysieren
- in diesem Zusammenhang Speicher für offene Fragen anlegen!

4. Förderziele
- schriftlich, knapp → Beschränken auf Prioritäten
- konkret und positiv formuliert
- erfolgsorientiert und realistisch
- Schwerpunkte setzend
- auf Erreichbarkeit und Überprüfbarkeit achten

- evtl. hierarchisch geordnet
- klären, wie dem Schüler die Ziele verdeutlicht werden

5. Pädagogische Angebote
- Erarbeitung zielorientierter Lösungen
- Brainstorming auf Kärtchen

Dabei Folgendes beachten:

Keine Kritik!

Keine Beschränkung!

Keine Rechtfertigung!

6. Autonome Entscheidungsfindung
- Planung wird nun in vorbereitetes Raster eingetragen:

Ziele	Pädagogische Angebote	Wer und wann?
1.		
2.		
3.		

7. Gemeinsame Beratung der Fördervorschläge
(nur auf ausdrücklichen Wunsch)

Endgültige Beratung über die Ergebnisse, Konkretisierung und Strukturierung
- innere und äußere Lernbedingungen bedacht?
- Ressourcen auf beiden Seiten berücksichtigt?
- erste Schritte benannt? Ablaufplan?
- wie und wann Erfolgsbestätigung?
- wie wird Schüler einbezogen, und wie erfolgt Rückmeldung?

8. Auswertung der Förderplanung
Reflexion und Weiterentwicklung des Förderplanes
- was gelungen?
- was nicht erreicht?
- wie Erschwernisse beseitigen?
- Unterstützung vergrößern oder reduzieren?
- wie Erfolge sichtbar machen?
- welche nächsten Lernschritte/Schwerpunkte?

▶▶▶ Geklärt werden muss,
- dass alle Lehrer in der Klasse für die Förderarbeit zuständig sind,
- wer an der Umsetzung beteiligt ist,
- wer für was zuständig ist,
- welche Fördermaßnahmen umgesetzt werden,
- wie die Förderziele Eingang in die Unterrichtsarbeit finden,
- auf welche Weise die Klassengemeinschaft als Lernumfeld berücksichtigt wird,
- ob die Unterrichtsgestaltung angepasst und den Förderzielen angemessen ist (Arbeits- und Sozialform, Medien und Materialien),
- wie außerschulische Ressourcen genutzt werden,
- wie, sofern es notwendig ist, die Eltern in die Förderung mit einbezogen werden.

— Informationen nach http://sonderpaedagogik.bildung.hessen.de/news/index.html

Schulpsychologie und Sozialarbeit

Eine große Unterstützung hinsichtlich der emotional-sozialen Entwicklung Ihrer Schüler ist, wenn vorhanden, die Institution der Schulpsychologie bzw. des Sozialarbeiters. Eine optimale Kommunikation und Einbindung dieser Mitarbeiter ist dann von entscheidender Bedeutung.

Ihre Handlungsfelder sind u.a.:
- Krisengespräche mit Schülern, Lehrern, Eltern
- Beratung von Einzelpersonen und über regionale Angebote
- Intervention bei Mobbing
- Supervision und Fallbesprechung
- Konzeptarbeit zur Elternarbeit, zum sozialen Lernen, Teambuilding
- Streitschlichtung, Mediation, Gewaltprävention
- Elternarbeit und niedrigschwellige Angebote
- Vernetzung mit außerschulischen Institutionen (Jugendhilfe, sozialpädagogischen Beratungszentren etc.)
- Psychosoziale Diagnostik, Feststellung von Teilleistungsstörungen, Unterstützung bei der Einschätzung von (psychologischem) Hilfebedarf

— Informationen nach: mittendrin e.V. (Hg.): Eine Schule für alle. Inklusion umsetzen in der Sekundarstufe. Verlag an der Ruhr, 2011. ISBN 978-3-8346-0891-8, S. 329

Wir müssen uns jedoch darüber im Klaren sein, dass die klasseninternen Abläufe in akuten Konfliktfällen zunächst vorrangig sind. Erst wenn alle Möglichkeiten auf der internen Ebene erschöpft sind, sollten diese Mitarbeiter in die Prozesse des Classroom-Managements einbezogen werden.

DAS AUSSERSCHULISCHE NETZWERK

In jeder Kommune, in jedem Landkreis und in jedem Landschaftsverband gibt es Institutionen, auf deren Hilfe wir in der inklusiven Erziehung angewiesen sind. Und leider ist dieses Netzwerk so vielfältig, dass der einzelne Kollege es kaum überblicken kann. Nicht nur der **schulpsychologische Dienst**, soweit vorhanden (ersatzweise können regionale Kinder- und Jugendpsychologen bei Diagnostik und Therapieangeboten unterstützen), und die **nächstliegende Förderschule** für emotional-soziale Förderung sind unsere Ansprechpartner, wenn wir Unterstützung bei schweren Krisen mit Schülern benötigen. An den größeren Kliniken sind Diagnostik- und Therapieeinrichtungen für Kinder und Jugendliche ebenfalls keine Seltenheit mehr.

Auch das **kommunale Jugendamt** sollte als vorrangiger Ansprechpartner in Anspruch genommen werden. Dabei gilt es auch, die Vorurteile der Eltern gegen das Jugendamt abzubauen und das Amt in seinem vollen Verantwortungsbereich darzustellen: So kann es auch auf Antrag der Sorgeberechtigten hin Rat und Unterstützung anbieten und bei Bedarf spezielle Hilfestellungen vermitteln. Es soll das Kindeswohl durch vielfältige Angebote gewährleisten. Das Jugendamt ist auch der **Jugendhilfeträger**.

Darüber hinaus gibt es **Erziehungs- und Familienberatungsstellen**, beispielsweise städtisch oder im Rahmen der Wohlfahrtsverbände. Diese sind in der Regeln von Sozialarbeitern und Psychologen besetzt und beraten kostenfrei. Hierhin können sich die Schüler selbst, aber auch die Familien oder Erzieher und Lehrer wenden.

Wenn der mit der Elternberatung betraute Lehrer (in der Regel der Beratungslehrer) kompetent beraten will, kennt er das gesamte kommunale Netz, das im Zweifelsfall noch weitere Einrichtungen umfasst, und kann die Eltern an die richtige Stelle weiterleiten. Wir haben die Erfahrung machen können, dass die Eltern besonders schwieriger Schüler bereitwillig außerschulische Hilfen in Anspruch nehmen, weil die Verhaltensweisen in der Familie nicht besser sind als das schulische Verhalten. Allerdings ist es bei vielen Eltern wichtig, dass die Schule den Kontakt zwischen Eltern und Unterstützungsinstitution knüpft und auch im weiteren Verlauf den ständigen Kontakt aufrechthält, um die Nachhaltigkeit der außerschulischen Maßnahmen zu gewährleisten. In einigen

Fällen war es sogar nötig, dass die zuständige Beratungslehrerin die Eltern beim ersten Kontakt begleitete. Schließlich kannte sie die entsprechenden Einrichtungen, weil sie selbst Antrittsbesuche oder Hospitationen in den jeweiligen Einrichtungen gemacht hatte. Nach unseren Erfahrungen waren sowohl die Kinder- und Jugendpsychiatrien als auch die Erziehungsberatungsstellen bereit, unsere Beratungslehrerin und auch andere Kollegen zu Hospitationen in ihren Einrichtungen zuzulassen. Und es hat sich als außerordentlich nützlich erwiesen, dass wir die entsprechenden Institutionen kannten und den Eltern die Arbeitsweise erklären konnten.

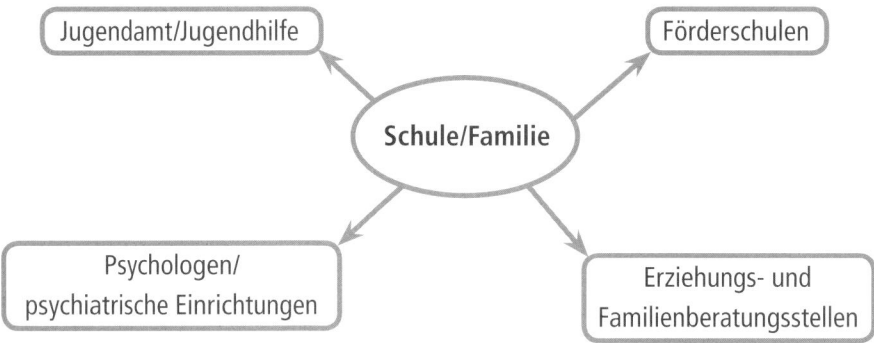

Bei allen schulischen Bemühungen und mit allen möglichen Außenhilfen müssen wir einräumen, dass einige extrem verhaltensauffällige Schüler nicht ohne Weiteres in die inklusive Klasse eingegliedert werden können. Am problematischsten ist der Umgang mit Schülern mit extrem negativem Sozialverhalten, mit Aggressionen und deutlichem Gewaltpotenzial. Bei diesen Schülern versagen unsere inklusiven Bemühungen leider, und wir erreichen die Grenzen dessen, was wir uns, aber vor allem auch den Mitschülern zumuten können. Sie bringen uns Lehrer häufig in Situationen, die für uns auch **rechtlich bedenklich** werden. Wie darf, wie kann, wie muss ich angemessen handeln, ohne eine strafbare Handlung (z.B. Körperverletzung oder Nötigung) zu begehen? Was ist **Notwehr**, was ist **Nothilfe**, und was ist rechtfertigender **Notstand**, wenn Mitschüler, Kollegen oder öffentliche Güter durch einen extrem schwierigen Schüler gefährdet sind?

 Eine ausführliche Information zu diesem brisanten Thema bieten die Bezirksregierung Detmold und der Gemeindeunfallversicherungsverband auf der Internetseite www.schulministerium.nrw.de/BP/Erziehung/Broschueren/Grenzsituationen/index.html

Diese extrem grenzüberschreitenden Schüler haben das **Recht** auf schulische Bildung und auf einen inklusiven Unterricht. In den einzelnen Bundesländern wird ihre Integration unterschiedlich geregelt. Insgesamt stellen wir fest, dass der Weiterbestand von Sonderschulen für diese Schüler zwar weitgehend **in Frage** gestellt wird und auch diesen Schülern das Recht auf inklusive Erziehung nicht generell abgesprochen wird. Ihre unvorbereitete Eingliederung in den inklusiven Klassenverband ist allerdings nach Meinung aller Experten nicht möglich, wenn ihr Verhalten mit einer akuten **Selbst- oder Fremdgefährdung** verbunden ist. Aber es ist deutlich zu erkennen, dass die Lösung dieses Problems noch im Anfangsstadium ist. Selbst in den Bundesländern, in denen die Inklusion vehement nach vorne gebracht wird, sind schlüssige, erfolgversprechende Strategien noch im Entwicklungs- bzw. Versuchsstadium. Allerdings sind sich alle Experten darin einig, dass ein **dauerhafter Aufenthalt** in einer Sonderschule nicht der Weisheit letzter Schluss sein darf. So wird in NRW z.B. die Einrichtung von **Unterstützungszentren** favorisiert, in denen die betreffenden Schüler nach einem Feststellungsverfahren nach § 19 auf die **Rückkehr** in ihre alte allgemeine Schule vorbereitet werden. Durch die **multiprofessionelle Besetzung** mit Lehrern, Schulpsychologen, Sozialpädagogen und anderen Spezialisten können die Probleme der Schüler intensiv behandelt werden. Diese Einrichtungen sollen als Regionale Beratungs- und Unterstützungsstellen (**REBUS-NRW**) die allgemeinen Schulen entlasten, indem sie die extrem verhaltensauffälligen Schüler in einer zeitlich begrenzten Maßnahme zur inklusiven Erziehung befähigen. Ähnliche Einrichtungen sind auch in anderen Bundesländern geplant, bzw. schon eingerichtet (z.B. Hamburg, Bremen, Berlin-Brandenburg).

Neben diesen offiziellen schulischen Maßnahmen haben wir ein **breit gefächertes Netzwerk**, in dem über die Jugendämter präventive, medizinische und therapeutische Einrichtungen vermittelt werden. Kirchen, Landschaftsverbände, freie Verbände (z.B. AWO) bieten Maßnahmen an, in denen therapeutische, pädagogische und schulische Aspekte miteinander verknüpft werden, um Schüler mit negativen Prognosen (Delinquenz, Gewaltkriminalität, Suchtentwicklung) in einer präventiven Intensivbehandlung vor dem Absturz in die Kriminalität zu bewahren. Da diese Maßnahmen in der Regel mit einer **vorübergehenden** Unterbringung verbunden sind, müssen die Eltern der Unterbringung zustimmen. Ohne richterliche Anordnung wäre eine solche Maßnahme sonst nicht möglich. Daher bedarf es der partnerschaftlichen Kooperation von Jugendamt, Schule und Eltern, um der Zukunft der stark gefährdeten Schüler auf diesem Weg eine Perspektive zu geben.

Um die Eltern zu überzeugen, müssen wir schon einiges über die entsprechenden Einrichtungen wissen. An dieser Stelle möchte ich beispielhaft die Leitideen der LVR-Klinik Viersen vorstellen, die für große Teile des Rheinlandes zuständig ist.

---

www.klinik-viersen.lvr.de

> Im Alltag werden die Kinder und Jugendlichen bei uns sowohl Erfahrungen mit Freiräumen als auch mit Grenzen und Regeln machen. Sie werden sich sowohl in Gruppen als auch in Einzelkontakten erleben. Sie können Sicherheit finden, ebenso wie Anforderung und Anregung. Wir stellen uns den Kindern und Jugendlichen als Wegbegleiter zur Verfügung, Wegbegleiter in traurigen oder ängstlichen Zeiten, aber auch dann, wenn es gilt, kleine oder große Fortschritte zu bemerken und stolz auf das zu sein, was erreicht ist.

Wenn auch in den Leitlinien der Einrichtungen zumeist das Kind in der Familie im Mittelpunkt steht, so haben wir doch auch eine intensive Kooperation mit den Einrichtungen durchführen können, wenn die Eltern mit der Entbindung von der Schweigepflicht einverstanden waren. Und wir konnten unsere Vorstellungen von Unterbringung durch die Hospitationen auf eine gesicherte Grundlage stellen. Kinder- und Jugendpsychiatrien gibt es inzwischen überall in Deutschland, und wir empfehlen den Beratungslehrern, aber auch den übrigen interessierten Kollegen, sich eine solche Einrichtung anzuschauen, um **neue Wege zur Entwicklung von Schülern mit massiven emotionalen oder sozialen Problemen** kennenzulernen und um auch die Eltern der betroffenen Schüler sachgerecht über Struktur und Arbeitsweise dieser Kliniken zu informieren.

Es handelt sich bei einer solchen Unterbringung, wie schon gesagt, nicht um eine zeitlich unbegrenzte Maßnahme. Der Schüler kehrt nach erfolgreicher Behandlung in die Schule zurück und sollte danach besser in seine alte Klasse integriert werden können. Bei der **Wiedereingliederung** sind wir als Lehrer noch einmal intensiv gefordert. Zum einen müssen wir die alten Herausforderungen des Schülers vergessen und ihm die zweite Chance geben; zum anderen sollten wir in Absprache mit den abgebenden Therapeuten alles unterlassen, was den Therapieerfolg in Frage stellt. Wir werden viel **Verständnis und Nachsicht** üben müssen, um die Besonderheiten des Schülers auch nach der Therapie ertragen zu können.

5 EXTREMFÄLLE IN DER INKLUSIVEN ERZIEHUNG

Auch in der Inklusion müssen wir uns damit abfinden, dass wir nicht absolut jeden Schüler fördern können und dass es Extremfälle gibt, bei denen wir mit unserem Latein am Ende. sind. Wir sind keine Alleskönner und haben auch eigene Grenzen zu akzeptieren, auch wenn es in Einzelfällen sehr, sehr schwer fällt. Wenn wir im Weiteren von straffälligen Schülern sprechen, so möchte ich dies auf keinen Fall auf Schüler mit dem Förderschwerpunkt soziale und emotionale Entwicklung begrenzt wissen. Sie sind nicht mehr und nicht weniger betroffen als die übrigen Schüler, auch wenn mangelnde Selbstkontrolle und erhöhte Risikobereitschaft auch eine erhöhte Delinquenzgefahr nach sich ziehen können.

STRAFFÄLLIGE SCHÜLER

Ein schwieriges Problem ist die Handhabung von Straftaten durch Schüler.
Bei Straftaten innerhalb der Schule haben wir uns eindeutig positioniert nach der Devise:

Wichtig

Die Schule ist und bleibt kein rechtsfreier Raum!

Das gilt im Wesentlichen für folgende Straftatbestände, die im schulischen Bereich eine Rolle spielen können und auch in meinem Erfahrungsbereich eine Rolle gespielt haben:
- Verstöße gegen das Betäubungsmittelgesetz, wie Drogenbesitz und vor allem Handel mit Drogen
- schwere gefährliche Körperverletzung
- räuberische Erpressung
- schwerer Diebstahl
- sexuelle Nötigung
- rassistische Aktionen und Propaganda

Leider waren es in der Regel schwere Drogendelikte, die uns zu dem sehr folgenschweren Entschluss veranlassten, offizielle Schritte einzuleiten. Dabei geht es nicht um den Drogenbesitz zum Eigenverbrauch, sondern um den Tatbestand des **Drogenhandels** innerhalb der Schule. Es ist im Interesse aller Schüler nicht zu akzeptieren, wenn Schü-

ler im Schulbereich mit Drogen handeln. (Selbstverständlich gilt dies auch für den außerschulischen Bereich, aber hier ist eher das Drogenkommissariat zuständig.)
Die Schüler müssen eine gewisse **Rechtssicherheit** erlangen, um die Risiken der Einleitung von offiziellen Schritten zu kennen. Es ist sicher wichtig, dass ein Polizeibeamter des Jugendkommissariats oder einer ähnlichen staatlichen Einrichtung (z.B. ein Jugendstaatsanwalt) die Schüler über die relevanten Regelungen des Strafrechts **aufklärt**. Diese Form der prophylaktischen Aufklärung ist spätestens in der Klasse 8 einzusetzen, da die Schüler in diesem Alter die Grenze der Strafmündigkeit erreichen.
Sie müssen z.B. wissen, dass das so genannte „Abziehen" keine Bagatelle ist, sondern eine Straftat, die mit Jugendstrafen geahndet werden kann. Es geht bei diesem Delikt darum, Dinge, wie Geld, ein Handy, ein T-Shirt oder einen MP3-Player, unter Androhung oder sogar Anwendung von Gewalt zu erpressen. Dies ist eine schwere Straftat und gilt als Offizialdelikt. Damit gerät der Schüler – zuweilen auch ohne Wollen der Schule – in die Mühlen der Justiz.
Daher ebenso wichtig ist die **Rechtssicherheit der Lehrer** in diesem sensiblen Bereich. Falls sie nicht wissen, dass das „Abziehen" als räuberische Erpressung ein Offizialdelikt ist, bringen sie Schüler in enorme Schwierigkeiten, wenn sie auch nur einen Polizeibeamten informieren. Denn nach dem Legalitätsprinzip ist eine Anzeige mit anschließendem Gerichtsverfahren unvermeidbar, wenn die Polizei über eine solche Straftat informiert wird. Das gilt auch für Drogenhandel und einige andere Vergehen, die eben auch bei Schülern zu Strafverfahren führen, wenn die Schule die Polizei einschaltet.
Sicher müssen wir auch das Prinzip der **Vertraulichkeit** beachten. Wenn wir in einem vertraulichen Schüler-Lehrer-Gespräch Kenntnis von einer Straftat erlangen, sind wir zur Verschwiegenheit verpflichtet, wenn der Schüler einer Weitergabe der Information nicht zustimmt. Auf der anderen Seite haben wir in vielen Fällen eine Offenbarungspflicht im Verhältnis zu Schulleitung, Eltern und Schülern wie auch Gerichten oder sonstigen Dritten. In diesem Spannungsfeld heißt es häufig, abzuwägen.

*Linktipp: Auf www.hamburg.de → Veröffentlichungen von A bis Z
→ „Ausmaß und Grenzen der Schweige- und Offenbarungspflichten von Lehrkräften" finden Sie ein in dieser Hinsicht sehr hilfreiches PDF.
Es gelten natürlich die Bestimmungen im eigenen Bundesland.*

Dies ist besonders schwierig, wenn eine Kindeswohlgefährdung vorliegt. In diesen Fällen ist die Einschaltung **neutraler Jugendhilfeeinrichtungen** wohl der richtige Weg. Es gibt bei vielen **Erziehungs- und Drogenberatungsstellen** Mitarbeiter, die speziell für den Opferschutz zuständig sind. Sie setzen sich mit den Tätern in Verbindung und können als nichtstaatliche Zwischeninstanz für den Schutz des Opfers sorgen. Sie drohen dem Täter unter Umständen auch mit einer Strafanzeige, wenn er nicht einsichtig ist.

Ansonsten gilt grundsätzlich das Prinzip der **Verhältnismäßigkeit**. Die Schule entscheidet in eigener Verantwortung, welchen Weg sie im Einzelfall gehen will, ob sie es bei schulischen Maßnahmen belässt, über das Jugendamt dem Täter noch eine Chance gibt, oder ob sie den strafrechtlichen Weg geht. Dies ist in inklusiv arbeitenden Schulen sicher ein Konfliktbereich, da auf der einen Seite das Wohl aller Schüler steht und auf der anderen Seite die pädagogische Verpflichtung gegenüber dem straffälligen Schüler. Nur bei gravierenden Verbrechen, wie Mord, Totschlag oder Raub, ist die Nichtanzeige von Straftaten verboten.

Wie wichtig auf diesem Gebiet die Zusammenarbeit mit den offiziellen Stellen ist, zeigt eine Veröffentlichung des Landes Schleswig-Holstein vom 2. Juni 2003, die auch die Problematik der Datenweitergabe erfasst.

4.3. Austausch zwischen Schulen und Jugendeinrichtungen mit der Polizei

Die betreffenden Schulen und Jugendeinrichtungen geben der Polizei Kenntnis über vermutetes delinquentes Verhalten mit dem Ziel, gemeinsame Lösungswege zu finden. Hierbei ist zu berücksichtigen, dass die Polizei dem Legalitätsprinzip verpflichtet ist. Der Abwägungsprozess, ob eine Datenweitergabe notwendig und angemessen ist, kann nur aus der fachlichen Einschätzung der Institutionen erfolgen. Sie soll nicht die Vertraulichkeit von pädagogischen Beziehungen verletzen.

Der gesamte Text der Vereinarung ist im Internet unter www.schulrecht-sh.de/texte/z/zusammenarbeit_schule_polizei_jugendhilfe.htm veröffentlicht.

Bei leichteren Straftaten im schulischen Bereich sollten wir zu wirkungsvollen Maßnahmen greifen, die die Tat zwar ahnden, aber den Täter nicht kriminalisieren. Das können Absprachen zum **Täter-Opfer-Ausgleich** (siehe S. 82) wie auch andere Formen der Wiedergutmachung sein. Sicher ist der Handschlag des Täters mit dem Opfer eine schöne Geste, aber er genügt nicht, um die Tat vergessen zu machen.

Bei zerstörtem Besitz ist der Ausgleich sehr einfach: Der Täter muss Ersatz leisten. Aber was ist bei zerstörtem Selbstbewusstsein? Hier gibt es keine Ersatzleistung. Hier kann eine Genugtuung des Opfers durch eine öffentliche Entschuldigung oder durch ein nachhaltiges Versprechen, jeden Angriff auf das Opfer in Zukunft zu unterlassen, ein erster Schritt sein.

Bei Vandalismus z.B. galt bei uns die Regel der Schadensregulierung zu Lasten des Schülers bzw. der Eltern.

Bei **außerschulischen Delikten** wird die Schule in der Regel erst im Rahmen der Gerichtsverfahren einbezogen, um das Täterumfeld zu beleuchten. Ansonsten sind diese Taten schulisch zwar interessant für die Sicht des betroffenen Schülers, aber es gibt keinen Informationsfluss zwischen Staatsanwalt und Schule, es sei denn, bei Einstellungen von Verfahren oder Bewährungsstrafen werden Auflagen in schulischer Hinsicht eingebunden.

SCHÜLER MIT PSYCHISCHEN ERKRANKUNGEN U.A.

Im inklusiven Klassenzimmer werden uns auch Schüler begegnen, deren Besonderheiten weit über das Maß hinausgehen, das wir mit unseren Mitteln adäquat behandeln können. Wir können nicht in jedem Fall mit den Eigenarten im Verhalten eines Schülers mit Autismus umgehen. Auch Angstneurosen oder Essstörungen überschreiten ggf. unsere schulischen Möglichkeiten. Bei diesen Schülern ist unter Umständen noch kein Verfahren zur Feststellung des sonderpädagogischen Förderbedarfs eingeleitet worden. Dabei brauchen sie unsere Aufmerksamkeit und Unterstützung dringender als die „bösen Buben", von denen wir schon sprachen. Und wir können diesen jungen Menschen leider oft genug nicht ausreichend helfen.

Wir müssen den Mut, aber auch das nötige Wissen über unsere schulischen Grenzen haben, um bei diesen Schülern andere Einrichtungen zur Hilfe heranzuziehen. Wir sind nicht in der Lage, Schüler mit psychischen Krankheiten oder tief greifenden Entwicklungsstörungen zu therapieren. Wenn wir z.B. einen Schüler mit Autismus unter unseren Schülern haben, so ist schon wichtig, seine speziellen Verhaltensweisen zu verstehen und zu tolerieren und seine Bedürfnisse zu berücksichtigen, aber jeder dilettantische Versuch einer Therapie in der Schule wäre fatal für den Schüler.

Auch Schüler mit Angstneurosen können wir durch unsere Akzeptanz in der Schule unterstützen, wir können sie aber nicht heilen.

Aber da liegt die eigentliche Problematik der psychisch kranken Schüler. In den Fällen, bei denen bereits Therapien durchgeführt werden, können wir durch ständige Kommunikation mit den Therapeuten unseren Teil zur positiven Entwicklung des Schülers beitragen. Dabei sollten wir selbstverständlich die Hinweise der Fachleute beachten und keine eigenen Therapiewege versuchen.

Aber was ist mit den Schülern, die nicht therapiert werden, weil bisher noch keine entsprechende Diagnostik stattgefunden hat? Das gilt vor allem für Schüler mit **Essstörungen**.

Die Zahlen der Erkrankungen in diesem Bereich sind so alarmierend gestiegen, dass selbst die Bundesregierung sich nach einer Anfrage der Linksfraktion zu dem Thema äußerte. Dazu schreiben die „Aachener Nachrichten" in ihrer Ausgabe vom 12. September 2012, Studien hätten ergeben, dass in Deutschland bereits 21,9 Prozent der Kinder und Jugendlichen im Alter von elf bis 17 Jahren Symptome von Essstörungen aufweisen, 28,9 Prozent der Mädchen und 15,2 Prozent der Jungen.

Wenn wir diese Zahlen ernst nehmen, dann kommt uns hier eine äußerst wichtige Aufgabe bei der Unterstützung unserer Schüler zu. Sicher können wir keine Diagnose zu dem Thema Essstörungen geben, aber wir können hinschauen und gegebenfalls den Schüler zu weiteren Schritten überreden, wenn wir einen Verdacht hegen. Oft treten die Essstörungen in der Pubertät auf, unbehandelt können sie sich verfestigen und chronisch werden. So mancher Schüler weist im Laufe der Zeit ein Krankheitsbild auf, das lebenslange Schädigungen verursacht.

Am ehesten erkennbar ist die **Magersucht**, da sie mit extremen körperlichen Veränderungen verbunden ist. Zu starkem **Gewichtsverlust** treten auch eine Reihe von Nebenerscheinungen, die wir als Lehrer nur teilweise erkennen können, wie z.B. Frieren, Konzentrationsverlust, Hautprobleme und Muskelschwäche. Hier wäre ein Gespräch mit dem Schüler oder den Eltern durchaus hilfreich. Zwar wird kein Magersüchtiger sich zu seiner Sucht bekennen, aber seine Erklärungsmuster geben oft deutliche Hinweise (siehe Kasten S. 157).

Die Eltern können durch zusätzliche Informationen aus dem häuslichen Bereich den Verdacht erhärten oder auch abschwächen. Bei verstärktem Verdacht sollten wir auf jeden Fall die Eltern hinzuziehen und zu einer Diagnostik raten. Allerdings sollte dieser Elternkontakt keinesfalls den Schüler beängstigen, unter Druck setzen oder ihm das Gefühl geben, hintergangen worden zu sein.

Es ist für Lehrer gewiss nicht leicht, die Magersucht im Anfangsstadium zu erkennen. Die möglichen Anzeichen sind zusammengefasst auf der Internetseite www.magersucht-online.de. Dort bzw. unter www.hungrig-online.de finden Sie auch ein umfangreiches Informations- und Kommunikationsangebot zum Thema Essstörungen.

www.hungrig-online.de

> - Ihr Ziel ist der perfekte Körper. Gut oder großartig ist nicht genug.
> - Sie haben Angst davor, fett zu sein.
> - Sie leugnen, gefährlich dürr zu sein, gleichgültig ihres Aussehens, weil ihre Selbstwahrnehmung gestört ist.
> - Sie sind besessen von Essen und Diäten und reden ständig davon, und sie registrieren jede Kleinigkeit, die sie zu sich nehmen.
> - Sie kontrollieren ihr Gewicht exzessiv, z.B. durch mehrfach tägliches Wiegen, Markierungen an Gürteln oder Maßbänder. Oder sie probieren in Bekleidungsgeschäften fabrikneue Hosen einer bestimmten Marke und Größe an und kaufen sie nie. Sie waschen bestimmte Kleidungsstücke, mit denen sie ihr Gewicht kontrollieren, kalt oder nie, um eine Größenänderung durch das Waschen zu vermeiden.
> - Sie betreiben übermäßig Sport, um Gewicht zu verlieren oder es zu halten, selbst wenn sie erschöpft, krank oder verletzt sind.
> - Es zeigen sich an ihnen physische Zeichen, dass die Unterernährung die normalen Körperfunktionen verlangsamt: Bei Frauen setzt die Regel aus, Männer werden impotent. Nägel und Haare werden brüchig, die Haut trocknet aus, der Blutdruck sinkt. Die Körpertemperatur sinkt ebenfalls.

Bei der **Bulimie** stellen wir zunächst kaum äußerliche Veränderungen fest, da die Essattacken durch Erbrechen, die Einnahme von Abführmitteln oder übermäßigen Sport kompensiert werden. Darum ist sie noch schwerer zu erkennen als die übrigen Essstörungen. Aber sie führt zu schweren psychischen Veränderungen, wie Depression, Aggression oder sozialem Rückzug, und gehört zu den psychischen Erkrankungen, von denen viele Schüler in der Sekundarstufe I betroffen sind.
Ihre Symptomatik nach den Informationen des Therapienetzes Essstörungen ist unter www.therapienetz-essstoerung.de veröffentlicht. Besagte Adresse ist eine Anlaufstelle für Betroffene, Angehörige und weitere Interessierte.

www.therapienetz-essstoerung.de

> - Essattacken mit Gegenmaßnahmen (Erbrechen, Abführmittel, Sport, Hungern)
> - starke Angst vor Gewichtszunahme
> - körperliche Folgeschäden, wie Kopfschmerzen, Kreislaufstörungen, Verdauungsstörungen, Schlafstörungen, Haarausfall, Müdigkeit, Erschöpfung, Nieren- und Herzschäden …
> - Magensäurebedingte Folgeschäden bei Erbrechen: Schädigungen der Magenschleimhaut, des Magenschließmuskels, der Speiseröhre, der Stimmbänder, des Zahnfleischs und Zahnschmelzes
> - psychische Veränderungen, wie Depressionen, Gereiztheit, Aggressivität, sozialer Rückzug

> Therapienetz Essstörung
> Tel.: 089/72013678-0
> E-Mail: beratung@tness.de
> Es werden persönliche Beratung und Wohngruppen angeboten.

Geschehen diese Gegenmaßnahmen nicht, führen diese Essattacken zu einer deutlichen Fettleibigkeit, die u.U. auch krankhafte psychische Gründe hat. Wir sprechen hier von der **Binge-Eating-Störung**. Das englische Wort „binge" wird mit „Gelage" übersetzt.

Insgesamt können folgende Symptome auf eine Essstörung hinweisen:
- extremes Über- oder Untergewicht
- Gewichtsschwankungen
- Nahrungsverweigerung/übermäßige Nahrungsaufnahme
- körperliche Begleiterscheinungen (z.B. Kreislaufprobleme)
- psychische Begleiterscheinungen (z.B. Stimmungsveränderungen)
- soziale Begleiterscheinungen
- Veränderung der Schulleistung

— *Quelle: www.hungrig-online.de*

In dem Bewusstsein, dass wir nicht über pubertäre Spinnereien, sondern über lebensgefährdende Krankheiten sprechen (Sterblichkeitsquote bei Magersuchtpatienten ist 16 Prozent), kann auch die Schule nicht untätig bleiben. Am Beginn aller Bemühungen steht die Aufklärung des gesamten Kollegiums.

> *Linktipp:* Wer sich näher mit der Thematik beschäftigen will, dem empfehle ich die Internetseiten der Bundeszentrale für gesundheitliche Aufklärung, auf denen u.a. ausführliche Hilfen für Lehrer aufgezeigt werden: www.bzga-essstoerungen.de

Aber es sind nicht nur die Essstörungen, die immer häufiger als Fehlentwicklungen bei Schülern feststellbar sind. Symptome für **andere Störungen** sind oft unerklärliche Krankheitsbilder, wie frühmorgendliches Unwohlsein, Kopfschmerzen, Fieber, Schwindelanfälle und ähnliche Symptome, die zu häufigen Fehlzeiten und u.U. zu Formen deutlicher Schulverweigerung führen, bis hin zum lang anhaltenden Schulschwänzen. Wenn die Eltern dann mit ihren „kranken" Kindern zum Arzt gehen, kann dieser keine krankheitsbedingte Diagnose stellen. Es taucht der Verdacht von Vortäuschung einer Krankheit auf; aber das Fieberthermometer zeigt beispielsweise tatsächlich erhöhte Werte an, und das Kind kann in der Tat das Frühstück nicht bei sich behalten.

In solchen und ähnlichen Fällen sollten wir die Augen offen halten und in gemeinsamen Gesprächen den Eltern zu einer **psychologischen Untersuchung** raten, wenn die Symptome den Verdacht auf eine psychische Erkrankung verstärken. Diese Fälle tauchen nicht selten in unserer Maßnahme für Schulverweigerer in der Stadt bzw. Städteregion Aachen, „MOTIVIA", wieder auf: Hier werden durchweg keine Drückeberger oder Faulenzer unterrichtet, sondern vorwiegend Schüler, die aus **seelischen Gründen** den Schulbesuch verweigert haben und deren Problematik erst in einem sehr späten Stadium erkannt worden ist. In unserer Maßnahme stellen wir immer wieder fest, dass verfestigte Formen von Schulverweigerung wegen psychischer Erkrankungen bei frühzeitigem Eingreifen von Schule, Eltern und Fachleuten vermeidbar gewesen wären. Dies soll kein Vorwurf gegen Kollegen sein, sondern ein Appell an unsere Aufmerksamkeit für die Zukunft.

Bei dem Verdacht auf psychische Erkrankungen von Schülern gelten die immer gleichen Strategien für das schulische Handeln:

> **Verdacht auf psychische Erkrankungen bei Schülern**
>
> - sich rechtzeitig im Internet über mögliche psychische Erkrankungen informieren
> - die Augen offen halten für Krankheitssymptome
> - bei Verdacht Rücksprache mit Kollegen zur Abrundung des Verdachts
> - frühzeitiges Beratungsgespräch mit dem Schüler, wenn dieser einverstanden ist oder sogar darum bittet
> - bei Erhärtung des Verdachts zeitnah mit den Eltern sprechen (Schüler darf sich nicht unter Druck gesetzt oder hintergangen fühlen!)
> - Eltern bei der Einschaltung von Fachleuten unterstützen
> - bei einer eingeleiteten Therapie mit Erlaubnis der Eltern Kontakt zu den Therapeuten aufnehmen, um schulische Konsequenzen zu treffen
> - eventuelle schulische Unterstützungsmaßnahmen koordinieren
> - mit Erlaubnis des Schülers und der Eltern die Kollegen informieren

TRAUMATISIERTE SCHÜLER

TRAUMATA DURCH SCHICKSALSSCHLÄGE

Wir sind keine ausgebildeten Psychologen und auch keine Psychotherapeuten. Aber wir haben in der inklusiven Erziehung deutlich mehr Möglichkeiten, die Schüler zu beobachten und auf Veränderungen und Normabweichungen aufmerksam zu werden. Da wir im inklusiven Unterricht häufig bei Selbstlernabläufen und kooperativen Lernformen als Unterrichtende in den Hintergrund treten und mehr als Lernbegleiter und in Einzelfällen auch als Lernpartner agieren, haben wir – besonders in den Teamstunden – verstärkte Möglichkeiten zur **Beobachtung** der Schüler. So fallen uns dann auch Veränderungen auf, die sonst im Klassenunterricht vielleicht nicht registriert worden wären, wie z.B.:

> langanhaltende geistige Abwesenheit,
> sozialer Rückzug,
> keinerlei Gesprächsbereitschaft,
> plötzliche Aggressivität,
> mangelnde Leistungsbereitschaft,
> Ablehnung von Hilfen,

und andere bei dem Schüler bisher unbekannte Verhaltensweisen.

Ein Vorteil ist das **Vieraugenprinzip** in weiten Bereichen des Unterrichts, also die Anwesenheit zweier Lehrer im Klassenraum. Der andere Vorteil sind die **individualisierenden Unterrichtsformen**, die ebenfalls viel Raum für Schülerbeobachtung geben. Wenn ein Schüler sein Verhalten abrupt ändert, ist das für uns ein Anlass zur Sorge. Zunächst versuchen wir, die Gründe für die Veränderung vom Schüler zu erfahren. Das wird nicht immer leicht sein, und in vielen Fällen holen wir unsere Informationen besser von den Eltern. Die Gründe liegen häufig in traumatischen Erlebnissen im häuslichen Umfeld: Trennung der Eltern, Arbeitslosigkeit, Wohnungswechsel, Tod eines lieben Angehörigen, eines Freundes oder andere schwerwiegende Schicksalsschläge im Leben des jungen Menschen.

In den meisten Fällen ist es sehr schwierig, den betroffenen Schülern zu helfen. Aber schon wenn wir Aufmerksamkeit und Verständnis zeigen, hilft es dem Schüler ein wenig bei der Bewältigung seiner Probleme. Wenn der Tod eines Angehörigen oder eines Freundes Ursache für die Verhaltensänderung ist, können wir dieses Ereignis auch in der Klassengemeinsamschaft zusammen mit dem betroffenen Schüler versuchen, zu bearbeiten; hier muss natürlich sensibel vorgegangen und erst einmal herausgefunden werden, ob dies auch der Wunsch des Schülers ist und ob er darüber sprechen möchte.

Linktipp: Es gibt vielfältige Vorschläge zur klasseninternen Trauerbewältigung, die nicht nur für den betroffenen Schüler, sondern für die gesamte Klasse sehr wichtig ist. Hier ist ein Vorschlag aus der Notfallseelsorge:
www.km-bw.de/servlet/PB/show/1187327/Trauer%20in%20der%20Schule.pdf

Aber es sind nicht nur Trauerfälle und Schicksalsschläge, die einen Schüler traumatisieren können, es sind auch klasseninterne Fehlentwicklungen, die unbemerkt vom Lehrer schwere psychische Schäden verursachen.

Ein weites und für uns Lehrer auch weitgehend unbekanntes Terrain sind die **Angststörungen** bei Schülern. Das Problem wurde uns erst deutlich bewusst, als wir „MOTIVIA" (siehe S. 162) starteten. Es war für uns erschreckend, wie viele dieser Schüler unter psychischen Störungen und hier vorrangig Angststörungen litten. Die von uns angestrebte Rücküberweisung einiger Schüler in ihre Stammschulen scheiterte an den Ängsten, die diese jungen Menschen in großen Klassen und unübersichtlichen Systemen durchstehen mussten.

Info

MOTIVIA wendet sich an schuldistanzierte Jugendliche, die an Regel- und Förderschulen zu Schulverweigerern werden. Sie sollen sozial, psychisch und schulisch (re)integriert werden und lernen, ihr Leben verantwortlich mitzugestalten. Dazu kooperiert das Projekt mit verschiedenen Institutionen.
Durch individuellen (Projekt)Unterricht, sozialpädagogische Beratung und Krisenintervention, die Vermittlung von Konfliktlösestrategien, intensive Elternarbeit und viele weitere Strategien sollen individuelle Ressourcen geweckt und gestärkt und soziale Kompetenzen sowie ein werteorientiertes Selbstbewusstsein gefördert werden.

Trotz hoher Lernfähigkeit waren einige der Schüler nicht in der Lage, ein mehrwöchiges Praktikum außerhalb des engen Schutzraumes der Sondermaßnahme zu absolvieren. Diese Erfahrung hat mich erschreckt. Wie viele Schüler in meinem Berufsleben habe ich als Schwänzer oder Drückeberger behandelt, ohne ihre wirklichen Motive zu hinterfragen? War der Sohn einer alkoholkranken Mutter vielleicht nur deshalb zum Schulverweigerer geworden, weil er Angst um seine kranke Mutter hatte? Was war mit dem Mädchen, das nach der Trennung der Eltern nicht mehr zur Schule gehen wollte, weil es die wahnsinnige Angst hatte, der zurückgebliebene Elternteil könnte sie auch noch verlassen? – Wir können nicht all diese Probleme oder auch mögliche Krankheitsbilder erkennen und noch weniger lösen. Aber wir haben in der Inklusion die neue Chance, die Schüler näher zu beobachten und mehr als sonst auch Ansätze solcher Fehlentwicklungen bei jungen Menschen zu erkennen. Bei unserer Arbeit mit Schulverweigern stellen wir immer wieder fest, dass der Ursprung der Verweigerung sehr oft in Ängsten liegt, die in der Klasse entstanden sind. Eines der größten Probleme ist hier das Mobbing.

VERLETZUNGEN DURCH MOBBING

Wir haben zu Beginn der Arbeit in der Klasse, wie auch in diesem Buch beschrieben, sehr viel für die Stärkung der Schülerpersönlichkeit getan, besonders unter dem Aspekt des Widerstandes gegen die möglichen Angriffe der schwierigen Schüler und der Etablierung einer demokratischen Klassenstruktur. Um so überraschender ist für uns immer wieder das Auftreten massiver Mobbingfälle.

Was ist eigentlich „Mobbing", und wie unterscheidet es sich von spontanen Konflikten? Folgende Merkmale zeichnen Mobbing aus:

Definition

- Mobbing basiert auf einem Machtgefälle.
- Mobbing ist dauerhaft.
- Mobbing ist eine grundlegende Form aggressiven Verhaltens.
- Mobbing findet regelmäßig statt.
- Mobbing basiert auf schädigenden Handlungen.

— Quelle: Kindler, Wolfgang: Schnelles Eingreifen bei Mobbing. Strategien für die Praxis. Verlag an der Ruhr, 2009. ISBN 978-3-8346-0450-7

Wichtig sind hier die Begriffe „dauerhaft" und „Machtgefälle". Der körperliche oder seelische Zweikampf zweier gleich starker Schüler miteinander würde also beispielsweise nicht in diese Kategorie fallen.
Als Lehrer können wir die Gefahr von Mobbing in der Klasse nicht absolut ausschließen, aber minimieren. Dazu gehört eine **ausführliche Information der Klasse**, aber auch eine genaue Information **des Kollegiums** über das Phänomen.

Es ist sehr schwierig für den Lehrer, Mobbing von spontanen Konflikten zu unterscheiden, denn häufig wird das Ausmaß vom Opfer nicht preisgegeben, weil es eine Eskalation der Angriffe befürchtet. Das erklärt auch die Tatsache, dass Informationen über Mobbingfälle eher von außen, etwa von den Eltern, einem Mitarbeiter des Jugendamtes oder einem Therapeuten an die Schule herangetragen werden als von den Opfern selbst. Und dies geschieht in der Regel erst in einem sehr fortgeschrittenen Stadium. Die Möglichkeiten des Lehrers sind in diesem Stadium begrenzt, zumal die Fronten und Parteien sich bereits stark verfestigt haben. Denn eines müssen wir uns auf jeden Fall vergegenwärtigen: Mobbing ist keine Täter-Opfer-Situation, sondern umfasst den gesamten Klassenverband und sogar schulische Gruppierungen, die über den Klassenverband weit hinausgehen. Dazu eine aufhellende Statistik:

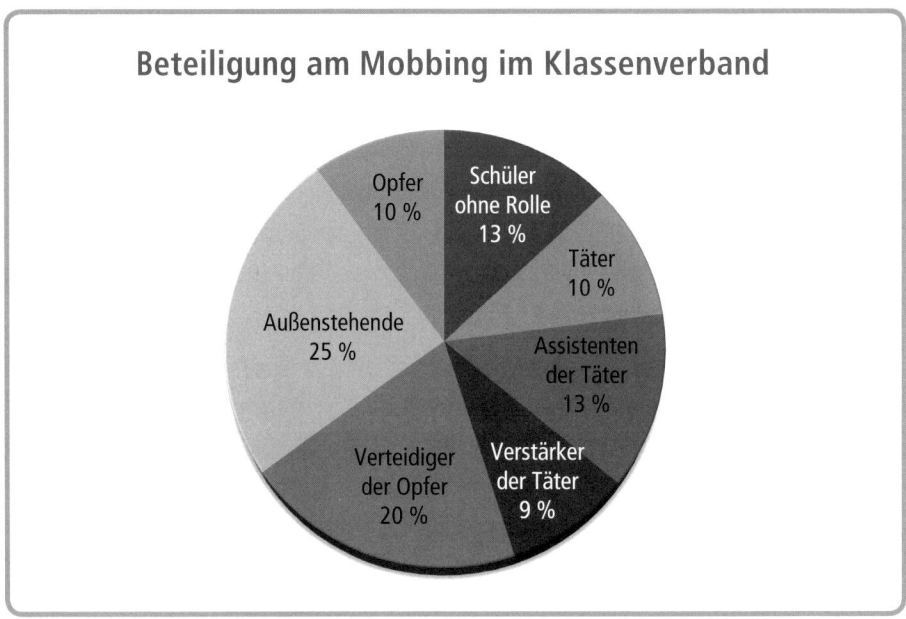

— aus der Broschüre „Aufmerksamkeit und Anerkennung" der BZgA, S. 92, ISBN 3937707417

Diese Statistik zeigt deutlich die hohe Beteiligung auch der Klassengemeinschaft an einem Mobbingfall. Täter kann durchaus das brave Mädchen sein – ebenso wie der wilde Schüler mit herausforderndem Verhalten. Auch bei den Opfern gibt es keine Präferenzgruppe. Entscheidend ist die Zerstörung der friedlichen Klassenstruktur und des positiven Klimas und damit verbunden ein Orientierungsverlust besonders bei den schwierigen Schülern.

Wie können wir als Lehrer diese Fehlentwicklung verhindern oder zumindest prophylaktisch gegensteuern? Sehr gute Vorschläge finden wir in der schon oft zitierten Broschüre der BZgA, „Achtsamkeit und Anerkennung", auf den Seiten 91 bis 109, auf denen folgende Ziele angestrebt werden:

- Unterscheidung zwischen Mobbing und anderen Aggressionsformen
- Sensibilisierung für mögliche Fehler im Umgang mit Mobbing
- systematisches Erfassen von Mobbingfällen
- Förderung von zivilcouragiertem Handeln
- Gewinnen der Klasse als Unterstützer für Mobbingopfer
- Klären von Werten und Entwickeln von Regeln
- Entwickeln gemeinsamer Sanktionen für Regelverstöße

In der Prophylaxe können wir mit Unterstützung des Jugendamts oder eines Sponsors auch ein Antimobbingtraining für die Klasse durchführen. Hier wird in Ergänzung der bisherigen Maßnahmen zur Persönlichkeitsstärkung ganz speziell auf die **friedliche Gegenwehr** gegen Mobbingattacken hingearbeitet. Auch die bewährten klasseninternen Strukturen zur Konfliktbewältigung, wie **Mediation** und **Klassenrat**, können als Hilfen eingeschaltet werden. Hier ist jedoch größte Vorsicht geboten. In Zeiten von Internet, Handy und SMS verschieben die Täter ihre Aktionen auf eine Ebene, die sich der Schule völlig entzieht. Nur wenn das Opfer Vertrauen zum Lehrer hat, wird es bereit sein, auch diese Angriffe offenzulegen. Ohne Außenhilfe wird das Opfer die Aktionen der Täter kaum stoppen können.

Leider sehen wir die Opfer im Endstadium der seelischen Verletzung zu oft in unserem Schulverweigererprojekt MOTIVIA, wo sie trotz ihrer Angstneurosen noch einmal versuchen, in einem Kleingruppenbereich mit hoher Personalbegleitung menschlich und schulisch Fuß zu fassen. Angesichts der Traumata dieser jungen Menschen kann ich nur jedem Kollegen empfehlen, sich für dieses Thema zu sensibilisieren, wenn er sich um die Absicherung eines friedlichen positiven Klassenklimas bemüht.

Literaturtipp: Für Handlungsstrategien in akuten Fällen lässt sich folgendes Buch empfehlen: Kindler, Wolfgang: Schnelles Eingreifen bei Mobbing. Strategien für die Praxis. Verlag an der Ruhr, 2009. ISBN 978-3-8346-0450-7

SCHÜLER MIT AUTISMUS

Ein Thema, das eines eigenen Abschnitts bedarf, ist die Inklusion von Schülern mit Autismus. Hierbei handelt es sich um eine angeborene Störung der Wahrnehmung und Informationsverarbeitung. Dabei ist die Wirkungsweise des Gehirns eingeschränkt oder stark beeinflusst. Man unterscheidet grundsätzlich im Rahmen der Autismus-Spektrums-Störung

- den frühkindlichen Autismus (Auffälligkeit ab dem dritten Lebensjahr, soziale und emotionale Interaktion können qualitativ beeinträchtigt sein, häufig reziproke/ stereotype Verhaltensmuster)
- den Asperger Autismus (kaum Beeinträchtigung der sprachlichen und kognitiven Funktionen, i.d.R. durchschnittlicher oder überdurchschnittlicher IQ, Lernschwierigkeit seltener, häufig soziale Probleme, motorische Beeinträchtigungen und Spezialinteressen möglich)

- ⟫ den funktionalen Autismus (neben der Ausprägung des frühkindlichen Autismus geht es hier auch um den IQ des Kindes)
- ⟫ und den atypischen Autismus, der von den zuvor aufgeführten Formen abweicht.

— *Informationen nach: www.autismus1.de*

Diese Schüler werden ebenfalls als förderbedürftig in der emotionalen und sozialen Entwicklung eingestuft. Allerdings sind hier die Fördermöglichkeiten der Schule sehr begrenzt. Je nach Form und Ausprägung sind autistische Schüler in der inklusiven Klasse nur in enger Kooperation mit dem behandelnden Therapeuten zu fördern. Hier verbietet sich der dilettantische Versuch, diesen Schülern mit althergebrachten Methoden zu helfen. Dies ist vergleichbar mit dem Versuch, eine Eisenkugel im Wasser aufzulösen.

Trotzdem ist es natürlich wichtig, auch diese jungen Menschen in die Klassengemeinschaft einzubeziehen und als wertvolles Mitglied der Gemeinschaft anzuerkennen, auch wenn sie ein ungewöhnliches Sozialverhalten aufweisen. Damit setzen wir auch ein Zeichen für die Mitschüler – obgleich hier die Schüler oft auch dem Lehrer zeigen, wie man respektvoll mit dem Mitschüler mit Autismus umgehen kann, nämlich ganz normal. Das haben wir häufig genug erlebt: Die Schüler ließen dem Mitschüler mit Autismus ohne jede Anleitung seine Schonräume, forderten ihn z.B. auf, mitzuspielen, waren aber in keinster Weise böse, wenn er sich wortlos abwendete. Sie akzeptierten seine Angst vor körperlicher Nähe, ohne ihn in die Ecke zu stellen.

Wir haben viel von der Selbstverständlichkeit gelernt, mit der sie ihren Mitschüler annahmen und behandelten. Wir haben gelernt, ihn morgens freundlich zu begrüßen, wenn er als erster eine halbe Stunde vor Unterrichtsbeginn bei Wind und Wetter immer an derselben Stelle auf dem Schulhof stand und immer in dieselbe Richtung schaute. Wir haben ihn begrüßt, obgleich er uns keines Blickes würdigte, denn wir hatten von den Schülern gelernt, wie normal er behandelt werden musste.

Um das Phänomen des Autismus grob zu beschreiben, möchte ich die Darstellung des Dachverbands Autismus Deutschland e.V. nutzen. Typisch sind Erscheinungsformen wie beispielsweise:

- ⟫ Vermeiden von Blickkontakt
- ⟫ Vermeiden von Körperkontakt
- ⟫ bizarre Bewegungen
- ⟫ wie taub wirken
- ⟫ auffällige Sprache/Echolalie

- ≫ kein kreatives Spielen, kein Spielen mit anderen Kindern
- ≫ außergewöhnliche Begabungen in Teilbereichen
- ≫ Lachen und Kichern ohne ersichtlichen Grund
- ≫ Verweigerung von Veränderungen
- ≫ keine Angst vor normalen Gefahren

— *Informationen nach: www.autismus.de*

Allerdings geht diese Übersicht nicht auf die **individuellen Ausprägungen** der einzelnen Verhaltensformen ein. Wir können bei Schülern mit Autismus kein einheitliches Persönlichkeitsschema aufstellen, sondern müssen in jedem **Einzelfall** die individuellen Verhaltensweisen beobachten und einschätzen lernen. Das führt leider auch häufig dazu, dass Autismus erst sehr spät oder auch gar nicht diagnostiziert wird.
Sollten bei einem Schüler Verdachtsmomente auftauchen, ist dringend ein Gespräch mit den Eltern zu initiieren, um auch häusliche Verhaltensformen einbeziehen zu können. Aber auch dann ist es teilweise schwer, die Eltern zu einer fachärztlichen Diagnostik zu überreden.

Allgemein kann ggf. (zumindest zu Beginn) ein Einzelplatz in der Klasse sinnvoll sein, auch sollte der Schüler die Möglichkeit bekommen, Auszeiten zu nehmen. Feste Regeln und Rituale und die tägliche Reflexion von Entwicklungszielen schaffen Struktur, die die Schüler dringend brauchen. Sehr sinnvoll ist auch ein fachlicher Schulbegleiter, der den Schüler im Alltag unterstützt.

DER PARADIGMENWECHSEL VON DER SCHULE MIT INKLUSION ZUR INKLUSIONSSCHULE

6

6 Classroom-Management im inklusiven Klassenzimmer

Dieser Paradigmenwechsel vollzieht sich nicht sofort, sondern in mehreren Etappen und auf mehren Ebenen. Es handelt sich hier nicht etwa um einen organisatorischen oder rein pädagogischen Strukturwandel, sondern um eine systemische Neuorientierung.

DIE SCHULE

Eine „Schule mit Inklusion" kann jede Schule sein, die Schüler mit Behinderungen aufnimmt und in inklusiv arbeitenden Klassen unterrichtet. Die übrigen Klassen sind weitgehend nicht beteiligt. Eine „Inklusionsschule" ist dagegen eine Schule, die uneingeschränkt **alle Schüler** aufnimmt und den gesamten Unterricht an den individuellen Möglichkeiten der Schüler orientiert. Sie hat keine Sonderregeln für Schüler mit Behinderung. Sie ist schlicht und einfach **die Schule für alle**. Wer glaubt, dass diese Zielsetzung überzogen und unerreichbar ist, sollte sich einmal mit dem finnischen oder schwedischen Schulsystem beschäftigen, wo inklusiv arbeitende Gesamtschulen selbstverständlich sind. Wir müssen uns in Deutschland langsam an die Selbstverständlichkeit der Inklusion herantasten.

— Plakat des Netzwerks Inklusion,
   http://netzwerkinklusionffm.wordpress.com

Inklusion ist inzwischen ein gesamtgesellschaftliches Anliegen geworden. Deshalb wird die Schule als Institution ihrer Verpflichtung zu inklusivem Handeln nachkommen müssen. Darum sollten wir den Mut haben, unsere Schule zu einer konsequenten Schule für alle weiterzuentwickeln.

Was wäre unbedingt erforderlich, um diesen Schritt zu wagen?

Als Erstes brauchen wir **Mut und Leidenschaft**, den Mut, um diesen Schritt zu wagen, und die Leidenschaft, um das Ziel mit aller Kraft zu verfolgen. Aber auch die Rahmenbedingungen müssen stimmig sein. Wir brauchen die Menschen, die bereit sind, sich diesem Ziel zu widmen. Es muss Lehrer geben, die ihr Wissen erweitern wollen, um den Anforderungen des neuen Berufsbildes „Lernbegleiter" gerecht zu werden. Wir brauchen einen Stab von starken Beratern, die Schüler, Eltern und Kollegen in kritischen Situationen unterstützen und in der Lage sind, die Interessen der Inklusionsschule zu wahren. Dazu gehören ein bis zwei ausgebildete Beratungslehrer, ein bis zwei Sozialpädagogen und im Idealfall ein ausgebildeter Schulpsychologe. Die Inklusionsschule muss sich auf eine starke Schulleitung stützen können, die bereit ist, bei der Schulaufsicht und dem Schulträger alles zu tun, um die angemessene personelle und sachliche Ausstattung zu erreichen. Sie muss auch den organisatorischen Rahmen für die funktionierende Inklusionsarbeit schaffen und alle Möglichkeiten ausschöpfen, um die unumgänglichen Fortbildungsmaßnahmen für die Kollegen zur Verfügung zu stellen. Und wir benötigen für all diese Veränderungen **Zeit**. Es ist schlichtweg unmöglich, diesen rigorosen Strukturwandel in wenigen Monaten zu vollziehen. Sicher lässt sich das eine oder andere morgen ändern, andere Wechsel müssen monatelang vorbereitet werden, und es gibt mit Sicherheit auch Veränderungen, die Jahre brauchen.

Deshalb ist es durchaus sinnvoll, eine Agenda mit festen Zeitabläufen zu erstellen, damit jeder weiß, was wer bis wann tut, damit die Weiterentwicklung zur neuen Schule erfolgreich ist. Dabei kann es keine allgemein gültigen Terminierungen geben, da die standortspezifischen Unterschiede einfach zu groß sind.

Die „neue" Schule
- ☑ Lehrer als Lernbegleiter und Berater
- ☑ ein starkes, multiprofessionelles Team
- ☑ viele Fortbildungen

DIE „NEUEN" LEHRER

Diese neue Schule braucht keine neuen Lehrer, sondern Lehrer, die sich neu orientieren, die bereit sind, ihr Berufsbild neu zu erfinden. Wir kommen nur ans Ziel, wenn genügend Kollegen willens sind, ihre berufliche Einsamkeit zu verlassen und in Teams zu kooperieren. Kein Lehrer leidet mehr für sich alleine. Jeder kann sich ohne Scheu Hilfe bei Kollegen suchen. Wenn kreative und kompetente Kollegen kooperativ in den Inklusionsklassen arbeiten, sind sie auch in der Lage, die Methodenvielfalt anzubieten, die in der Inklusion dringend erforderlich ist.

Der entscheidende Schritt ist der Wechsel von der Schule des Unterrichts zur **Schule des selbstständigen Lernens**. Hier hat dann jeder Schüler die Chance, seine individuellen Möglichkeiten voll auszuschöpfen.

Die Lehrer werden in der inklusiven Lernlandschaft selbst zu **Lernenden**. Sie lernen im **Team**, wenn sie die Erfahrungen und Kompetenzen des Teampools austauschen und durch den Synergieeffekt die optimale Unterrichtsgestaltung entwickeln. Die Lehrer lernen von den Kollegen. Sie lernen in **Fortbildungen** und erkennen wieder, wie Lernen vor sich geht. Sie lernen auch von den **Schülern**, wenn sie genau hinschauen und hinhören.

Lernende Lehrer können ihre Lernerfahrungen an die Schüler weitergeben. Sie geben ihre Rolle als Herrscher des Wissens auf und geben den Schülern durch **vielfältige, neu gelernte Methoden** die Chance, selbstständig zu lernen. Sie lehren nicht, sondern geben den Schülern Anreize zum Lernen. Sie geben lediglich die Inputs, um das selbstständige Lernen in Gang zu setzen.

Neben der methodischen Kompetenz und Kreativität zeigen die Lehrer **Achtung und Anerkennung**, und ihre Einstellung zu den Schülern ist von Respekt und Zuwendung geprägt. Angesichts der Probleme mit einigen schwirigen Schülern sollten sie die Gelassenheit und professionelle Intelligenz beweisen, die ihnen den Zugang zu diesen Schülern offen hält. Diese professionelle Intelligenz befähigt sie auch, das eine oder andere kleine Störmanöver einfach zu ignorieren, über den guten Witz zu lachen und manchen Streich sogar lustig zu finden, wenn keine Mitschüler oder Lehrer dabei verletzt werden. Selbst wenn sie bei schweren Vorfällen das Verhalten dieser Schüler zu Recht missbilligen, so lehnen sie die Menschen nicht ab und versuchen immer wieder, auch diejenigen, mit denen es zu den meisten Problemen kommt, zu achten und zu fördern. Das geht nicht ohne grundsätzliches Umdenken bei der Betrachtung des Schülers mit dem sonderpädagogischen Förderbedarf emotionale und soziale Entwicklung. Es muss uns in der Inklusion dieser Schüler gelingen, ihr Handeln unter einem anderen Aspekt als dem der Förderbedürftigkeit zu sehen. Der Lehrer kann einen Angriff auf einen Mitschüler durchaus als aggressiven Gewaltakt eines schwierigen Schülers interpretieren, er kann aber auch versuchen, durch die andere Sicht der möglichen Motive in diesem Gewaltakt eine missglückte Form von Kontaktaufnahme zu erkennen.

Damit erreicht er auch eine völlig andere **Handlungsebene**. Er kann dem Schüler helfen, die angemessene Form einer Kontaktaufnahme zu versuchen. Mit diesem **Perspektivwechsel** stellen wir neben der Methodenkompetenz, der Teamfähigkeit und der permanenten Lernbereitschaft eine weitere, sehr hohe Anforderung an den Inklusionslehrer. Kurzum, die Lehrer in der Inklusion müssen nicht die Besten der Besten sein, aber sie sollten den Ehrgeiz entwickeln, es werden zu wollen. Und mit dieser Devise möchte ich keinen Kollegen abschrecken – ganz im Gegenteil. Wer sich diesem neuen Berufsbild annähert, wird feststellen, dass seine Arbeit plötzlich wieder Freude macht, dass die Schüler in einem neuen positiven Licht erscheinen, dass Kollegen echte Kollegialität zeigen und dass der Schwung der ersten Berufsjahre wieder auffrischt angesichts des Neuanfangs. Wir werden uns an einer neuen Anerkennung von Schülern und Eltern erfreuen können, weil wir auf unserer Seite den Schülern und Eltern neue Achtung und Anerkennung entgegenbringen. Wir sind keine isolierten Einzelkämpfer mehr, sondern Mitglieder einer Gemeinschaft von Menschen, die die Gesellschaft der Zukunft mitgestaltet. Wir haben eine gemeinsame Aufgabe mit den Kollegen, den Eltern und vor allem mit allen Schülern zu bewältigen.

Die „neuen" Lehrer
- ☑ beratend und begleitend
- ☑ selbst Lernende
- ☑ stark im Team
- ☑ Methodenvielfalt
- ☑ Achtsamkeit und Anerkennung
- ☑ Perspektivwechsel

DIE ELTERN

Was helfen alle internen Anstrengungen, wenn es uns nicht gelingt, auch die Eltern zu uns ins Boot zu nehmen! Ohne die Erziehungspartnerschaft zwischen Schule und Elternhaus ist es nicht möglich, bei den auffälligeren Schülern Fortschritte zu erzielen. Das gilt nicht nur für die Eltern der Schüler mit dem Förderschwerpunkt emotionale und soziale Entwicklung, sondern grundsätzlich für die Eltern aller Schüler, deren Defizite im Lern- oder Verhaltensbereich dauerhaft oder sporadisch eine außerschulische Unterstützung brauchen.

Die Inklusionsschule ist keine Sondereinrichtung für Eltern von Schülern mit Behinderungen, sondern eine Schule, die auf die **Kooperation mit allen Eltern** angewiesen ist. Denn jeder Schüler hat irgendwann ein Problem, eine Krise oder eine Notlage, bei der die Lehrer alleine ratlos sind – die Eltern aber auch. Es gehört zur grundsätzlichen Problematik der Sekundarstufe I, dass die Schüler in diesen sechs Jahren die größten Entwicklungsschritte mit den größten Verunsicherungen und den größten Fehlern durchlaufen. Die Eltern sind in dieser Phase genau wie die Lehrer den höchsten Anforderungen an Geduld und Respekt ausgesetzt.

In einer kooperativen Partnerschaft können gemeinsame Wege in dieser Situation eher zu einer Problemlösung führen. Und sollte die Lösung nicht gefunden werden, steigt die Bereitschaft der Eltern, mit uns gemeinsam auch Spezialisten hinzuzuziehen. Ein altes afrikanisches Sprichwort sagt:

Es bedarf eines ganzen Dorfes, um ein Kind zu erziehen.

In Umwandlung dieses Sprichwortes können wir sagen: Wir brauchen oft einen umfassenden **Wissenspool**, um einen Schüler mit Schwierigkeiten in seiner Entwicklung zu fördern. Und zu diesem Pool gehören die Eltern unbedingt hinzu, nicht als Rat Suchende, sondern als gleichwertige Partner in dieser Gruppe. Nur kooperative Lösungsstrategien werden nachhaltig wirksam sein. Ein junger Mensch mit herausforderndem Verhalten hat nicht nur in der Schule, sondern im gesamten sozialen Umfeld seine Probleme. Nur wenn die Eltern, die Schule, das Jugendamt und u.U. sogar der Sport- oder der Musikverein ein ganzheitliches Konzept erstellen, ist eine wirksame Veränderung erreichbar.

DIE SCHÜLER

Zu Beginn des Buches habe ich die Schüler in zwei Gruppen eingeteilt: Regelschüler und Förderschüler. Die Förderschüler waren noch einmal nach Förderschwerpunkten sortiert. Später war die Rede von Inklusionsschülern mit und ohne sonderpädagogischen Förderschwerpunkt. Wenn wir den Gedanken der Inklusion ernst meinen, **ist jede Unterteilung in einzelne Schülerkategorien unsinnig**.

Alle Schüler sind lernende Individuen mit ganz verschiedenen Begabungsrichtungen, die ihr eigenes optimales Individualziel anstreben. Der Begriff der sonderpädagogischen Förderung erübrigte sich, wenn die personelle Ausstattung der „neuen" Schulen mit

Lernbegleitern (Lehrern), Erziehungshelfern (Sozialpädagogen) und Beratern (Psychologen) den Bedürfnissen aller Eltern, Lehrer und Schüler angepasst würde. Bis zu diesem Wunschziel müssen wir in manchen Bundesländern noch die sonderpädagogischen Förderbedürfnisse feststellen, um entsprechende Lehrerzuweisungen zu erhalten. In NRW wird dieses Vorgehen wahrscheinlich bald geändert werden, da die Feststellungsverfahren weitgehend nur auf Antrag der Eltern erfolgen und damit viel seltener durchgeführt werden. Die frei werdenden Förderschullehrer könnten auf die allgemeinen Schulen verteilt werden. So entstehen am Ende Lehrerteams, in denen alle Lehrer für die individuelle Förderung aller Schüler verantwortlich sind.

Die Schüler mit akuten oder auch dauerhaften Verhaltensproblemen werden von dem Lehrer betreut und beraten, der den besten Zugang zu dem jeweiligen Schüler und dessen Eltern hat. Aber die Schüler lernen auch aus eigenem Antrieb, ihr Verhalten zu steuern und zu kontrollieren, weil sie **ganzheitlich zu Selbstlernprozessen befähigt werden**. Wenn Schüler zu einer gesunden Selbsteinschätzung angeregt worden sind und die notwendige Selbstständigkeit und Teamfähigkeit entwickelt haben, ist damit auch der Weg zu einer positiven Verhaltensänderung geebnet.

Dabei spielen auch die **Vorbilder** der Mitschüler und der Lehrer eine große Rolle. Die schwierigen Schüler erkennen ihr Spiegelbild in den Augen des Lehrers. Wenn der Lehrer ihnen die nötige Anerkennung spiegelt, werden sie alles versuchen, diesem Bild gerecht zu werden. Sicher wird es in diesem System auch immer wieder Rückschläge und Pannen im Verhalten geben, aber der Schüler wird nach und nach lernen, wie er diese Pannen vermeiden kann. Die Lehrer, Therapeuten oder Berater werden ihm sicher dabei helfen, aber nur wenn die individuellen Möglichkeiten nicht zur Problemlösung ausreichen. Wenn jedoch der gesamte Unterricht auf individuelle Lernprozesse umgestellt ist, bei denen die Lernbegleiter nur die nötigen Inputs geben, werden viele Verhaltensprobleme abgemindert werden, weil die Schüler lieber lernen, als Unsinn zu machen.

Wir sollten jedoch in unseren Träumen nicht so weit gehen, dass die „neue" Schule keine Probleme mit Provokationen, Gewalt und Fehlverhalten haben würde. Das ist eine Utopie ohne Aussicht auf Realisierung. Aber Schüler und Lehrer werden in einer **weitgehend friedlichen Lernatmosphäre** in einem **demokratischen Klassenverband** mit selbstbewussten Lernpartnern besser mit diesen Problemen umgehen als bisher. Und sie werden gemeinsam mit den Eltern alle Möglichkeiten der außerschulischen Hilfen ausschöpfen wollen, können und müssen.

Die Schüler
- [x] eigenverantwortliches Lernen
- [x] Lernen am Vorbild
- [x] Selbstständigkeit und Teamfähigkeit

DAS CLASSROOM-MANAGEMENT

Wenn wir jetzt alle Handlungsebenen und alle Handlungsstränge miteinander verbinden, stellen wir fest, dass Classroom-Management in der Inklusionsschule ein **breit gefächertes Aktions- und Einstellungsspektrum** beinhaltet. Wir sollten uns jedoch durch die Vielzahl der Möglichkeiten und Anforderungen nicht abschrecken lassen. Das Classroom-Management ist ein Prozess, der sich inhaltlich und zeitlich nur nach und nach zum Idealbild entwickeln kann.

Es ist die vornehmliche Aufgabe des einzelnen Lehrers, des Klassenkollektivs und des Gesamtkollegiums, diesen Entwicklungsprozess nach Machbarkeit und Priorität zu strukturieren, zu planen und durchzuführen. Nur so verhindern wir, dass wir uns verzetteln oder auch teilweise überfordern.

Der Prozess darf nicht zwanghaft stringent ablaufen. Die Lehrer dürfen nicht unter dem Prozesszwang leiden, sondern sie sollten alle Schritte mit Freude und Lust an der Veränderung vollziehen. Deshalb muss auch hier wieder die Professionalität der Lehrer eingefordert werden. Nur mit **Augenmaß, Gelassenheit und optimistischem Realismus** lässt sich die Entwicklung des Classroom-Managements erfolgreich in Gang setzen und auch zu einem zufrieden stellenden Paradigmenwechsel zur Inklusionsschule vollenden.

Das Spektrum erfasst eine Vielzahl von menschlichen Beziehungen und Kooperationsgemeinschaften. Daneben steht eine neue Unterrichtsgestaltung mit einem hohen Anteil an selbstständigem Lernen. Und nicht zuletzt spielen die organisatorischen Komponenten in der Planung und Durchführung eine große Rolle.

Classroom-Management ist mehr als eine Veränderung im Klassenklima oder in der Unterrichtsgestaltung einer einzelnen Klasse. Classroom-Management ist Teil einer **systemischen Veränderung der gesamten Schule**, von der alle schulischen Ebenen gleichermaßen betroffen sind.

DIE MENSCHLICHEN BEZIEHUNGEN

Herausragende Anforderungen in den menschlichen Beziehungsstrukturen sind vor allem **gegenseitige Anerkennung und Achtung**.

Das Verhalten der Lehrer gegenüber den Schülern ist geprägt von **Respekt, Toleranz und Vertrauen**. Auf dieser Basis erleben sie ein anderes Bild von den Schülern. Sie versuchen immer mehr, sie nicht nach ihren sonderpädagogischen Einstufungen oder

Nichteinstufungen oder nach ihren schulischen Leistungen zu beurteilen. Sie sehen in jedem einzelnen von ihnen einen jungen Menschen, der ihnen in einer entscheidenden Entwicklungsphase anvertraut worden ist. Sie entscheiden mit über den künftigen Lebensweg dieser jungen Menschen und müssen daher alles versuchen, **die positiven Anlagen eines jeden Schülers optimal zu entwickeln**. Dazu gehört ein gehöriges Maß an Vertrauen auf die erfolgreiche Wirkung der Selbstlernsysteme.

Die Lehrer bauen bei den schwierigen Schülern auf die Fähigkeit, sich so zu entwickeln, wie sie als Lehrer es ihnen zutrauen. Sie versuchen in allen Situationen, sich so zu verhalten, dass die Grundlage des Vertrauens zu diesen Schülern nicht verloren geht. Die Schüler sehen auf der anderen Seite in den Lehrern nicht mehr die Vermittler von Unterrichtsstoff, sondern **Initiatoren selbstständiger Lernprozesse**, **Begleiter** beim Lernen und Forschen und im pädagogischen Bereich **Motivatoren** für positive Entwicklungen. Sie empfangen von den Lehrern keine Ratschläge und Rezepte, sondern **Anreize** zur selbstständigen Weiterentwicklung.

Sicher spielt in diesem Beziehungsnetz auch das Verhältnis zwischen Lehrern und Eltern eine große Rolle. Dabei ist das Urteil der Schüler über den Lehrer ein sehr starker Hinweis für die Eltern. Die Akzeptanz und das Vertrauen ihrer Kinder zu einem Lehrer werden an die Eltern weitergegeben. Die Eltern sehen in dem Lehrer nicht mehr eine erhöhte Persönlichkeit mit überlegener Erziehungskompetenz, sondern einen **Partner** in der Erziehung ihrer Kinder. Und die Lehrer revidieren andererseits ihr Bild von den erziehungsschwachen Eltern und sind bereit, mit den Eltern auf Augenhöhe zu kooperieren.

Aber auch in der Beziehung der Kollegen untereinander verändern sich die Strukturen. Wo früher Einzelkämpfer in geschlossenen Räumen unterrichtet hatten, arbeiten jetzt **Teams und Kollektive** bei offenen Türen und in ständiger Kommunikation. Die hierarchischen Unterschiede zwischen Klassen- und Fachlehrern, Lehrern für Haupt- und Nebenfächer oder noch deutlicher zwischen dem Deutsch- und dem Sportlehrer entfallen zu Gunsten einer **gegenseitigen Anerkennung**. Jeder einzelne Kollege kann seinen Teil zum Erfolg des Kollektivs beitragen, wenn er einbezogen wird.

Es gibt untereinander **institutionelle Hilfe- und Beratungssysteme**, die auf gegenseitiges Vertrauen und gegenseitige Anerkennung aufgebaut sind, es entstehen Teams, die sich in **gemeinsamer Verantwortung** den schwierigen Aufgaben ihres neuen Berufsbildes stellen. Ob es innerkollegiale Beratung oder Supervision oder kooperative Jahres-, Monats- oder Förderpläne sind, alle Prozesse innerhalb der Schule werden **kooperativ** vollzogen.

In einem solchen kollektiven System kann auch die Schulleitung nicht isoliert außen oder obendrüber stehen. Auch die Leitung muss sich in das Kollektiv einbringen. Sie ist verantwortlich für die Einhaltung der Absprachen, aber auch für die Vorgabe der pädagogischen Richtung, die eine Schule nehmen soll. Allerdings regelt sie diese nicht über Anordnungen, sondern sie gibt Anreize zur selbstständigen und demokratischen Weiterentwicklung der gesamten Schule. Auch die Schulleitung profitiert in hohem Maß von der selbstgesteuerten Kooperation der Lehrer auf allen Ebenen. Sie bleibt im Hintergrund, wenn die Kollektive erfolgreich sind, und sie gibt neue Anreize, wenn die Entwicklung eines Kollektivs ins Stocken gerät.

So entsteht ein ganzheitliches System von Kooperation, Kommunikation, Anerkennung und Achtung auf allen Beziehungsebenen der Schule. Dieses Klima ist durchgängig und umfasst auch die inneren Strukturen in einer Klasse. Damit ist ein wesentlicher Schritt zum Gelingen des Classroom-Managements vollzogen. Ein weiterer, stärker nach innen orientierter Faktor ist die Unterrichtsgestaltung.

Die menschlichen Beziehungen
- ☑ Kooperation
- ☑ Kommunikation
- ☑ Anerkennung
- ☑ Achtung

DIE UNTERRICHTSGESTALTUNG

Wenn selbstständiges kooperatives Lernen mehr als nur ein Stichwort sein soll, müssen wir die **Lernprozesse** in der Klasse neu gestalten. Im Rahmen der tradierten Unterrichtsformen ist dies kaum möglich. Selbst Stichworte wie handlungsorientiert oder schülerorientiert sind immer noch Adjektive zum Wort „Unterricht".

Was wäre, wenn wir das Unterrichten als Lehrer einstellten und unser Hauptaugenmerk auf das eigenständige Lernen der Schüler richteten?

Könnten wir uns vorstellen, als Lehrer nur noch einen **Input** zu geben und die weitere Ausgestaltung des Lernens in die Verantwortung der Schüler zu übergeben? Sicher haben wir schon Beispiele, wie Stationenlernen, Lernwerkstatt oder kooperative Lernsysteme, ausprobiert. Dabei ging allerdings die Steuerung des Lernens noch immer von uns aus. Dabei wären die Schüler vielleicht auch mal in der Lage, Lernstationen zu einem Thema selbst zu entwickeln. Oder sie könnten über Schülerreferate die Inputs für selbstgesteuertes Lernen geben. Die Lehrer versuchen in der inklusiven Schule, möglichst viel Verantwortung für das Lernen an die Schüler zu übertragen. Die Verantwortung des Lehrers liegt dabei im Wesentlichen in der Strukturierung und Zielorientierung des Unterrichtsstoffes. Nach dem nötigen Input in Form eines Lehrervortrags, eines Schülerreferats, einer Filmsequenz oder anderer thematischer Einstiege gibt er die Gestaltung der Lernprozesse in die Hand der Schüler und greift nur noch da ein, wo Schüler nicht zurechtkommen oder einen offensichtlich falschen Weg einschlagen.

Dadurch haben Sie auf der anderen Seite die nötigen Räume zur **individuellen Unterstützung**, zur **genauen Beobachtung** und zu **vielfältigen Erkenntnissen** über die Fähigkeiten und Begabungen der einzelnen Schüler. Wir streben neue Lernarrangements an, in denen alle Schüler nach ihren individuellen Möglichkeiten eingebunden sind. Diese Arrangements beziehen sich nicht nur auf das stoffliche Lernen, sondern sie umfassen auch die sozialen Lernprozesse bis hin zur klasseninternen Konfliktlösung in der Mediation oder im Klassenrat.

Sicher bedarf diese systemische Umorientierung einer umfangreichen und zeitaufwändigen Vorbereitung und ständiger Reflexion und Evaluation im Lehrerteam und ist auch nur schrittweise durchführbar. Es gibt aber Schritte, die schon morgen oder vielleicht nächste Woche oder in einem Jahr vollzogen werden können.

Wenn wir das Classroom-Management ernsthaft zum Erfolg führen wollen, können wir nicht an den konventionellen Vorstellungen von Unterricht festhalten. Wir müssen uns dem **kooperativen, selbstgesteuerten** Lernen zuwenden, um das Klassenklima erfolgreich weiterzuentwickeln. In einem positiv gestalteten Klassenklima können sich auch die Schüler mit Schwierigkeiten in ihren Defizitbereichen weiterentwickeln, auch wenn diese Aufgabe für manche schwieriger sein wird als für andere.

DIE RAHMENBEDINGUNGEN

Alle guten Vorsätze wären nutzlos und müßig, wenn wir nicht die angemessenen Rahmenbedingungen für ein solides Classroom-Management bekämen. Dazu gehört zunächst eine **adäquate personelle Ausstattung**. Ohne die personellen Ressourcen können wir zwar Teilbereiche des Classroom-Managements abdecken, aber es gibt deutliche Grenzen bei den Individualisierungsansprüchen der Schüler und bei den Selbstlernsystemen, da uns die nötigen Freiräume zur Beobachtung der Einzelschüler fehlen und wir kaum das selbstgesteuerte Lernen angemessen begleiten können. Zumindest eine halbe Förderlehrerstelle gehört zur Personalausstattung der inklusiven Klasse.

Ob jetzt die Lehrerzuweisung in Zukunft an die Anzahl der festgestellten Förderbedarfe gekoppelt ist oder nicht, spielt bei der Zusammenstellung der Klassen keine entscheidende Rolle. Wichtig ist vor allem, dass das **Begabungsspektrum** und die jeweiligen **Förderempfehlungen** der abgebenden (Grund-)Schulen einigermaßen gleichmäßig verteilt sind. Bei der Lehrerbesetzung der Klasse sollten schon eine ganze Lehrerstelle der allgemeinen Schule und mindestens eine halbe Förderschullehrerstelle ein Klassenteam bilden. Die **Klassenstärke** sollte an der unteren Grenze liegen (22–25), und pro Klasse sollte es nicht mehr als zwei Schüler mit herausfordernden Verhaltensmustern geben.

Zur Inklusionsschule gehören auch ein bis zwei **Schulsozialarbeiter** und eventuell ein **Schulpsychologe**.

Neben dieser Mindestausstattung muss es ein breit gefächertes Angebot für **Fort- und Weiterbildungen** geben, um die Lehrer auf ihre neuen Aufgaben vorzubereiten. Die organisatorischen Bedingungen durch Stundenplangestaltung, Freiräume für Projekte, schulinterne Timeout-Systeme und geregelte Beratungsabläufe werden durch das Kollektiv und die Schulleitung gewährleistet. Die räumliche und sachliche Ausstattung muss den Anforderungen der neuen Lernarrangements angepasst werden. Schule und Klasse müssen nach und nach in ein liebenswürdiges Lern- und Lebensumfeld verwandelt werden, das alle Möglichkeiten zum selbstgesteuerten Lernen offen hält. Besonders die Neugestaltung des Klassenraums ist ein wesentlicher Faktor des Classroom-Managements.

Im inklusiven Unterricht ist es sicher ratsam, den Ganztagsunterricht einzuführen, um auch die Übungsphasen in der Schule zu absovieren und nicht als Hausaufgaben ableisten zu lassen. Dadurch werden auch die schulischen Nachteile der Kinder aus den sozial schwachen Familien erheblich vermindert. Da unsere Schüler mit sonderpädagogischem Förderbedarf überproportional häufig aus bildungsfernen, sozial schwachen Familien stammten, war die Ganztagsschule auch für uns ein angemessenes Instrument zur Verbesserung der schulischen Chancen der betroffenen Schüler.

Außerdem bietet der Ganztag eine Vielzahl von Möglichkeiten, die den Rahmen der Wissensvermittlung weit überschreiten. Durch die Erweiterung des Aufenthalts in der Schule entstehen Freiräume, die für den Erfolg der Inklusion unerlässlich sind. Dadurch können handwerkliche Projekte ebenso durchgeführt werden wie schulische Forschungsprojekte, es kann Sportförderunterricht angeboten werden, Langlauftraining als Therapiemaßnahme, Freiarbeit, Schulchor, Schulband und Theater-AG, Literatur-AG neben Judo und anderen Kampfsportarten und vieles mehr, was die individuellen Neigungen und Fähigkeiten über den Stoffplan hinaus fördert und weiterentwickelt. Ein wichtiger Nebeneffekt all dieser freizeitrelevanten Maßnahmen liegt jedoch auch darin, dass die Schüler ihre Schule als Lebensraum erfahren und eine positive Verbundenheit zur Schule entwickeln.

AUSBLICK

Selbst wenn das gesamte Bedingungsfeld stimmig angepasst ist, bleibt das Classroom-Management kein Selbstläufer, schon gar nicht für die Schüler mit herausforderndem Verhalten. Aber wir können davon ausgehen, dass auch diese Schüler, wie alle anderen, von den Erfolgen des Classroom-Managements profitieren. Für sie sind die klimatischen Veränderungen im Gesamtfeld Schule und besonders im Teilbereich Klasse von großem Wert. Wenn das selbstgesteuerte kooperative Lernen im Mittelpunkt der pädagogischen Arbeit steht, gilt das auch für das Lernen von Verhaltensweisen und sozialen Bindungen. Hier hilft vor allem auch die Kooperation mit den Mitschülern, die in einem geschlossenen System von Hilfsbereitschaft auch diesen Schülern helfen werden. Hinzu kommt die neue Stellung des Lehrers, der auch auf dem Sektor der emotionalen und sozialen Entwicklung Impulse geben kann und den Veränderungsprozess als Moderator begleiten kann, weil er über die nötigen Freiräume verfügt.

Obwohl es auch immer wieder Ausraster und vielleicht sogar brutale Gewalttaten oder sonstige schwere Vergehen an Schulen und so auch an Inklusionsschulen geben wird, besteht die berechtigte Hoffnung, dass wir durch eine umfassende Revision der Schulstruktur und ein damit verbundenes Classroom-Management die Chancen zu einer positiven emotionalen und sozialen Weiterentwicklung wesentlich erhöhen.

Die Frage bleibt jedoch: „Wann werden wir die Inklusionsschule in Deutschland konsequent eingeführt haben?"

Nordrhein-Westfalen hat z.B. am 20. September 2012 einen Referentenentwurf für die inklusive Bildung veröffentlicht, in dem das gemeinsame Lernen von Kindern mit und ohne Behinderung zum Normalfall gemacht werden soll. Dieser Entwurf zeigt deutlich die Problematik der Einführung der inklusiven Erziehung. Die Tendenz ist der vorsichtige schrittweise Einstieg in den Eingangsklassen 1 der Grundschule und 5 der Sekundarstufe I. Um die Realisierung zu erleichtern, werden die ersten Schritte in so genannten „Vorreiter oder Schwerpunktschulen" gemacht. Experten rechnen mit einem echten Vollzug der UN-Behindertenkonvention an allen Schulen nicht vor der Mitte des nächsten Jahrzehnts. Dieser Zeitraum wird wahrscheinlich für ganz Deutschland mehr oder weniger gültig sein.

Dabei ist allerdings noch nichts über die konkrete pädagogische Ausgestaltung der Inklusion in den einzelnen Bundesländern oder gar in den betroffenen Schulen ausgesagt. Wir können nur hoffen, dass immer mehr Schulen sich für den kompromisslosen Weg des totalen Paradigmenwechsels entscheiden. Das ist in besonderem Maße für die Schüler mit dem Förderschwerpunkt emotionale und soziale Entwicklung zu wünschen. Wir können davon ausgehen, dass der konsequente Paradigmenwechsel für alle Beteiligten, seien es Schüler, Eltern oder Lehrer, der leichteste und Erfolg versprechendste Weg zur echten Verwirklichung des gemeinsamen Lebens ohne Schranken sein wird. Wir sollten es wagen.

QUELLEN ZUR GESETZESLAGE

www.schulministerium.nrw.de/BP/Inklusion_Gemeinsames_Lernen/Gutachten_Auf_dem_Weg_zur_schulischen_Inklusion/index.html

www.schulministerium.nrw.de/BP/Inklusion_Gemeinsames_Lernen/Auf_dem_Weg_zum_inklusiven_Schulsystem.pdf

www.schulministerium.nrw.de/BP/Inklusion_Gemeinsames_Lernen/Synopse_Gesetzentwurf.pdf

http://gew-du.de/inklusion/Zusammenfassung-NRW_Inklusionskonzept_2011-neue_Version_08_07_11.pdf

LITERATUR

Jefferys-Duden, Karin:
Das Streitschlichter-Programm – Mediatorenausbildung für Schülerinnen und Schüler der Klassen 3–6.
Beltz Verlag, 1999.
ISBN 978-34076-2390-4

Jones, Alanna:
Ganz verschieden – und doch ein Team: 100 Spiele für soziales Lernen in Regel- und Inklusionsklassen.
Verlag an der Ruhr, 2012.
ISBN 978-38346-2287-7

Kaufhold, Silvia u. Kerkhoff, Ina:
Rituale und Phasenübergänge in der Sekundarstufe.
Für einen strukturierten Schulalltag.
Verlag an der Ruhr, 2012.
ISBN 978-3-8346-2283-9

Kerntke, Kurt u.a.:
Konflikte selber lösen. Trainingshandbuch für Mediation und Konfliktmanagement in Schule und Jugendarbeit.
Verlag an der Ruhr, 2008.
ISBN 978-3-8346-0526-9

Kindler, Wolfgang:
Schnelles Eingreifen bei Mobbing. Strategien für die Praxis.
Verlag an der Ruhr, 2009.
ISBN 978-3-8346-0450-7

Klein, Antonia u. Schmidt, Brunhilde:
Ich – du – wir alle! 33 Spiele für soziales Kompetenztraining.
Verlag an der Ruhr, 2009.
ISBN 978-3-8346-0569-6

Mittendrin e.V. (Hg.):
Eine Schule für alle. Inklusion umsetzen in der Sekundarstufe.
Verlag an der Ruhr, 2011.
ISBN 978-3-8346-0891-8

LINKTIPP

Das Lions-Quest-Programm „Erwachsen werden" ist in der Fortführung des Grundschulprogramms „Klasse 2000" eine gute Maßnahme zur Persönlichkeitsentwicklung durch eine kontinuierliche Arbeit über den Zeitraum von mehreren Jahren. Mehr Informationen hier:
www.lions-quest.de

Die in diesem Werk angegebenen Internetadressen haben wir geprüft (Stand Januar 2013). Da sich Internetadressen und deren Inhalte schnell verändern können, ist nicht auszuschließen, dass unter einer Adresse inzwischen ein ganz anderer Inhalt angeboten wird. Wir können daher für die angegebenen Internetseiten keine Verantwortung übernehmen.

 **Verlag an der Ruhr**

Postfach 10 22 51
45422 Mülheim an der Ruhr
Telefon 030/89 785 235
Fax 030/89 785 578

bestellungen@cornelsen-schulverlage.de
www.verlagruhr.de

■ **Eine Schule für alle**
Inklusion umsetzen in der Sekundarstufe
mittendrin e.V. (Hrsg.)
Kl. 5–13, 359 S., 16 x 23 cm, Paperback, farbig,
mit Download-Angebot
ISBN 978-3-8346-0891-8

Inklusion in der Praxis
■ **Fitness, Motorik und soziale Kompetenz für ALLE**
Inklusion im Sportunterricht
Für alle Schulstufen, 183 S.,
16 x 23 cm, Paperback
ISBN 978-3-8346-2265-5

■ **Ganz verschieden ... und doch ein Team**
100 Spiele für soziales Lernen
in Regel- und Inklusionsklassen
9–19 J., 248 S., 16 x 23 cm, Paperback
ISBN 978-3-8346-2287-7

■ **Der Klassenrat**
Ziele, Vorteile, Organisation
Eva Blum, Hans-Joachim Blum
Für alle Schulstufen, 196 S.,
A4, Paperback
ISBN 978-3-8346-2289-1

Individualisiertes Lernen • Inklusiver Unterricht